LE GENTIL-HOMME CHRESTIEN.

Par le R. P. YVES *de Paris,*
Capucin.

A PARIS,
Chez la Veuue DENYS THIERRY,
ruë S. Iacques, à l'Enseigne
S. Denys, prés S. Yues.

M. DC. LXVI.
Auec Priuilege & Approbation.

A MONSEIGNEVR,
MONSEIGNEVR
LE MARESCHAL DVC
DE
GRAMONT,

Pair de France, Cheualier des ordres du Roy, Souuerain de Bidache, Gouuerneur pour sa Majesté en ses Royaumes de Nauarre & de Bearn, &c.

ONSEIGNEVR,

Vostre conduite qui donne depuis long-temps à la Cour, l'idée

ã ij

EPISTRE.

parfaite d'vn Gentil-hôme Chrétien, de son courage & de sa pieté dans les armées, d'vne prudence singuliere dans les negotiations de paix & de guerre, d'vne illustre moderation dans la faueur de son Prince, reduit en pratique les desirs des plus éclairez en ce grand sujet. Céte belle vie parle aux yeux de tous les braues qui ont l'honneur de l'aprocher, & la renomée la publie à tous les nobles dans les Prouinces & dans les Royaumes, pour vous donner la gloire s'ils vous suiuent, d'en auoir fait des Heros. Aprés cela, MONSEIGNEVR, ce qu'on peut dire en céte matiere, ne semble-t'il pas inutil, comme le seroit vn tableau pour dépeindre & faire connoître quel est le Soleil? Car il nous paroît assez de luy-méme dans la

EPISTRE.

Majesté de ses lumieres, & nos couleurs sont fades & mortes quand elles entreprennent de l'imiter: Neanmoins, si ce bel Astre prend plaisir qu'vne goute de rosée le represente, s'il l'enrichit de cés éclat & de cét iris que nos yeux admirent, quand ce ne seroit que pour les obliger à voir pleinement en luy la source de céte merueille; I'ay crû que vous me permétriez d'écrire, quoy qu'auec beaucoup de défauts, ce que vous faites auec tant de reputation, & que mon discours fut le portrait des éminentes qualitez d'vn Gentilhomme, que les meilleurs esprits obseruent viuantes & toutes recueillies en vôtre personne. Ie ne fais donc que refléchir la lumiere sur son Soleil, & verifier la copie par son original où ie renuoye le

EPISTRE.

Lecteur, quand ie vous presente ce petit Liure, auec les profonds respects que vous doit
MONSEIGNEVR,

Vôtre tres-humble, tres-obeyssant
& tres-affectioné seruiteur,
F. YVES de Paris, Capucin.

Permission d'imprimer.

Nos F. Marcus Antonius à Carpino. FF. Minor. Capucin. Gener. Minister licet immeritus.

Reuer. in Christo Patri Iuoni Parisino, eiusdem ordinis Concionatori & Exdefinitori.

CVm à duobus predecessoribus nostris R. P. Y, aliàs impertita fuerit licentia Generalis, vt quæcunque componeret opera, à duobus ordinis nostri Theologis prius reuisa & approbata, prælo posset committere, & eiusdem concessionis confirmationem postulet à nobis, id ipsum æquum ducentes, præsentium literarum virtute, prædictam facultatem à prædecessoribus nostris elargitam, confirmamus, atque impartimur; In quorum fidem præsentes officij nostri sigillo munitas, & manu propria subsignatas dedimus. Romæ die 5. Iunij 1662.

F. Marcus Antonius Minister Generalis.

EGo infra scriptus Minister Prouinc. FF. Minor. Capucinor. S. Francisci Prouinciæ Parif. licet immeritus. Visa licentia Reu. adm. Patris nostri Gener. qua permittitur R. P. Yuoni Parif. Concionatori eiusdem ordinis typis committere quæ componet opera. Permitto quantum in me est, vt liber ab ipso nuper compositus, cui titulus est; *Le Gentil-homme Chrétien*, à duobus ordinis nostri Theologis approbatus,

ã iiij

typis mandetur. Datum Parif. die 4. Aprilis 1666.

F. Hieronymus Senon.
Min. Prou.

APPROBATIONS.

NOus soussignez Predicateurs Capucins, certifions auoir leu, vn Liure intitulé, *Le Gentilhomme Chrétien*, composé par le R. P. Yues de Paris, Predicateur Capucin, & l'auoir trouué non seulement conforme en tout à la foy & aux bonnes mœurs; mais aussi remply de maximes Chrétiennes & politiques, les plus conuenables à former vn Gentil-homme, tant en l'état de Chrétien, qu'en la condition de noble. Fait en nôtre Conuent de la ruë S. Honoré à Paris, ce 4. Auril 1666.

F. Leonard de Paris, Gardien de Reims.
F. Ioseph de Dreux, Maître des Nouices.

I'Ay feu le Liure qui a pour titre, *Le Gentil-homme Chrétien*, compoſé par le R.P. Yues de Paris, Capucin, ce 17. iour de Mars 1666.
GRANDIN.

TABLE
DES CHAPITRES.

PREMIERE PARTIE.

Auant-propos, 1
Chap. I. *La nobleſſe tient ſon origine de la vertu,* 12
II. *Le Prince donne la nobleſſe,* 22
III. *La bonne fortune iointe à la vertu, produit les belles actions & la nobleſſe,* 30
IV. *Les ſages dans les Conſeils ont été les premiers nobles,* 43
V. *La plus illuſtre nobleſſe vient de la generoſité dans les armes,* 52
VI. *La nobleſſe paſſe du pere aux enfans,* 64

Table des Chapitres.
VII. Les priuileges de la noblesse. 76
VIII. Le mariage des nobles, 92
IX. L'heureuse naissance d'vn Gentil-homme, 104
X. Le droit d'ainesse, 115
XI. La premiere éducation d'vn Gentil-homme, 131
XII. Disposer l'esprit à la pieté, 141
XIII. Pratiques d'vne solide pieté, 148
XIV. Les études, 160
XV. Quelles doiuent être les études de la noblesse, 170
XVI. L'academie, 180
XVII. Des Academies pour l'éducation des enfans nobles, mais pauures, 189
XVIII. Des voyages, 203
XIX. Le retour en la maison paternelle, 217
XX. La retenuë & la modestie dans les entretiens, 224
XXI. Euiter deux mauuaises habitudes dans la conuersation, 233
XXII. Se former auec beaucoup de soin au secret, 243
XXIII. Euiter l'oysiueté, 257
XXIV. Deux tres-nuisibles diuert. 265

SECONDE PARTIE.

Auant-propos. 275
Chap. I. *La Cour est magnifique, peut & doit être sainte.* 284
II. *Ce que doit pretendre vn Gentil-homme qui vient à la Cour,* 279
III. *De l'honneur,* 306
IV. *Les perils de la Cour,* 318
V. *Preparation d'esprit aux disgraces comme à la faueur,* 326
VI. *Le choix d'vn amy,* 334
VII. *Resolution de viure content parmy ce qui pourra blesser ses inclinations,* 343
VIII. *De la moderation dans les modes, & en toutes choses,* 350
IX. *Se mettre sous la protection d'vn plus puissant,* 358
X. *L'inuiolable fidelité qu'on doit au Roy,* 365
XI. *Rendre au Prince la gloire de tous les fauorables succez,* 374
XII. *Comment la verité se peut dire au Prince, & n'en être point flateur,* 386

Table des Chapitres.
XIII. *De la faueur,* 397
XIV. *De la generosité,* 406
XV. *Euiter les querelles & les duels,* 420
XVI. *De la guerre,* 432
XVII. *Reflexions sur les effets de la guerre,* 442
XVIII. *La pieté dans les armées,* 456
XIX *Des Cheualiers de Malthe,* 467
XX. *Des gouuernemens.* 483
XXI. *Souffrir le changement des emplois.* 492
XXII. *De la conuersation.* 502
XXIII. *La conuersation auec les Dames,* 510
XXIV. *Retraite du Gentil-homme dans sa maison.* 522
XXV. *La vieillesse du Gentil-homme.* 531
XXVI. *L'heureuse mort du Gentil-homme Chrétien,* 545
Conclusion, 554

LB

LE GENTIL-HOMME CHRESTIEN.

AVANT-PROPOS.

L'ESPRIT de l'homme a des ambitions qui le portent à de magnifiques desseins, sans attendre les faueurs de la fortune, ny les ordres de la Prouidence; s'il n'en reçoit pas le sceptre & le droit de commander les empires, il se persuade de les gouuerner quand il prescrit des loix, à celuy qui les donne aux peuples: C'est de là que nous auons tant de Liures d'Autheurs fort celebres, qui forment le Prince au gouuernement par les grandes maximes de la prudence receüillies de tous les siecles, & qui en fort peu d'années le rendent maître en ces pratiques, les plus difficiles de tous les arts. D'autres donnent au public diuers traitez de morale, qui sont les regles d'assujetir les mouuemens sensitifs à la raison, auec des moderations toûjours égales dans l'vne & l'autre fortune, en tout d'obeïr aux loix & au Prince. Si vous ioignez le trauail de ces autheurs, & que vous n'en fassiez qu'vn seul ouurage, il imitera celuy de Dieu, qui dés le commencement, dit l'Ecriture, crea le Ciel & la Terre, c'est à dire, des vertus actiues & passiues; les cieux tousiours agissans, la terre & la matiere, tousiours auides à receuoir ses impressions : & comme le parfait accord des puissances actiues & passiues, cause en la nature tout ce qu'il y a d'ordre & de beautez; ainsi la police ne s'entretient que par les iustes commandemens du

AVANT-PROPOS.

Prince, & la fidelle obeyssance des sujets.

Il semble d'abord que tout ce qu'on y peut souhaiter de felicitez, est compris en ces deux termes : Neanmoins, le Texte sacré remarque que Dieu fit vn firmament qui separa les eaux superieures, d'auec les inferieures ; qu'entre le Ciel & la Terre il fit vn milieu, qui entretint l'intelligence & le commerce fort inégal de ces deux parties, dont l'vne donne, l'autre reçoit continuellement. Cét ordre ainsi mis par la Sagesse diuine est necessaire en la nature, où nous ne voyons point d'étenduë sans vn milieu, qui non seulement fait la diuision du tout en deux égales parties, mais qui les accorde, qui les lie, qui les conserue, parce qu'il est dans l'alliance commune des deux, qu'il donne à l'vne ce qu'il emprunte de l'autre. Dans vne horloge la derniere rouë reçoit & ne donne point le mouuement, la plus grande superieure le donne sans le receuoir au milieu vous en voyez qui le reçoiuent & qui le donnent: Ce même ordre se remarque dans la Hierarchie des Anges, dans les Cieux, dans les Elemens, dans les especes, dans tous les progrez de la nature, qui nous conduisent à la connoissance d'vn premier moteur. Ie considere de même le Prince dans son Etat, comme vn premier mobile qui par vne authorité souueraine, donne les ordres & les motions à tout le commerce. Le peuple est en la police, comme la terre entre les élemens reduite à la plus basse region, tres feconde en biens, mais sujette à receuoir les impressions des corps superieurs, qu'on tasche dâs les rencontres d'adoucir par les prieres & les remontrances. Entre ces deux termes, ces deux étages, dont l'vn est sublime, l'autre raualé, la noblesse fait le milieu, & occupe les grands espaces qui les diuisent, comme ceux qui sont entre le Ciel

AVANT-PROPOS.

& la Terre, sont remplis de l'air.

Cét élement qui touche le Ciel en sa plus haute partie en reçoit les lumieres, les chaleurs, les mouuemens, que dans vne longue distance il tempere à la portée des choses inferieures ; Il remplit tout, & par vne continuité qui ne souffre point de vuide, il empéche la dissolution des composez; il fait en la nature ce que les esprits operent en nostre corps, quand répandus par toutes ses parties comme vne lumiere, ils y portent la vie, le sens, & le mouuement. C'est, selon les Poëtes, la Iunon femme de leur souuerain Iupiter, qui ne peut souffrir ses amours partagez à d'autres objets sans jalousie : C'est, selon les Philosophes, l'ame du monde, l'esprit vniuersel qui conserue toutes choses dans les instincts & les proprietez de leur espece. Nous est-il permis de dire qu'vn bon Prince est le Pere de son peuple, & le mary de la noblesse, par vn mariage politique, dont les

A iij

constantes fidelitez font la paix, les forces, l'honneur, l'heureuse propagation, & la durée presque immortelle des Monarchies. La noblesse se consacre toute entiere, ses forces, ses biens, sa vie au seruice de son Prince; elle est répanduë par toutes les parties de l'Etat, dans les Villes & les Villages pour y maintenir les peuples en leur deuoir; en la Iustice pour y mettre vne generosité qui ne considere que l'interest public, que Dieu & le Prince: Dans la condition Ecclesiastique, pour y conseruer cét accord si souhaitable des deux puissances spirituelle & temporelle, établies de Iesus Christ, au gouuernement du monde : Dans les guerres pour y repousser & vaincre les ennemis de l'Etat, & luy faire droit par les armes; le sang qu'elle y verse, les interêts de famille qu'elle y engage, auec la vie du pere & des enfans, sont les preuues d'vn amour, qui dans celuy de son Prince, ne

AVANT-PROPOS. 7

peut souffrir sans douleur, la concurrence d'autres objets moins considerables.

Les Gentils-hommes, sont les yeux, les bras, les mains, les forces du Roy, pour la conduite & la protection de son Etat ; Ils sont les rayons de sa Majesté, les ministres de ses volontez; Ils sont deuant son thrône, ce que sont les Anges deuant celuy de Dieu, des esprits de lumieres & de flammes pour la distribution de ses graces, & les effets de sa Iustice : Ils sont tousiours en état d'entrer dans les grands emploits de paix & de guerre, dans les traitez, les negotiations, les ambassades ; d'étre des Catons dans les Conseils, des Prothées, des inuisibles dans les affaires, des soleils dans les magnificences; des Hercules dans les combats ; des Minerues sçauantes & armées, en tout, sages, genereux, inuincibles. Pour faire vne nette deduction des qualitez qui rendent vn Gentil-homme capable de ces actions heroïques, & pour en donner les preceptes, il faudroit les posseder, ou les auoir attentiuement considerées sur de parfaits originaux pour en tirer les copies. C'est pourquoy, j'ay toûjours creu que ce grand sujet surpassoit mes forces, & dans la liberté que j'ay prise de donner beaucoup de liures au public sur la morale: I'ay dit peu de chose & par occasion de la Noblesse, par vn sentiment de respect, de n'aller pas plus auant dans vne matiere qui n'est pas de mon ressort, & où ie ne me sens pas auoir la capacité de reüssir. Neanmoins aujourd'huy l'on me demande que ie la traitte, apres vne longue solitude, & dans vn âge fort auancé, qui ne me permet plus que des pensées basses & confuses de ce qui se fait dans le grand monde, & l'on me demande ce discours auec des instances qui me pressent, & de la part de personnes à qui ie fais gloire d'obeïr.

AVANT-PROPOS.

Au titre de Gentil-homme, j'ajouste celuy de Chrestien, parce que ie ne fais pas estat de le former aux galanteries de la Cour, ny aux mauuaises modes qui ont cours au monde : Mais ie pretens de le conduire au plus haut point de l'honneur par le chemin d'vne solide vertu, & d'vne sincere pieté ; dans les emplois de paix & de guerre, dans les deux saisons de l'vne & l'autre fortune, sans reproches, sans rien de lasche ou de temeraire; par tout ie fais estat de luy conseruer les graces du Ciel, l'estime du monde, les tranquillitez de l'esprit. I'en remarqueray les methodes particulieres selon le sujet de chaque Chapitre. Ie considere toûjours que ie n'instruis pas vn Religieux, comme i'ay fait dans vn autre liure, mais vn homme qui doit viure auec quelque éclat dans le grand monde auec des conduites accommodátes, aux lieux & aux persónes. Là sa vertu sous vn visage moins

Conduite du Religieux.

auſtere entre des modes, &
des manieres d'agir où la pieté
ſemble tout à fait éteinte, ſe peut
conſeruer interieurement les violentes ardeurs d'vne charité diuine,
qui peut-étre ont beſoin de cette
moderation, comme les cerfs de
Suede d'vne complexion extrémement chaude, trouuent leur ſoulagement dans le grand froid de ce
pays-là, ſans pouuoir viure dans vn
autre. Nôtre ſiecle a veu l'exemple, & auoit à ſouhaiter de plus
amples inſtructions de ces braues,
ſaints & genereux, qui ont triom-
phé du monde ſur ſes terres, &
l'ont battu de ſes armes; Les pratiques qu'ils auoient de cette heroïque vertu qui ne craint ny les attraits, ny les trauerſes, ny les yeux
des hommes, leur facilitoit le
moyen de nous en laiſſer les grandes maximes pour la conduite de
la nobleſſe. A leur defaut ie diray
ce que ie penſe à peu prés qu'ils
euſſent écrit ſur ce ſujet, i'entre

AVANT-PROPOS.

dans leurs sentimens, & ie me figure qu'on ne s'en promet pas d'autres d'vn Religieux, quand on m'a pressé d'écrire sur cette matiere: quand les soldats consulterent Saint Iean Baptiste, ce n'étoit pas pour sçauoir de luy l'art de combatre leurs ennemis, mais de sauuer leurs ames; ie souhaite d'ayder les Gentils-hommes en ce point, i'en demande à Dieu la grace, comme en vn sujet que ie tiens tres-important au bien public.

CHAPITRE I.

La Noblesse tient son origine de la vertu.

Diod. si-
cul. rer.
antiq. l. 1.
c. 1.

Eux qui nous décriuent le monde en son origine dans vn chaos, c'est à dire, dans vne extreme confusion de choses & de qualitez contraires, perduës reciproquement l'vne dans l'autre, disent que les plus subtiles percerent l'épaisseur de cette masse, & s'éleuerent d'elles-mesmes dans vne region superieure où elles formerent l'air & les cieux. La Genese nous rapporte quelque chose de semblable, quand elle dit, que Dieu fit naître de l'eau, les poissons & les oyseaux dans vne si grande inegalité de temperament, que les vns resterent plongez dans le lieu de leur origine, les autres se trouuant auec les inclinations, les agilitez, les aîles propres pour en sortir, prirent leur vol, & deuinrent les habitans de l'air, des bois, des campagnes. Cela nous represente assez bien l'état des hommes qui estant tous originaires d'vn seul, nez également libres, ont neanmoins des inclinations & des aptitudes aussi differentes, que s'ils n'étoient pas d'vne mesme espece. L'esprit des vns stupide, enueloppé de la matiere, n'a des pretentions & des plaisirs que pour les choses sensibles, des emplois que pour le corps, dans les plus bas des mestiers. Les autres quoy qu'éleuez dans la lie du peuple, se portent d'eux-mesmes à l'étude des sciences, aux pratiques des vertus, auec des secretes, mais ardentes propensions pour celles qui font les Heros, tellement qu'ils échappent des bassesses d'vne famille, pour se mettre dans vn état plus sublime qui leur est propre, comme l'air nay dans les concauitez de la terre, se fait le passage pour s'éleuer dans sa region.

On void dans les émotions populaires, qu'vn de la multitude dont le courage est plus resolu, l'esprit plus present, se met le premier dans le peril, se fait suiure, donne les ordres, & à la faueur de deux ou trois bons succez, se met en possession du gouuernement. Ainsi Matathias aprés auoir demeuré long-temps dans vne secréte indignation, de voir qu'Antiochus l'vn des successeurs d'Alexandre, s'étant emparé de la Iudée, contraignoit le peuple de quitter la loy de Dieu, & d'immoler aux Idoles, échappe à luymême, quand on luy vient commander de la part du Roy de sacrifier comme les autres, & comme celuy qui étoit lors au pied des Autels pour cét effet : A cela cét homme de Dieu, saint & genereux, repart, il n'en sera rien, Moy, mes enfans, & mes alliez n'obeïrõt point à

Antiochus, nous mourrons pour la défense de noſtre loy. Auſſi-tôt l'épée à la main, aſsiſté de ſes cinq enfans, il fend la preſſe, fond ſur celuy qui ſe diſpoſoit à ſacrifier, le tuë, force les gardes, tuë celuy qui commandoit en cette aſſemblée, & crie à haute voix, qui a le zele de la loy me ſuiue. Aprés cette genereuſe execution il ſe retire deſſus la montagne, ſes trouppes groſsiſſent, iuſques à ſe rendre ſi conſiderables, qu'elles emportent beaucoup de victoires ſur ce Tyran, & le chaſſent enfin de la Iudée. Il meurt parmy ſes triomphes que ſes enfans continuënt, auec le gouuernement du peuple toute leur vie, qui finit de ſuite dans les perils de la guerre ſans laiſſer vne longue poſterité, mais vne gloire immortelle.

Romulus homme d'vne naiſſance illegitime, éleué dans la vie champêtre, forme l'idée de la plus puiſſante, de la plus heureuſe, de la plus grande monarchie qui ayt jamais tenu l'empire du monde: comme le feu ne se nourrit, qu'en respirant l'air circonuoisin, cét homme prudent attire de loin les criminels & les miserables par la reputation d'vn asyle, où tous trouuoient leurs seuretez & leurs auantages; il accorde des humeurs si differentes par l'exercice des mêmes métiers, par des confrairies: par le nom commun que tous prennent de Romains. Il fait des alliances éloignées, & par leurs secours, il enferme ses voisins, qu'il contraint d'étre ses associez, ensuite ses tributaires. Pour cette conduite, il fait choix de cent Senateurs dont il compose son conseil, & d'où proceda la plus illustre Noblesse de Rome, ceux qu'on appelloit Patrices, parce qu'ils estoient descendus de ces premiers Senateurs, Peres du peuple.

En l'année 452. Attila rauageant toute l'Italie, auec vne armée si forte, qu'elle ne souffroit point de resistance, donna sujet à plusieurs peuples, particulierement à ceux de Padouë, de se refugier dans les Isles, entr'autres dans celle de *Riuo alto*, enuironnée de marécages, de bras d'eau, qui la rendoient inaccessible à la Caualerie, & aux conuois necessaires de cét vsurpateur. Il falloit bien qu'il y eût parmy ce peuple quelques personnes d'vne sagesse éminente, & d'vn courage inuincible, pour rendre le cœur & la paix à cette multitude effarouchée, pour en empêcher les confusions, pouruoir à ses seuretez, à ses besoins, à sa subsistance. Ils formerent là l'idée d'vne Republique sage par les perils de celle qui auoit mis l'empire du monde dans l'Italie : Auec le temps ils établissent vn Senat composé des meilleures testes de tout ce peuple, & c'est l'origine de la Noblesse qui tient encore là le gouuernement sous des loix si iustes, si preuoyantes, auec de si bons preseruatifs contre les maladies internes dont la liberté de Rome mourut, qu'il n'y faut plus craindre que les violences étrangeres.

La vertu quoy qu'elle soit née pour de grandes choses, n'a pas tousiours des occasions assez fauorables, pour se produire d'elle-même dans le grand iour, ny pour établir des Républiques ou des Monarchies ; mais ordinairement elle a besoin d'être auancée par les suffrages du peuple, ou par la faueur d'vn Prince. Quoy qu'elle se trouue dans vne condition particuliere, elle ne laisse pas de jetter quelques rayons, qui attirent sur soy les yeux, & gagnent les amours d'vn peuple, délors dans l'impatience de luy rendre quelques insignes preuues de ses respects. Il void par ses propres experiences, que le bien public ne dépend pas seulement des forces du corps, ny d'vne generosité guerriere, parce que d'elle-mesme elle est sujete à s'emporter à des violences qui font gemir les plus foibles, & qui commettent des actes d'hostilité en vn temps de paix ; Il faut vne ame sublime, maîtresse de ses propres passions, pour commander à celles des autres, & qui ait, comme dit Platon, étably chez soy vne république bien policée selon toutes les loix de la raison & de la justice, deuant qu'elle se soit acquis l'authorité d'y assujetir les peuples. Quand ils font rencontre d'vne personne où ces deux eminentes qualitez, la vaillance & la sagesse se rencontrent, ils ne manquent point, en ayant le droit, de l'éleuer aux plus hautes dignitez, & luy soûmettre vne liberté qui leur est aussi chere que la vie, parce que la mettre sous cette conduite, c'est l'affranchir du desordre, & l'asseurer de paruenir à ce qu'elle doit pretendre de bien. C'est à la vertu, comme à vne qualité diuine, que les hommes presentent ce sacrifice de leurs personnes, que malgré tous les sentimens jaloux & ambitieux de l'amour propre, ils luy déferent ces éminences, ces titres, ces honneurs, ces droits, qui sont les petits triomphes d'vne vertu que l'on présuppose dans les charges. La noblesse que l'on en tire est donc vn effet de la vertu comme de la cause primitiue qui a produit ces rares qualitez en cette personne, cette estime, & ces affections en ceux qui l'ont choisie pour vn grand employ, & qui ont cru l'obliger en l'éleuant. Mais s'ils iugent bien des choses, ils trouueront que leur faueur reuient sur eux-mêmes, que portant vn homme de grand merite dans les charges, ils trauaillent pour leurs interests, comme quand la terre malade de seicheresse exhale en haut des vapeurs, qui peu apres refondent sur elle par des pluyes fecondes.

Enfin, si selon le Philosophe, ceux qui sont plus hommes en ce qu'ils ont les facultez raisonables plus excellentes, doiuent naturellement commander aux autres ; & si la vertu qui perfectionne ces puissances en est vn iuste titre, quand on luy défere cét hommage, on en recüeille les fruits de la paix, de la justice, & tous les biens qui naissent d'vne legitime administration. Le commandement perd ce que la nature semble y attacher de fascheux à la liberté, d'enuie & d'auersion pour les sujets, quand il leur deuient volontaire par l'élection qu'ils font de la personne qui leur commande ; ils agissent aucunement sur eux-mesmes, par celuy qui en reçoit d'eux le droit, & les plaintes cessent d'vne conduite dont ils peuuent estre recherchez comme les garants. C'est pour cela qu'anciennement les peuples faisoient l'élection de leurs Euesques, qu'aujourd'huy dans les Democraties, ils donnent depuis les plus grandes dignitez iusques aux moindres, & que par vn reste de cette ancienne puissance, les Villes d'vne Monarchie font l'élection de leurs Maires & Echeuins, qui dans les principales, par priuilege particulier passent en titre de Noblesse.

CHAPITRE II.

Le Prince donne la Noblesse.

Depuis que les peuples ont cedé le droit naturel qu'ils auoient à leur gouuernement, & qu'ils en ont inuesty le Prince; C'est à luy de donner les dignitez, qui sont les nerfs de son estat, & il n'appartient qu'à sa prudence de faire le choix des personnes qu'elle en honore, pour vne plus facile & plus fidele execution de ses desseins: Comme vn ouurier parfait en son art, fait luy-mesme mieux que tout autre, à sa main les outils dont il se doit seruir, & les choisit propres selon les diuerses operations, qui successiuement & à reprises rendent la matiere conforme à son idée. C'est donc le Prince qui fait les Exempts, les Nobles, les Barons, les Comtes, les Ducs, les Princes, les dignitez ciuiles & militaires, par vn droit de souueraineté qui ne souffre point de controuerse. Nous lisons dans l'histoire Sainte, qu'Assuerus se ressouuenant la nuit de la fidelité de Mardochée, qui auoit découuert vne conspiration sans en auoir receu de recompenses, le fit couurir des habits Royaux, monter sur son cheual de parade, le promener ainsi par la ville auec vn Heraut deuant, qui proclamoit à haute voix: Voila l'honneur que merite celuy, que le Prince veut honorer. Daniel fut declaré Prince & le premier de la Cour, pour auoir interpreté le songe de Nabuchodonosor: Frederic Empereur donna le titre de Prince à l'Euêque de Munster, en reconnoissance de son courage, & de ce qu'il l'auoit accompa-

Esther 6.

Dan. 2.

Cran tius in metrop l. 7. c. 27.

gné genereusement en la guerre Sainte contre le Turc. Le Roy est vn Soleil dans son Etat, & sa propre magnificence est de donner des honneurs, comme les rayons d'vne Majesté dont il a le fons impenetrable; elle s'étend, se multiplie, elle deuient plus éclattante, plus elle est communiquée. Si la personne qui reçoit l'honneur en a le merite, la faueur du Prince qui le luy donne, luy est vn triomphe, dit Cassiodore. Ce grand Chancelier rapporte, que le differend s'estant meu pour vne succession entre les enfans legitimes & adoptifs d'vn defunt, que le Roy Theodoric donna gain de cause aux adoptifs, contre les apparences ordinaires, mais par vn iugement souuerain qui portoit auec soy sa iustice; car dit cét Autheur, la generosité ny le droit ne pouuoit manquer à ceux qui étoient enfans d'vne élection paternelle & royale. Quand la loy dit, qu'en chaque Prouince il peut y auoir deux Villes

Villes Metropolitaines, qui jouyſ- |l.vnic.C.
ſent également de leurs priuile- |demetro,
ges; l'vne par le droit d'antiquité, |Brytol,
l'autre par la faueur du Prince, qui
veut que cette faueur aille de
pair auec l'antiquité.

Nous ſçauons que le grand Seigneur ne donne pas les belles charges de ſon empire en conſideration
de la parenté, mais au merite d'v-
ne perſonne, quoy qu'elle ſoit de
baſſe naiſſance; elle luy a par ce
moyen toute l'obligation de cette
faueur, qui demande vne plus entiere fidelité, qui la tient dans vne
plus étroite dépendance, toûjours
en crainte de perdre vne grace
d'où dépend toute ſa fortune. Ce
Prince trouue ſes ſeuretez en ces
largeſſes, qu'il fait par vn pur ſentiment de bonté, & qu'il reprend
quand il luy plaît ſans aucun peril:
Il ſe perſuade en cela d'imiter Dieu,
qui tire de la lie du peuple ceux
qu'il veut mettre auec plus d'éclat
ſur le thrône, comme vn manifeſte

B

public de sa souueraine puissance.
Que peut-on iuger de ces felicitez si grandes & si promptes, sinon que comme les formes sont introduites dans la matiere, à l'instant qu'elles y trouuent les dernieres dispositions, que de même les merites étoient tout acquis, & dans vne parfaite correspondance auec l'esprit du Prince en céte personne, qu'il honore de ses affections & de ses faueurs. Si l'Astrologie dit, que le fauory gagne ce credit, quand il a l'ascendant du Prince dans sa dixiéme maison, & le Soleil en mesme signe, supposé que céte élection se fasse plûtôt par les attraits de la sympathie qu'en veuë du monde ; N'est-il pas iuste que le Prince donne quelque chose aux inclinations particulieres de son cœur, puis qu'au reste de sa conduite, il est dans des contraintes continuelles, iusques au mariage pour des interests publics ? N'est-il pas iuste qu'entre tant de courti-

sans de sa fortune, il fasse choix d'vn qui soit amy de sa personne, où il trouue ce qu'il souhaite de confiance pour découurir ses plus secretes pensées.

Toutes les parties de la terre ont la même inclination, de toucher leur centre, qu'vne seule neanmoins, & la plus petite de toutes possede tranquillement, sans que les autres troublent le monde par leurs émotions, pour l'en banir & s'en emparer. Il est fort naturel que tous les Courtisans ayment & desirent pour eux la faueur ; mais puis qu'vn autre en iouït, qu'ils la considerent sans enuie & sans trouble, par vne triple déference qu'ils doiuent au bien de l'Etat, à la felicité de leur semblable, & au iugement du Prince. M. Tarentius Cheualier Romain, disoit à Cesar: Sacrée Majesté, nous ne sommes pas temeraires iusques à rechercher les causes des faueurs que vous faites par auantage à quel-

Tacit. 6. an.

ques-vns ; vous tenez du Ciel ce souuerain droit, vos volontez sont des Iustices ; nôtre gloire sera toûjours de les receuoir auec de profonds respects, & leur rendre nos tres-humbles soûmissions. Mais quand on se donneroit la liberté d'en iuger ; si la faueur ne considere ny le plaisir des sens, ny les galanteries de la Cour, mais le seul gouuernement de l'Etat, heureux sous la conduite qu'il reçoit du Prince, & le seruice de ceux que sa prudence y employe; l'enuie, si maligne qu'elle puisse étre demeure confuse. Au reste il faut tenir pour certain, que ces affectiõs particulieres procedēt d'vn cœur qui est en la main de Dieu, & qui en reçoit l'inclination pour des esprits que sa Prouidence fait naître proportionnez à la necessité des affaires.

Ces hommes également consacrez au bien de l'Etat, & à la personne du Prince, ne peuuent estre être dans ses interests, comme vn Planete au cœur du Soleil, sans prēdre beaucoup de part à ses éminentes qualitez; ils ne peuuent être parmy les grandeurs sans en receuoir quelque chose, comme parmy les parfums sans en retenir insensiblement les suauitez : Ils seront riches, ils seront nobles, leurs biens & leurs titres seront l'établissement d'vne heureuse posterité ? Hé n'est-ce pas la gloire du Prince, pour tous les siecles à venir, que ses Ministres ayent receu de luy de si belles recompenses, que leurs décendans ayent moyen de continuer leurs seruices & leurs fidelitez à l'Etat. Ces grands édifices qu'on éleue auec tant de frais, tombent enfin en ruine par les injures du temps, fatales à toutes les choses mortelles, par les embrazemens, par la fureur des ennemis; mais les familles auancées & annoblies par la liberalité d'vn Prince, sont des panegyriques immortels,

B iij

toûjours recommençans pour en publier la gloire. Toutes les fois que l'enuie ou que la curiofité recherchera l'origine de céte nobleffe, les genealogies qu'on en dreffera feront paroître les fidelitez des fujets, & les liberalitez du Prince. Ainfi ces honneurs qui fe donnent au merite par les peuples, ou par les Souuerains, font des prix toûjours expofez à la vertu, qui excitent les bons courages de s'y porter, & qui font ceffer les iuftes plaintes qu'autrement ils pourroient auoir, d'étre nez dans vn fiecle ingrat, où elle demeure fans recompenfe.

CHAPITRE III.

La bonne fortune iointe à la vertu, produit les belles actions & la nobleffe.

LA Nobleffe fignifie vne condition éminente pardeffus le commun du peuple, affranchie de ses basses inclinations, de ses emplois mercenaires, comme de ses seruitudes & de ses charges. C'est vne vie sublime, genereuse, qui n'a pour fin que l'honneur, pour exercice que de perfectionner l'esprit & le corps, de sorte que la personne soit capable de seruir le Prince au gouuernement, & à la protection de son Etat : Elle y merite le rang que tient le feu entre les élemens, la tête entre les autres parties qui nous composent, les choses sacrées entre les prophanes. Ses magnifiques intentions, ses conduites regulieres, ont tant de rapport auec celles de la vertu, qu'on peut les exprimer l'vne par l'autre, & dire que la vertu n'est autre chose qu'vne noblesse cachée, & la noblesse qu'vne éclatante vertu.

Le diamant possede en luy-méme ces flâmes brillantes & adoucies qui contentent nôtre veuë ; mais il faut que la main de l'ouurier, le tire auec peine de sa roche, le polisse, le décharge des impuretez dont il est couuert, & le mette en œuure pour luy donner son beau iour : Vn Pilote sçaura parfaitement la nauigation, il sera pourueu d'vn bon vaisseau garny d'vn bél équipage, aprés tout cela il luy faut vn vent qui le mette en mer ; & si de fauorable qu'il estoit, il se rend contraire, iusques à souleuer de violentes tempêtes, il ne luy est pas possible d'auancer où il pretend, c'est beaucoup de ne point perir. Ainsi quoy que la vertu forme de genereux desseins, resoluë d'en venir iusques à l'effet, & de vaincre ce qu'elle y trouuera de difficultez, il faut que la bonne fortune luy en presente les occasions, qu'elle ajuste diuerses causes, mille circonstances, pour de toutes en tirer vn bon succez : C'est nous bien connoître, de sçauoir qu'aprés nos plus beaux projets, & nos plus grands preparatifs, nous

Strobæus ser.101.

sommes dans la dépendance d'vne cause superieure, qui nous laisse la liberté des desirs, & se reserue tout le droit des euenemens. Sans ce secours, nous demeurons dans l'impuissance, comme nôtre œil quoy que plein de ses esprits visuels, se trouue dans les tenebres, iusques à ce qu'vne lumiere exterieure le vienne animer. On fait passer céte regle pour generale, que toutes les actions de la nature ne reüssissent,qu'étant faites en vn certain temps qui leur est propre; Parce, dit Ficinus, qu'elles concertent lors auec la disposition & le mouuement du Ciel. Les Astrologues font état de marquer ces temps dans le traité de leurs élections; mais si cét art auoit quelque verité, tous en feroient vne étude si profonde qu'ils seroient heureux : la bonne fortune ne consiste pas en vne qualité si passagere, qu'elle suiue le mouuement du premier mobile, mais en

Marf.ric. l. de vita cœl.côp.

de profondes impreſſions données aux perſonnes, aux familles, aux états dés leur naiſſance, & en la ſympathie des agens auec leurs emplois, où les choſes vniuerſelles l'emportent toûjours ſur les particulieres. Elle ne conſiſte pas auſſi en des conduites premeditées de choix & de iugement, mais en de ſecretes émotions à faire les choſes iuſtement au temps & dans les rencontres impreueuës, où elles ſe peuuent & doiuent faire. S. Thomas dit, que ces impulſions viennent immediatement de Dieu ou des Anges, qui ſont des principes plus nobles, plus certains, plus efficaces, que nôtre raiſon & nôtre volonté. Les Cieux ne ſont que les inſtrumens de ces cauſes, peut-être en ſont-ils auſſi les montres, comme nos quadrans le ſont du Soleil.

Aug. Niphus de aug. l.1. c.3.

D. Th. l. 3. contra gentiles.

7. moral. Ariſtote, tous les Auteurs anciens & modernes ſouhaitent en vne perſonne publique autant de bonne fortune que de vertu. Plutarque fait de long traitez de la bonne fortune d'Alexandre, des Grecs, des Romains, où il dit que la fortune quitant les autres empires, ses aîles & ses inconstances, est venuë choisir sa demeure en cét état pour toûjours : Tout le monde demeure d'accord, que le bon succez des affaires de paix ou de guerre dépend de céte felicité, soit qu'elle s'atache aux personnes particulieres, aux familles ou aux états. Scanderbech Roy d'Albanie combatit de sa personne en plus de mille combas, sans y auoir receu aucune blessure; Tamerlan, de simple soldat deuint Empereur des Tartares, & aprés auoir surmonté beaucoup de peuples, sans y auoir receu aucune disgrace, il reuient dans son pays auec son armée victorieuse, chargée de dépoüilles & de triomphes. Amasis Roy d'Egypte, Alexandre, Cyrus, Amurat, contoient les années & les mois

B vj

par leurs victoires, toûjours constantes iusques à la mort. On a remarqué que quelques états ne subsisterent que par le bon-heur de leur Capitaine, & sont peris auec luy; comme Troye auec Hector: les Thebains auparauant tributaires de plusieurs peuples furent affranchis par Epaminondas; & luy mort, retomberent aussi-tôt dans leur premiere sujetion. Pour donner remede à céte disgrace, quelques Princes heureux en leurs gouuernemens ont pretendu qu'aprés leur mort, leur felicité pouuoit se conseruer immortelle, aussi bien que leur estime dans leurs états, par le moyen de certaines obseruations, qui les y rendit toûjours comme presens : Ils se fondoient sur céte croyance, qu'Albert le Grand dit auoir été commune entre les plus doctes de l'antiquité : Que d'vn corps mort, il en restoit quelques parties plus subtiles exemptes de corruption, d'vne nature étherée, &

Xenoph. Cyrop. l. 8.

Id. l. vlt. rer. græc.

Albert. Magn. de mineral. l. 2. c. 2.

qui ne laiſſoiēt pas d'operer beaucoup de merueilles, tant qu'elles trouuent quelques reſtes de leur ancienne ſocieté. Sur cette idée Ziſcha Hereſiarque, Capitaine des Huſſites, aprés auoir infecté la Boëme de ſes erreurs, & l'y auoir aſſujety par ſes armes, ſe voyant proche de ſa fin, fit commandement aux ſiens, qu'étant mort, ils fiſſent de ſa peau vn tambour, qui étant batu jeteroit la terreur dans l'armée de ſes ennemis. Canutus Roy de Dannemarc, deuant que mourir, appella les principaux Chefs de ſon armée, & leur commanda d'embaûmer ſon corps, & dans l'occaſion d'vn combat, le métre aux premiers rangs, auec aſſeurance qu'ils emporteroient la victoire. Edoüard I. Roy d'Angleterre, donna le meſme ordre à ſon armée contre l'Ecoſſe, de porter auec ſoy ſes os, & à ceux qu'il deſtinoit à la conquête de la terre Sainte, d'auoir auec eux ſon cœur, afin

Crantius Vandaliç l.1.c.9.

Id. Daniç l.4.c.19.

Du Chéne hiſt. d'Angl. l.14.n.8. l'an. 1308.

que leurs entreprises fussent heureuses. Zoroastres Roy des Assyriens leur predit, que ce Royaume subsisteroit tant qu'ils auroient soin d'y conseruer ses os & ses cendres. Ces obseruations sont à mon auis superstitieuses & trop foibles, pour fixer les felicitez passées d'vn homme mort, les influences du Ciel quand elles ne sont plus, les inconstances des peuples & de la fortune qui durent toûjours ; si ces pratiques ont eu quelque éfet, ie croy que ce fut par la force de l'imagination, qui donnoit plus de courage d'entrer dans vn combat, où l'on se prométoit vne assistance surhumaine du même genie, dont ils tenoient tant de victoires passées.

Quant à Romulus, ie croy que d'abord il ne conceut pas l'idée de céte vaste Monarchie, & ne traça pas le plan de ses progrez ; mais que sa prudence ménageoit les occasions qui luy étoient presentées par la fortune ; ainfi Rome ne deuoit pas fa bonne fortune à celle de Romulus, mais il femble qu'il la receuoit plûtôt du puiffant deftin de Rome dont il n'étoit que l'organe. Céte ville fut bâtie lors que le monde courant fes grandes années, chacune de trois cens foixante, vint à la dixiéme maifon, au midy du Ciel qui fignifie les empires; là fe trouuoit le figne du belier auec trois Planetes, Mars, le Soleil, Mercure, qui ont eu fucceffiuement leur regne en cét empire felon l'ordre qu'ils tiennent au Ciel : Mars, durant les Roys dont le gouuernement fut violent; le Soleil qui eft vn Planete commun, durant les Confuls & les Empereurs; enfin, l'Eglife fous Mercure. Ces chofes font nétement déduites dans le liure, *Fatum vniuerfi*, pag. 27. Cefar qui poffedoit les qualitez de ces trois Planetes dominantes, qui étoit vn vaillant guerrier, vn Prince magnifique, fçauant &

éloquent, reduit le gouuernement à la Monarchie aucunement temperée par le Senat, & qui a duré tant que ses Successeurs se sont tenus dans cette moderation. Auguste son Successeur pour marque de son heureux gouuernement qu'il tenoit du Ciel, fit batre vne monoye, qui portoit le signe du Capricorne, parce qu'il l'auoit pour ascendant de sa naissance, & que c'étoit le milieu du Ciel de Rome, dont la premiere maison étoit l'Aries. On remarque de même que du temps des Roys, le gouuernement fut heureux sous Numa, parce qu'il nâquit le même iour que les fondemens de céte ville furent jettez. Céte creance fut commune entre les sages d'Egypte, qu'vn Prince seroit autant heureux en son gouuernement, que sa naissance seroit plus conforme à celle de son Royaume; ainsi mieux disposée pour receuoir les impressions d'vn même destin.

Cardan. de rer. varie. c. 78.

Sans recourir à l'histoire ny à

ces remarques curieuses, tous les iours nos yeux voyent, & nos pensées ne laissent pas d'admirer des personnes de basse naissance éleuees aux plus belles charges, pour auoir gagné les affectiōs d'vn maître, par vne fidele promptitude à son seruice, & dans des occasions hazardeuses en apparence, qui flatoient le plus son humeur. De là nous les voyons monter en peu de temps, non pas comme ces plantes qui croissent & meurent bien-tôt; mais comme des cedres, comme des sapins, qui forment & portent les grands vaisseaux, c'est à dire, auec des soliditez qui font l'établissement des familles vn iour les plus nobles & les plus illustres d'vn Etat. Les plus grandes quantitez commencent toutes par vn point; de petites rencontres impreueuës ont produit les arts, ont découuert les thresors, ont fait l'ouuerture aux inondations des peuples; ont causé les guerres, les nouueaux empires, les grandes actions & la noblesse. Donnés tant qu'il vous plaira le nom de bonne fortune à tous ces éuenemens, parce que les causes vous en sont cachées; il est certain que ce sont tous effets de la Prouidence diuine, qui dispose absolument des choses humaines, qui en mesure les naissances, les progrés, les fins, aux effets qu'elle en veut tirer, & aux proportions que ces choses particulieres doiuent auoir auec les siecles & les autres parties du monde: Ioseph vendu par ses freres est conduit esclaue en Egypte, il y est faussement accusé, mis en prison, où il fait paroître sa sagesse en l'interpretation des songes, cela donne la curiosité à Pharaon de le voir, il l'admire, il en fait son premier Ministre d'Etat; en céte charge il amasse tant de blés, qu'ils suffisent pour la nourriture de son peuple & de ses voisins dans vne longue famine, ses freres qui le méconnoiſſent luy viennent demander secours, il leur donne & le pardon de leur faute, auec céte sainte reflexion, que Dieu l'auoit enuoyé deuant eux & éleué en ce pays pour le ſoulagement de ſa famille, qui à ſa faueur y eſt bien receuë. Voila l'origine du peuple Iuif, d'où eſt ſorty le ſalut de tout le monde ; en ſuite de mille auantures qu'on ne peut plus douter étre des conduites marquées dés l'éternité pour acheuer le grand œuure des miſericordes diuines.

CHAPITRE IV.

Les ſages dans les Conseils ont été les premiers nobles.

IL faut connoître & deliberer deuant que d'agir ; c'eſt vn ordre que la nature nous enſeigne pour nôtre conduite, quand elle nous le rend neceſſaire au marcher, où la tête s'auance toûjours la premiere

Plin.l.11. c.37.

auec le conseil de tous ses sens pour reconnoître les objets, & ne se pas engager dans le peril, par vn mouuement qui cherche le bien. Considerés ces grands personages qui ont fondé les Monarchies & les Républiques, ils ne se sont portés à ces grandes entreprises qu'aprés auoir meurement déliberé dans leur conseil, si elles leur étoiēt possibles, si leurs forces, leurs secours, leurs adresses étoiētcapables d'y reüssir, & de vaincre ce qu'ils y trouueroient d'oppositions. Dans ces conseils les sages, comme furent les premiers Senateurs de Rome & de Venise, trouuoient des expediens, donnoient des ordres pour la subsistance du peuple, pour le conseruer en paix par l'administration de la Iustice, & pour préuenir les desordres par de bonnes loix, deuant que les armées fussent en campagne, & que la vaillance eût l'occasion de s'y signaler.

La Theologie tient que les Anges, comme les plus nobles des creatures, qui sont tout esprit, les plus expresses images de la sagesse & de la puissance de Dieu, furent creées par sa Majesté deuant les choses dont ils deuoient auoir le gouuernement, comme en tous les arts l'idée de l'ouurier est deuant l'ouurage; que si les Cieux ont leurs mouuemens réguliers, les especes, leurs inclinations infaillibles, toutes les parties du monde, leurs concerts & leur harmonie; que cela dépend plus du concept, que de la faculté motrice des intelligences. En toute la police du monde ce qui tient plus de l'esprit agit sur le corps, de sa nature pesant, obscur, immobile; nôtre ame n'informe son corps, elle n'y fait les actions de la vie, du sens & du mouuement, que par l'entremise des esprits, d'vn état moyen presque dégagé du sensible, approchant du spirituel. C'est le conseil, qui dans l'état

Marsilio.
Theol.
natur. l. 1.
c. 1.
Plotin. l.
de natur.

Vide ius
naturale
l. 1. leg.
3. §. 2.

seconde, éclaircit, étend, conduit à
l'éfet les grands desseins d'vn Monarque, il fait tout dans les Républiques; c'est luy qui donne les loix
à ce grand commerce d'emplois &
de biens; c'est de céte puissance inuisible que viennent les ordres, qui
commencent, qui achéuent les traités, qui en prescriuent les conditions, qui font marcher les armées,
qui arrétent les combas, qui établissent la paix par des victoires
d'esprit sur la fortune & la violence.

C'est la Iustice qui protége l'innocent, qui conserue la societé ciuile en exterminant les vsurpateurs, les criminels, les rebelles;
c'est elle qui maintient chacun
dans vne tranquille iouïssance de
son bien,& des fruits de son trauail;
enfin, qui fait la paix des familles
& de l'Etat. Ce sont des felicités
publiques, mais qui coûtent beaucoup de peines à ceux qui s'engagent dans ces emplois; car il faut

captiuer les libertés naturelles du premier âge, donner l'esprit tout entier aux longues & mornes études des sciences, pour acquerir la capacité de terminer les differens, & se défendre des subtilités qu'employe la mauuaise foy, pour tromper les Iuges. Dans céte vaste étenduë de loix, d'ordonnances, d'interpretations, d'authorités, de faits toûjours dissemblables, comment trouuer des routes certaines de iustice & d'équité : elles sont incomparablement plus difficiles à reconnoître que celles de l'Ocean, où l'on se conduit sans faute auec la carte & la boussole. Qui se veut perfectioner en ces études, fait état de ne s'y donner aucun relâche, parce qu'il n'y trouue point de fin ; & que plus il s'y éleue, il découure de plus grands pays, dont l'exacte connoissance luy est impossible dans vne vie si courte & si partagée. Mais quand on vient à l'exercice des charges, les seruitudes y sont extrêmes, de donner ses attentions aux affaires des parties, qui jour & nuit n'accordent point de repos : c'est vne milice dont les fatigues sont continuelles, sans tréue, sans alternatiue, sans quartier d'hyuer, toûjours en allarme des surprises, qui dans les sentimens d'vn interest offensé ne trouuent point de pardon, & où l'innocence moins adroite qu'il ne faut, se void chargée de calomnies. Quelle sujetion de demeurer toute vne longue matinée, fixe sur vn siege, l'esprit si attentif aux faits que l'on pose, & aux discours qu'on luy tient d'vne part pour en accuser l'iniustice, de l'autre pour s'en défendre, qu'à l'instant il en faut iuger auec vne exactitude, à qui rien n'échappe sous peine de la conscience & de l'honneur. Cela ne peut être que desagreable à vne bonne ame reduite à retirer ses pensées des entretiens delicieux de la Philosophie & de la contemplation

tion pour les attacher à céte chiquane. Tout cela se fait pour rendre seruice au public dans vne charge dont les prouisions sont onereuses, les exercices fades, importuns, lassans, ordinairement ingrats, puisque des deux parties, dont chacune pense auoir le droit, celle qui ne l'emporte pas, vous tiendra pour son ennemy.

Les biens qu'vn Magistrat fait en sa charge sont infinis, & neanmoins ils ne sont pas au rang de ces actions éclatantes, qui font parler toutes les bouches de la renomée, que les Gazetes publient, & à qui les peuples donnent leurs applaudissemens, comme de petits triomphes. L'exercice de la iustice passe pour bon, quand il est sans reproche & sans loüange; comme nos parties vitales sont saines, quand elles sont sans douleur & sans plaisir: il ressemble au Ciel qui continuë ses mouuemens reguliers sans bruit, & nous enuoye ses

C

influences fauorables, quoy qu'inuisibles. On ne sçauroit assez estimer l'heureuse condition d'vn peuple gouuerné par les loix de la Iustice, si on ne la compare à celle du monde conduit par les ordres d'vne souueraine Prouidence. Céte vertu qui fait que la personne se quite elle-même pour vn interest public, est considerée du Prince comme la colomne de son Etat qu'il enrichit de ses propres ornemens, & luy rend toute la gloire des grands corps qu'elle soûtient: Il ne permet pas que la Iustice qui rend le droit à chacun ne reçoiue pas le sien. C'est pourquoy les

l.8.ff. de Senato.l. iudices C.de dignit.l.r2. l,r. inf.l. 3. tutores ff. de susp.tuto.

Empereurs donnerent le titre de Noblesse auec des qualitez éminentes à ceux qui étoient de leur conseil, & dans les dignitez de Iudicature: Il les appelle Comtes, Illustres, Notables, leur accorde des exemptions, des priuileges, des presceances, qui les distinguent autant du commun du peuple, que les Astres le sont par leurs lumieres des autres parties du Ciel, qui sans éclat ne se font voir que par vne sombre couleur d'azur. C'est la sagesse, c'est l'éloquence, qui calme les émotions d'vn peuple, qui apaise dans vne armée les reuoltes, sujetes à s'irriter par la seule violence. En ces rencontres, Hercule quite ses armes, & n'a recours qu'aux belles paroles qui gagnent ses auditeurs, & les conduit où il luy plaît, comme si de petits chaînons les tenoient attachez par les oreilles. Si c'est la raison qui nous donne ce que nous auons d'empire sur les bêtes & sur la nature, sans doute elle l'accorde de même aux plus sages sur les autres hommes moins éclairez: & comme les nerfs, ces organes de la force viennent du cerueau, où est le siege de l'intelligence, sans doute la generosité guerriere emprunte beaucoup de la sagesse politique.

CHAPITRE V.

La plus illustre noblesse vient de la generosité dans les armes.

LA guerre est vn de ces maux que l'infirmité de nôtre nature nous rend necessaires, pour en éuiter de plus grands : C'est vn destin lamentable qu'il faille exposer la vie, rompre la paix pour la conseruer, se faire vn droit de la violence, pour n'estre point en état de la souffrir. Supposez vn gouuernement conduit par les plus équitables loix, que la prudence ciuile soit capable d'établir, aprés en auoir veu les experiences chez les autres peuples ; ce qu'elles ont de iustice se trouue trop foible, s'il n'est soûtenu par la puissance des armes. Les méchans emportez par les passions, & par les objets sensibles, viuent en bête sur qui la raison n'a point de pouuoir en cét état; c'est en vain qu'on tâche de les persuader, il faut les contraindre; & pour cét effet la Iustice seroit ridicule si elle étoit desarmée. Elle défend aux particuliers de tirer raison des iniures qu'ils ont receuës, crainte que l'amour propre ne se trompe au iugement qu'il en portera, & ne passe à l'excez de la vengeance; la Iustice qui luy ôte l'épée de la main, la doit donc tenir en la sienne, pour luy donner ce qu'vn homme de bien pourroit en cela pretendre de satisfaction. Mille autres rencontres de la vie obligent les plus moderez, de recourir aux forces de la Iustice. Si bon, si puissant que soit vn Monarque, il a quelquefois le déplaisir de voir des sujets rebelles, qui font des entreprises insolentes sur ses droits, qui sollicitent ses peuples à la reuolte, qui entretiennent des intelligences auec ses ennemis, qui ont des armes & des forts : Hé comment les vaincre que par les armes ? Elles sont donc necessaires même en temps de paix, comme vn souuerain remede, & vn asseuré preseruatif des maladies internes de l'état. Aussi le plus sage de tous les Princes, qui fut appellé le Roy de Paix, eût l'adresse de la conseruer chez soy, auec ses voisins & les étrangers, par ses forces puissantes & toûjours prestes, qui la leur rendoiēt necessaire. Les bōs courages affectionez au seruice de leur Prince paroissent en ces rencontres, & le suiuent genereusement sans deliberer sur les vaines esperances de liberté, de vengeance, de butin, dont la sedition gagne les esprits & tâche de les attirer à son party. Rompre ces desseins pernicieux, éteindre ce feu des guerres ciuiles dés qu'il éclate, deuant qu'il prenne à plus de matiere, agir en cela de bonne foy par ses conseils & dans les combas, ce sont des fidelitez qui ont esté de

CHRETIEN.

tres-iustes titres de noblesse à beaucoup d'illustres familles.

Mais quand vn Royaume se void inondé par vn débordement de barbares, comme la France par ceux du Nord, l'Espagne & l'Italie par les Gots: c'est où les rares qualitez de l'esprit, la science, l'éloquence, les subtilitez de la dispute ne sont aucunement de saison; si les bonnes loix ont mis l'abondance de toutes choses dans le pays, elles ont elles-mêmes preparé toutes ces matieres aux auiditez des ennemis, comme à des flâmes déuorantes qui s'y attachent. Il n'est là question que d'vne vaillance guerriere, qui repousse genereusement la force par la force, & qui par vne sage conduite, mette la multitude des ennemis à l'étroit, qui les presse, qui les entasse, afin qu'aucun coup tiré sur eux, ne tombe à faux, qu'ils perissent de necessité par leur grand nombre, & qu'il soit le principal sujet de leur défaite. Ainsi quand les Sarrazins ayant surmonté les Gots en Espagne, se répandirent en France, & vinrent iusques à la plaine de Tours, auec vne armée de quatre cens mille combatans, Charles Martel dont l'armée n'étoit que de soi ante mille hommes de pied, & douze mille cheuaux, l'attend en ce détroit borné de la riuiere & de la ville, auec défense aux habitans d'ouurir les portes qu'aux victorieux, afin d'ôter toute esperance de fuite à ses soldats. Le combat se donne, les Sarrazins sont défais, trois cens soixante quinze mille tuez sur la place, auec leur Roy Abderame. Ceux qui eurent commandement en céte armée, & qui firent des actions remarquables entre les autres, s'ils n'auoient pas la noblesse d'origine, ne meritoient-ils pas de la receuoir en reconnoissance de leur courage, en vne bataille donnée pour la défense des Autels & de la Patrie, de la Religion Chrétienne & de la France, contre l'inuasion des Infideles? Charles ne se montra pas difficile d'accorder le titre de noble à la generosité qui lui auoit acquis le cœur de ce grand Etat, où il voyoit les prochaines dispositions d'élite pour Roy Pepin son fils, qu'il n'en auoit nommé que Gouuerneur.

Il ne faut point considerer la vaillance separée de la sagesse en vn braue Capitaine, comme les Grecs qui croyoient la rencontre de ces deux éminentes qualitez en vne même personne si rare, qu'ils se les proposoient diuisées en deux, en Ajax, & en Vlisse. Les animaux même iamais ne font paroître plus d'adresse que dans les combas, & la fureur qui les emporte n'empéche point ce qu'ils ont de ruze dans l'attaque ou dans la défense. Les conseils de guerre si frequens, les stratagémes si prémeditez & si surprenans dans l'occasion, les espions, les vedetes, les coureurs, les exercices, les reueuës, les ordres inuiolables dans les combas, iusques aux rangs & aux files des compagnies, font bien voir que la prudence est l'ame de la milice, & que les victoires sont vn effet des forces, plus de l'esprit que du corps. Si donc l'on accorde la noblesse à vne prudence ciuile dans le gouuernement de l'Etat, dans vne charge de iudicature, dont les plus grandes fatigues sont d'être contrains à trop de repos; le merite n'est-il pas plus grand, l'employ plus considerable de celuy à qui l'on commet la conduite d'vne armée de mer ou de terre, d'vn Regiment, d'vne Compagnie? car l'ordre se garde par tout, & chacun donne les preuues de son courage selon qu'il est commandé. L'importance de céte action est plus grande que d'vne consultation ou d'vn arrest, puis qu'il s'agit de l'interest public, de l'honneur du Prince, de la reputation de ses armes, qui étant heureuses, releuent le courage des siens, & abatent celuy de ses ennemis : il s'agit de proteger les peuples contre ce qu'ils souffriroient de miseres dans vne déroute d'armée, & sous les cruautez d'vn Victorieux insolent. Enfin, selon l'Oracle de l'Euangile; c'est le plus grand effet de l'amour, de donner sa vie pour vn autre. Certes, il faut plus de circonspection en ces iugemens de sang, si prompts, si violens, sans appel, & dont les issuës n'étant pas heureuses, laissent les fâcheuses impressions, de timidité, de desespoir dans les courages, qu'ensuite il est difficile d'effacer par beaucoup de bons succez.

Cependant que Monsieur le President, le Conseiller, le Magistrat, parmy les caresses & les commoditez de sa famille, les respects du peuple, fait vne charge où il void les parties suppliantes à ses pieds,

& se rend l'arbitre de leur fortune; le soldat, le Capitaine est la pique à la main à vne bréche, dans vne tranchée, dans le combat, à toutes les heures du iour dans le peril de sa vie, auec des fatigues incroyables, qui ne seroient pas possibles, si elles n'étoient adoucies par le sentiment de l'honneur. C'est vne merueille qu'au premier bruit de la guerre, vn Gentil-homme quite femme, enfans, toutes les attaches & d'amour & d'interest qu'il auoit en sa famille, pour se rendre auprés de son Prince, & luy faire offre de sa personne : on a sujet d'appeller ces braues, les bras de l'Etat, puisque par vne impulsion comme naturelle, ils s'exposent, & vont au deuant des coups pour les parer, crainte qu'ils n'offensent la tête ou d'autres parties. Le bourgeois ioüit tranquillement en sa maison de ses reuenus, & des fruits de son trauail, dans la douce societé de ses voisins ; lors que pour sa

CHRETIEN.

défense le Gentil-homme s'engage dans les perils, & va chercher la victoire au prix de son sang, à trauers le fer & le feu. Hé n'est-ce pas contre la nature, que les plus nobles parties de l'Etat, s'exposent pour la défense des moindres? Mais qui mettra des bornes à la vaillance guerriere, & à la charité Chrétienne. Ces grandes ames que Platon dit étre d'or, d'vne condition plus excellente que les autres, laissent au peuple les emplois de gain & de commerce, pour prendre ceux de la vertu & de l'honneur: Les cieux assistent continuellement les choses inferieures de leurs lumieres & de leurs vertus, quoy qu'ils soient d'vne nature plus excellente : les Anges nous donnent leur protection, quoy qu'ils soient dans vn degré plus sublime que le nôtre ; mais ny les cieux ny les Anges ne sont pas sujets aux alterations d'icy-bas, & leur bonté qui donne toûjours sans

receuoir, comme la diuine, est
exempte des miseres qui nous sont
communes : n'est-il pas iuste que
les Gentils-hommes, qui sont les
Anges tutelaires des Royaumes,
qui comblent les peuples de biens,
n'en souffrent pas les sujetions, &
n'en portent pas les charges : Pour
vne vie qu'ils ont receu de la patrie, ils luy en rendent vn nombre
infiny, quand ils la défendent contre la violence des ennemis.

 Aussi tous les peuples, tous les
Etats se sont montrez tres-recon-
noissans de cête faueur. Platon ordonne en sa République, que ceux
qui dans l'armée ont fait quelque
action extraordinaire de courage,
soient couronnez par les mains de
toute la ieunesse qui s'y est trouué
presente, qu'ils en reçoiuent les
complimens, les salutations, les embrassades, & qu'à leur retour ils
ayent le choix des plus belles filles
pour leurs femmes, afin que l'Etat
ait des heritiers de leur valeur.

Saül donne sa fille en mariage à Dauid, en reconnoissance des victoires qu'il auoit gagnées sur les Philistins. Lacedemone n'aprit de la Rhetorique que le genre demonstratif, pour dresser des Panegyriques à ceux qui auoient fait de belles actions dans l'armée. Rome ioignit l'interest public au particulier quand par le decret du Senat, le victorieux faisoit son entrée triomphante dans la ville, auec des magnificences qui demanderoient vn volume pour en faire la description. Les meubles, le butin, les prisonniers de guerre appartenoient aux soldats, on leur donnoit des couronnes, des chaînes, des anneaux d'or, selon le merite des actions qu'ils auoient faites : On partageoit quelquesfois entr'eux les terres prises sur l'ennemy, qui leur étoient de nouuelles obligations de seruir, comme le sont aujourd'huy les fiefs, les ordres de Cheualerie, les Ecussons, qui sont

Cuiac. obser. I, 19.c.7.

les marques de noblesse, & qui signifient les sujets où elle a été donnée, ou bien renduë plus illustre: par tout le timbre est vn casque pour montrer que la Noblesse vient de la guerre, & que l'exercice luy en est hereditaire.

CHAPITRE VI.

La noblesse passe du pere aux enfans.

ENtre les inclinations naturelles qu'a l'homme d'imiter les perfections infinies de Dieu, celle de luy ressembler en eternité peut auoir quelques motifs, qui ne soient ny dans l'insolence ny dans le crime, comme le desir d'auoir toûjours été pour l'aimer & pour le seruir. Celuy d'vn Gentil-homme ne va pas dans cette extase, il est plus humain, & s'arrête même dans vne certaine mediocrité; car de remonter iusques à nôtre premier

CHRETIEN. 65

Pere Adam, il se trouueroit n'auoir point de priuilege en la recherche d'vne origine que tous les hommes ont commune : Mais aprés la diuision des peuples, & l'établissement des Monarchies, il souhaiteroit d'auoir été en la personne de ses ayeux, pour prendre part à la gloire de leurs actions ; ensuite durer toûjours par vne longue posterité, qui le representât auec des accroissemens d'honneur, dans tous les siecles à venir. De là vient que les anciennes Noblesses sont plus estimées, comme si elles étoient moins sujetes aux loix du temps qui enferme nôtre vie en si peu d'espace, que tant de siecles deuancent & fuiuent ; comme si elles étoient de le nature des eaux, qu'on tient meilleures quand elles coulent des lieux plus éleuez par de longs chemins, où elles se filtrēt & s'épurent. Céte créance est si commune entre les peuples, que plusieurs font gloire d'être décendus

Athenæ.
l. 2.c.2.

de ceux qui se sauuerent de la ruine de Troyes, comme si ces honteuses qualitez de vaincus, de malheureux, de fugitifs, étoient amplement recompensées par la seule consideration de l'antiquité. Toutes les genealogies des grandes maisons l'affectent; & si elles n'en trouuent point les titres dans les histoires, elles les forgent par quelques rapports de noms & d'auentures: Enfin, Rome qui eût toûjours la vertu en si grande estime, crût neanmoins que la dignité de Consul receuoit vn grand reproche, & qu'elle étoit prophanée, quand elle se donnoit à vn homme qu'on appelloit nouueau, lors qu'il n'étoit pas d'vne ancienne race. Si ce priuilege n'est pas commun, si les familles & les états, comme les personnes ont leur âge de croissance, de déchet, de vieillesse, enfin de mort; s'il faut necessairement que de nouuelles Noblesses succedent à celles qui finissent, faute de ver-

Salust. in Catil.

tus ou d'heritiers ; si elles n'ont aucun droit sur le passé, au moins qu'elles l'ayent sur l'auenir ; qu'vn homme qui a merité ce titre par des seruices considerables, aye droit de le laisser à ses enfans.

L'amour naturel décend bien plus librement qu'il ne monte, dit le Iurisconsulte, il se multiplie quand il s'abaisse ; & les inclinations d'vn pere sont plus fortes, plus douces, plus glorieuses de donner à ses enfans, qu'à receuoir de ses ayeuls. Vn homme n'engageroit pas ses libertez & ses plaisirs dans la seruitude des charges, il n'hazarderoit pas mille fois sa vie dans les armées, n'étoit l'esperance d'en laisser les titres honorables en sa famille, & d'être tenu par ses décendans comme le premier auteur de leur gloire. Cette consideration est la plus forte de celles qui animent son courage à de genereuses entreprises, elles seroient sans doute moins ardentes, moins hardies, & obligeroient moins la fortune à leur être fauorable, si elles s'arrêtoient à sa personne. S'il est employé dans les charges du Conseil ou de la Iustice, les loix, les bonnes coûtumes établies, les abus reformez par sa prudence, le droit rendu à tant de personnes, à tant de familles opprimées par de plus puissans, sont des bienfaits publics, dont les suites s'étendent bien loin dans l'auenir, & qui tirant les affligez de la misere, redonnent à leurs enfans le moyen de seruir l'Etat. Si ce genereux a conserué l'honeur du Prince & de la Patrie, en défendant vne place contre les attaques de l'ennemy, en emportant sur luy des victoires dans les combas; il en affoiblit les forces, il en rompt les desseins ambitieux, qui ne s'arrêteroient que par les ruines entieres d'vne Monarchie : ce sont toutes faueurs publiques & de durée, qui ne receuroient pas ce qu'elles meritent de

Senec. l. 4. de ben. c. 30.

recompenses en leur autheur, si elles ne passoient à ses décendans. Il a consommé peut-être ses biens & sa vie dans ces rencontres, il y est mort; n'est-il pas iuste, que ses enfans qui sont vne partie de luy-méme, soient heritiers de sa Noblesse, comme on doit croire qu'ils le seront de son courage pour le seruice du Roy.

Car il est certain que la nature étant libre des accidens, qui s'opposent au cours ordinaire de ses actions, fait que chaque chose produit son semblable, & qu'elle met dans le gland, l'idée comme l'exemplaire, l'esprit agissant, comme l'ouurier qui le façonne, iusques à representer le chêne dont il est tombé, auec toutes ses qualitez quelquesfois même plus auantageuses, parce qu'elle tend toûjours à ce qui est de plus parfait. Qui se considere nay Gentil-homme, remarque en son cœur des sentimens genereux qui ne luy permettent pas de s'arrêter à des emplois populaires, mais qui le portent à suiure & à passer autant qu'il pourra la gloire de ses ancêtres. Céte secrete impression du cœur, fortifiée par celle de l'imaginatiue, fait vne notable distinction dans vne méme nature, & rend le noble comme s'il étoit d'vne espece differente, releuée pardessus celle du roturier : ainsi tenu de pretendre à des fins & à des actions plus sublimes. Ce fut pour cela qu'à Rome, vn Noble auoit à l'entrée de sa maison vne galerie, où les figures de ses Ancêtres tirées au naturel, étoient posées d'ordre dans leurs niches, afin qu'entrant & sortant il fut auerty par cette assemblée de personnes cheres & illustres, qu'il soûtenoit l'interest de leur renomée, que sans rien faire de lâche qui l'offensât, sa conduite en accrût la gloire. Que si la necessité de la famille l'obligeoit à la vente de son bien, céte maison où se trouuoient

l. Iex quæ
tutores q.
nec verò.
Cod. de
adm. tut.

CHRETIEN. 71

ces figures, étoit la derniere où les mains des creanciers pouuoient s'attacher; que s'il étoit en bas âge, son tuteur ny son curateur ne la pouuoient vendre, parce que c'étoit vn memorial des vertus hereditaires, trop important à la conduite de la vie.

Sans doute c'eſt vne singuliere faueur de la Prouidence d'étre nay Noble, d'auoir cét état dont le défaut eſt irreparable, & le reproche eternel, quelque remede qu'on y aporte; car on ne delibere point ſur les choſes faites, les loix ny les priuileges ne peuuent rien contre céte neceſſité. Auſſi l'Empereur Sigiſmond étant prié par vn homme, qui luy auoit rendu quelque seruice de le faire noble: Mon amy, dit-il, ie puis bien vous rendre exempt de tailles, & riche; mais non pas noble, puiſque par effet vous étes nay dans vne autre condition; c'eſt donc vne grace inſigne de venir au monde, auec de grands prejugez de la vertu, d'en auoir ses ancêtres pour cautions, deuant que l'âge luy donne les forces, & la fortune les fauorables rencontres, de produire les grands effets qu'on s'en est promis : le Noble qui succede à la vertu de ses ayeuls, qui la continuë, bâtit sur éminence, auec tant d'auantage, que la pointe des plus hauts édifices d'vn valon, aura peine d'arriuer à ses fondemens. Il a céte premiere éleuation de la nature, qui luy rend les progrez aussi plus aisez : parce que comme vn grand arbre s'il est sain, porte plus de fruit qu'vne petite ente; les plus anciennes familles ont les occasions extraordinairement fauorables, pour s'auancer à ce qu'elles pretendent d'honeur & de gloire. On considere le trauail de ses ancêtres comme sien, & par céte inclination qu'on a naturelle, d'acheuer ce qu'on a beaucoup auancé, on fait de grans efforts pour atteindre vne perfection qu'on void n'être pas beaucoup éloignée, & le mouuement se presse, on double le pas aux aproches de ce repos.

Ordinairement Dieu donne plus à ceux qui déja ont receu beaucoup de ses liberalitez, s'ils en font de bons vsages, comme il dit en l'Euangile ; & ses graces, comme les fleuues continuënt leur cours où vne fois elles l'ont pris. Sa prouidence conserue le Sacerdoce en la lignée de Leui, d'où étoient Moïse & Aaron, qui de sa part auoient donné les loix du gouuernement & de la Religion au peuple Iuif. Il rend certaines familles heureuses pour le soûtien d'vn état, funestes à ses ennemis, comme celle des Macabées contre Antiochus; celle des Scipions à Rome contre l'Afrique, celle des Iules au gouuernement de l'Etat ; de sorte que Germanicus étant mort, le Senat ne permit qu'à ceux de sa famille d'étre augure & souuerain

Ruper. in num. l. 1, c. 6.

Prêtre. De là l'on iuge les Monarchies hereditaires plus heureuses, en ce que le sceptre demeure entre les mains de personnes d'vn même sens, sous la conduite d'vn méme genie, heureuses par les secrets rapports de temperament qu'elles ont auec leur origine, & par des benedictions particulieres de Dieu. On remarque que l'Arabie heureuse, ne porte pas seulement des plantes aromatiques, mais que la terre méme en est odoriferante, & que les mottes qui en sont tirées valent des parfums; ainsi certaines familles choisies du Ciel, sont & fecondes en personnes d'vne éminente vertu, & dans vne recommandation qui peut couurir le défaut d'vn décendant, ou luy donner des titres illustres, par les merites secrets de ses peres. Cét homme reçoit peut-être le gouuernement des grandes affaires, parce que ses ayeuls n'ont pas voulu s'y auancer par vn motif d'iniustice; qu'ils ont

Diodo. si- cul. rer. antiq. l. 2. c. 2.

Sen. 4. de benef. c. 30.

CHRETIEN.

mieux aymé sacrifier leurs interêts à l'Etat, que faire seruir l'Etat à leurs interêts : l'empire qu'ils ont gagné sur leurs passions, donne à ce décendant l'authorité qu'il a sur les hommes. Ce sont des ordres cachez de la Prouidence, que le Prince suit heureusement, quand il comble de faueurs les familles qu'il a reconnuës fideles à son seruice. Quelques-vnes de celles-là sont des mines qui ne produisent rien que de precieux, des diamans dans des masses d'or, autant d'enfans, autant d'illustres, & les excellences rares en d'autres sujets, sans rien perdre de leur prix, sont communes en ces maisons, à qui les peuples ne sçauroient rendre trop de respects, ny les Princes trop d'honneurs & trop de reconnoissances.

Cassiod. ep. 63.

D ij

CHAPITRE VII.

Les Priuileges de la Noblesse.

NOus auons déja representé les Gentils-hommes dans des emplois éminens, soit du Conseil, de la Iustice ou des Armes, qui se rapportent tous par diuers moyens au bien public, à donner au peuple la paix & les felicitez sous la conduite du Prince. Il est l'ame de son Etat, & dans ce corps politique les Nobles s'aquitent par proportion de tous les deuoirs, qu'exercent en nôtre corps naturel, le cœur, le cerueau, le poûmon, le foye, les yeux, les autres sens, pour les fonctions & l'entretien de la vie. Ces parties sont vulgairement appellées nobles, pour signifier par ce nom emprunté de la police, que les principaux officiers de l'Etat leur ressemblēt; & que la prudence ciuile qui en reçoit les faueurs, les doit autant épargner, que la nature aporte de soins pour la conseruation de ces organes chers & dominans : Elle les separe par le diaphragme, des parties basses & moins honétes, elle met le cerueau sous la protection du crane, le cœur & le poûmon sous celle des côtes ; elle les tient à coüuert, & ne les reduit pas aux mémes seruices, qu'elle attend des pieds & des mains.

Le peuple Romain prit de là suriet de se reuolter vn iour, contre les nobles qui passoient leur vie dans la franchise, & à son dire, dans l'oysiueté, cependant qu'il portoit seul tout le trauail des métiers, & toute la charge des tailles : Menenius Agripa Senateur, sceut adroitement adoucir ces plaintes par la comparaison de l'estomach, qui reçoit veritablemēt en repos toute la nourriture, mais qui la distribuë de sorte aux autres parties, qu'elles periroient par elles-mémes, si elles manquoient à le seruir. Si la noblesse a des forces & des biens, ce n'est que pour les employer à la défense de l'Etat, dont les ruines seroient ineuitables sans les armes & la Iustice, où elle consacre ses soins & sa vie. Par effet, vn Gentil-homme fait incomparablement plus de dépense à suiure la Cour en vne campagne, ou à soûtenir l'honneur d'vne charge, que n'en souffre vn riche bourgeois à payer ce qu'on luy impose de subsides. La plus grande part des leuées qu'on fait sur le peuple, s'employe principalement pour les gages des Officiers presque tous Gentils-hommes; Seroit-il iuste que le Roy tirât d'vne main ce qu'il leur donne de l'autre, qu'employant à son seruice leurs soins, leurs biens & leurs vies, ils fussent obligez à payer des taxes au lieu de les receuoir. Mais il n'en faut pas venir à ces comptes, Céte exemption est vn titre plus d'honneur que de profit, c'est vne recompense de la vertu de leurs ancêtres, de celle dont ils ont donné les preuues, c'est vne auance pour les grands effets que l'on s'en promet. Vn Gentil-homme approche de l'alliance du Prince, dit la loy, il emprunte ce qu'il a d'éclat de sa Majesté, il est l'organe & le ministre de ses volontez, dans vne continuelle preparation d'y donner sa vie, comme il le témoigne par l'épee qu'il porte à son côté; il est aucunement de sa suite, il prend ainsi part aux immunitez dont sa Majesté, non sujete aux loix, est l'origine. C'est vn droit commun entre toutes les Nations bien policées, receu de tout temps en France particulierement, lors qu'en l'an 1408. Charles sixiéme ordonna que les biens des nobles, ceux méme qu'ils auroient acquis de nouueau, quoy qu'ils fussent auparauant en roture, seroient exempts de subsides.

l. vn. C. de præp. labor. arg. l. 7. ff. ad l. Iul. deui pub.

Chasse. in cath. par. 8. col. 48.

L'autre priuilege de la noblesse

consiste en ce que dans la concurrence de personnes d'vn merite d'ailleurs égal, le noble l'emporte sur le roturier, parce que l'on suppose cette vertu plus solide, qui a jetté de plus profondes racines dans vne lignée ; Le peuple qui l'ayme par reconnoissance & par inclination, agrée dauantage son gouuernement, le supporte auec plus de respect, est moins sujet aux reuoltes, & n'y craint pas l'insolence si commune à ceux qui d'vn bas état, sont promptement éleués aux grandes charges. Cela se pratique dans tous les Etats, dit Aristote, Romulus dés l'établissement de Rome, diuisa tout son peuple en deux, en nobles qui furent auancez aux charges, & en d'autres qu'il appella populaires, pour les métiers & pour le trafic. Moyse ne pouuant supporter seul le gouuernement d'vn grand peuple, fit choix des plus sages & des plus nobles, pour le soulager par l'vnion de leurs

Arist. polit. 10. & l. 4. c. 4.

CHRETIEN. 81

conseils & de leurs soins. Nos coûtumes sont conformes aux loix Romaines, qui veulent que les enfans des Senateurs & des autres Nobles, succedent aux illustres qualitez, & aux priuileges de leurs peres. Dans l'élection méme des benefices le Noble capable d'ailleurs l'emporte sur d'autres, par quelque rapport à Iesus-Christ, qui fut de la lignée de Dauid, & dont le Sacerdoce est nomé royal par l'Ecriture.

La Chine qui se vantoit d'auoir le plus ancien, le plus heureux empire du monde, en a veu la fin ces années dernieres sous l'inuasion des Tartares, & le peu de ses habitans restez du massacre horrible qu'en a fait cét insolent victorieux, languissent dans vne honteuse & cruelle seruitude. On attribuë cette extréme desolation, à ce qu'ayant diuisé tous ses peuples en trois bandes, des Sçauans, des Soldats, des Artisans, Marchands, Laboureurs, elle donna le premier rang,

l.5.ff.de Senat. Nou. 18. a. Decur.

D v

les plus grands honneurs, les plus grands biens à la science ; ainsi les meilleurs esprits qui ont plus de feu, plus de courage, ont pris ce party ; les plus grossiers, les moins genereux se sont jettez dans la milice où ils ont si peu reüssi, qu'ils sont tombez en la puissance de leurs ennemis. Il ne faut pas considerer la guerre comme vne action purement du corps ; c'est vne science pratique où ces deux parties doiuent agir de concert, la même raison qui nous conserue l'empire sur les animaux, nous le donne sur nos semblables, s'ils en sont moins auantagés ; la generosité est vne vertu qui reside en l'ame, & quand elle conduit le corps auec adresse dans les exercices de la guerre, elle a deux éminentes qualitez qui luy donnent la preference sur la simple speculation sterile ordinairement, & de fort peu de rapport dans la societé ciuile : Les sciences y sont belles, mais les armes y sont necessaires : dans vne extréme famine on estimera plus vn pain, qu'vn diamant de grand prix, qui lors ne peut pas seruir de nourriture ; ainsi dans vn état toûjours menassé & inuesty d'ennemis, pour la protection du dedans & du dehors, de la iustice & des interêts du Prince, les armes étant necessaires, elles doiuent estre preferez aux sciences. Sur ce principe dans les religions militaires, les Cheualiers combatans sont preferés aux Ecclesiastiques : & quoy qu'en dise Ciceron, la cuirasse le doit emporter dessus la robe. Par cét honneur qui anime les meilleurs courages, qui attire les plus grands esprits dans la milice, où les victoires se gagnent autant par le conseil, que par la generosité, les Républiques de Sparte & de Rome se sont conseruées auec de tres-grands progrez ; & c'est ce qui rend aujourd'huy le Turc si puissant, si formidable à toute la Chrétienté, parce

84 LE GENTIL-HOMME
qu'il n'y a chez luy, de l'honneur, des biens, des dignitez, que pour vne vaillance guerriere.

On rapporte plusieurs autres priuileges de la noblesse qu'on peut voir au lieu que ie cite ; comme en ce qu'vn Gentil-homme soit estimé plus fidele en ses paroles, tellement que ses promesses passent pour des cautions & des effets : D'où vient qu'on excuse vn Gouuerneur, s'il a fait choix pour son Lieutenant d'vn Gentil homme, qui ait lâchement trahy la place, parce que sa condition ne le rendoit pas suspect de céte infidelité. Si les dépenses excessiues de la Cour & des armées rendent enfin vn Gentil-homme pauure, aprés y auoir paru auec éclat, selon les loix d'Espagne, ses creanciers ne peuuent pas le mettre en prison, pourueu que la debte soit purement ciuile, & qu'elle ne soit point mélée dans le criminel; Il ne peut pas méme renoncer à ce priuilege, parce

Chassan. parte 8. consf. 34. 36. &c.

Come- zius in l. 79. tauri.

qu'il est acquis à tous les nobles, qui étans moindres en nombre que le peuple, se tiennent dans vne étroite vnion pour se conseruer, & croyent que le mauuais traitement d'vn d'entr'eux les offense tous; comme les personnes d'vn méme pays sont parfaitement d'accord, & tiennent leurs interests communs dans vne terre étrangere. Il seroit à souhaiter pour plusieurs raisons, que cette loy eut cours en la France, qui par son nom promet la franchise, qui par effet la donne aux esclaues, & qui la doit conseruer aux Gentils-hommes, comme aux Protecteurs de la liberté publique. Si à cette loy l'on ajoûtoit celle de Rome, qui défendoit aux Decurions, aux Nobles officiers, l'alienation de leurs immeubles ; les veritables necessitez trouueroient toûjours assez d'amis charitables pour les secourir : les fausses, comme pour satisfaire aux passions du jeu, de l'amour, de la vanité, rencontreroient difficilement des creanciers, qui voulussent hazarder leur bien sans auoir aucun recours sur la personne, ny sur les terres. Ainsi la necessité empécheroit les excez, & qu'vn Gentil-homme ne ruinât sa famille pour le plaisir d'vn iour, qui luy feroit le sujet d'vn repentir pour toute sa vie. N'est-ce pas vne chose lamentable, qu'vn Vsurier, qu'vn Marchand, qui met tel prix qu'il luy plaît aux choses, parce qu'il les donne à credit, trafique ainsi des facilitez d'vn Gentilhomme ; & aprés l'auoir affoibly par vne longue & cruelle exaction d'interests, aprés l'auoir tenu à sa misericorde comme vn esclaue, le faire traîner en prison comme vn criminel, peut-être pour se faire adjuger sa terre à non prix. C'est vne sanglante courtoisie, qui rauit ainsi le bien de la noblesse, sous couleur de l'obliger: l'Etat a de notables interêts à déliurer ces gehereux, qui parmy les armes font des prisonniers, & qui le font en plaine paix par les pratiques d'vn vsurier, d'vn chiquaneur de mauuaise foy.

Il est difficile qu'vn courage franc, qui se donne tout entier aux occasions présentes de l'honneur, sans aucune crainte de l'arenir, ne se trouue enfin dans les incommoditez de la pauureté. Les plus braues Generaux d'armée chez les anciens en faisoient gloire, comme d'vne preuue infaillible, qu'ils n'auoient rien fait pour leurs interéts particuliers, mais pour celuy de leur Patrie dans les victoires qu'ils auoient gagnées, & dont les dépoüilles pouuoient mettre des richesses immenses dans leurs maisons. Ils aymerent mieux acquerir à leur memoire & à leur famille ce double honneur, d'auoir défait les ennemis, & d'en auoir laissé tout le profit à la Patrie : tres-asseurez, qu'elle n'en seroit

LE GENTIL-HOMME
pas méconnoissante. Ainsi à Corinthe Thimoleon, en Athénes Aristides, à Rome Valerius Publicola, Menenius Agripa, & plusieurs autres grands Capitaines moururent si pauures, que n'ayant pas laissé dequoy fournir aux frais de leurs funerailles, le public en fit la dépense, & assigna des pensions pour éleuer leurs enfans. Platon donne ces mémes ordres en sa République. Celle de Venise, s'est toûjours môtrée tres-iuste & tres-fidele en ces rencontres, comme à la mort du Roy de Cypres, son confederé contre le Turc; elle recüeillit auec honneur ses trois enfans, & les entretint toute leur vie selon leur dignité Royale : Elle fit le méme à ceux de Christophle Canali, qui auoit été General de ses Galeres. Charles septiéme Roy de France, tres-reconnoissant des faueurs qu'il auoit receuës du ciel, par le conseil & la valeur de la Pucelle d'Orleans, enrichit & anno-

Pet. Iusti. hist. venetæ l. 9. & 14.

blit ses freres, leur fit porter le nom
du Lys, en leurs armes trois fleurs
de lys d'or, trauersées d'vne épée,
qui porte en pointe vne couronne.

Le Prince n'a point d'occasion
plus iuste ny plus éclatante, pour
exercer sa bonté qu'en faueur d'v-
ne noblesse incommodée, sur tout *l.8.ff. de*
aprés des seruices remarquables; & *decurio.*
qui le diuertit de cela, l'offense.
Vn Comte de Champagne étant
à Troye vn iour de Pentecôte, où
la solemnité de la fête inuitoit à
de bonnes œuures, vit fondre à ses
pieds vn Gentil-homme auec deux *Duplex*
de ses filles, qui luy demandoit *an. 1.2.3.§.*
quelque assistance pour les pour-
uoir en mariage: Vn bourgeois de
cette ville se trouuant là, & mesu-
rant l'humeur du Prince à la sienne auare, pensa luy agréer de le
preuenir, & prendre pour luy cette parole de refus ; Monsieur le
Comte a tant donné depuis peu de
iours, que vous luy êtes impor-

tun de le presser par vne demande qu'il n'est pas en état de vous
accorder. Le Comte dit à cela,
vous en auez menty ; i'ay presen-
tement dequoy satisfaire ce Gentil-homme, ie luy donne tous vos
biens, vous les racheterez au prix
qu'il luy plaira ; il fut fort petit,
car il ne luy demanda que cinq
cens liures: l'audace de ce personnage qui entreprenoit de faire le
Chancelier, & l'interprete des volontez de son souuerain, par cette
insolente discourtoisie meritoit vn
plus seuere châtiment.

Pour abreger les préferences
que merite vn Gentil-homme sur
ceux qui n'ont pas cét auantage, il
suffit de dire qu'il est dans vne
commune estime de probité, &
qu'il reçoit les mêmes effets de
cette reputation, qu'vn homme
qui l'auroit acquise par de longues
habitudes, & par les preuues de
sa vertu en toutes rencontres : On
donne plus de créance à ses pa-

roles, qu'à celles d'vne personne inconnuë : toutes ses actions sont interpretées fauorablement, on rejette toutes ses disgraces & tous les mauuais succez de sa conduite sur vne mauuaise fortune ; s'il y a du crime à qui la Iustice ne puisse donner le pardon, au moins elle en adoucit les peines toûjours moindres, plus legeres, d'vne autre nature que pour le peuple. I'ay crû que ie deuois auancer ces considerations generales de la noblesse, deuant que de venir aux auis qui font le principal sujet de ce petit liure.

CHAPITRE VIII.

Le Mariage des Nobles.

LE mariage est vne societé d'esprit & de corps, en parties de biens entre deux personnes de deux sexes pour toute la vie, d'où dépend aussi ce qu'on s'y doit promettre de paix & de felicitez. Vn choix de telle importance, se doit donc faire auec vne franche liberté ; car si elle regne entre les bêtes, si elle y ioint le mâle & la femelle, elle doit étre bien plus entiere, dit Cassiodore, au mariage de l'homme & de la femme, d'où naissent des personnes libres. Les inclinations, les sympaties, les reciproques attraits de la nature sont les principaux agens à conclure ce traité d'amour ; que si les suites n'en sont pas toûjours si fauorables qu'on se les figure, les desirs

l.7.varia.
ep.41.

paſſionez qu'on a témoigné pour céte action, le libre conſentement qu'on y a donné ſuffit pour en arréter les plaintes, ſi l'on ne ſe veut venger ſur ſoy-méme, & multiplier ſes peines par l'impatience d'vn mal dont on eſt la cauſe. La beauté eſt ordinairement le charme qui gagne le cœur ; & comme la nature enrichit de cét éclat les pierres plus que les plantes & les animaux, de méme elle le fait ſouuent plus admirer ſur le viſage des pauures que des riches, & en des perſonnes d'vne baſſe condition: L'amour qui ne ſe rebute & ne ſe gagne point par ces diſtinctions imaginaires, qui void ſon objet dans ce mépris, comme vn diamant ſur le fumier, le recüeille, s'y attache par vn triple effort de ſe ſatisfaire, en ſurmontant les reſiſtances de l'opinion & de la fortune. Auſſi ſaint Denis dit, que l'amour n'eſt autre choſe qu'vne ſecrete vertu répanduë dans toutes

De diui. nomi. c. 4

les parties du monde, qui fait que les superieures s'abaissent, & les plus basses s'éleuent pour s'vnir; qu'il met les choses semblables dans vne communauté de perfections, pour de deux sujets n'en faire qu'vn seul, où les desirs deuiennent des ioüissances. C'est ce que signifie Platon par le mariage de la pauureté auec le Dieu des richesses; ce que les Poëtes ont entendu par les amours de leurs Dieux, pour des creatures mortelles: Caton prit la fille de son fermier pour sa femme: l'Empereur Theodose épousa Athanaïs, fille du Philosophe Leontius; Athenée rapporte qu'vn Païsan prés d'Athénes, eut deux filles d'vne eminente beauté, que deux freres nobles & riches prirent pour leurs femmes; & que cette alliance fut si agreable à la République, que pour en conseruer la memoire, elle fit bâtir vne Chapelle à Venus, sous le nom que portoient ces filles. Cal-

Baron. a. 421.

l. 12. c. 32

CHRETIEN.

lipygæ. Elle suiuit les sentimens de Platon, qui dit, que l'inégalité seroit trop grande dans vn état, si les riches n'épousoient que des femmes riches, & s'ils n'en prenoient d'vne moindre condition pour releuer des familles trop rauallées. Rome en fit la loy, que les personnes mémes illustres, Senateurs & autres, peuuent épouser des filles pauures, pourueu qu'elles soient d'vne condition libre, & non pas esclaues. Ces sentimens furent en faueur de la beauté, qui selon le Poëte, tient lieu d'vn grand dot en vne fille, peut-être, parce qu'elle vient des mémes fauorables influences, d'où procedent les richesses & les bonnes mœurs. L'amour que merite vne beauté iointe à la vertu, tempere agreablement la puissance d'vn mary, oblige les fidelitez de la femme, adoucit tous les soins du mariage, il y entretient la paix, & sans en venir aux excuses, il est dans

l. 7. C. de incest. & inut. nup.

Dos est sua forma puellis.

vne approbation publique.

Aujourd'huy nous ne sommes plus en ces termes, vn Gentilhomme recherche ordinairement vne fille de basse naissance, non pas pour sa beauté ny pour sa vertu, mais pour ses richesses, sans considerer comment elles sont acquises, ny les qualitez de la personne ou de la maison; si elle porte quelques taches de mauuaise foy, & qu'elle ne soit pas seulement roturiere, mais infame; si céte fortune s'est éleuée depuis peu par des pratiques qu'vne voix publique condamne, & qui veut à quelque prix que ce soit acheter sa protection par vne alliance illustre. La famille de ce Gentil-homme n'en est-elle point offensée, & ce mélange de noms & de sang, auec si peu de rapport, ne luy est-il point honteux, & vn reproche eternel pour l'auenir? Quoy, l'on luy donnera pour beaufrere, pour cousins, vne fourmiliere de petites tés gens de la lie du peuple, qui feront sonner hautement cette alliance, & la publiront par tout, pour en tirer de la vanité? Les Nobles de Malhabar, qui sont les Successeurs des anciens Brachmannes, dont parle tant Philostrate, se tiennent si offensez d'vn des leurs, qui contracteroit mariage auec vne femme de moindre condition, que sans autre forme de procez, ils ont droit de le mettre promptement à mort, afin de venger ainsi le deshonneur qu'il fait à leur ordre, & pour étouffer vn mal d'vne suite tres-dangereuse, par les enfans qui en pourroient naître.

Supposez céte famille roturiere exempte de crime, le profit qu'en reçoit ce Gentil-homme incommodé passera bien-tôt, il en payera peut-être ses détes ; mais il s'oblige en même temps à beaucoup de déplaisirs, qu'il aura toûjours de se voir lié à vne personne de basse

E

naissance ; il aura peine dans les rencontres de ne la point traiter auec mépris, plus sensible à cette pauure affligée qui sçait son foible, qui en craint & qui en reçoit les reproches, comme autant de coups mortels ; enfin, qui de sa dignité fait le sujet de ses larmes. Vn party de sa condition l'eût fait regner dans ces biens, qui en celuycy-la mettent en seruitude, sans pouuoir décharger son cœur par des plaintes, dont le rapport pourroit être cause d'vn plus mauuais traitement.

* Iugez du mariage & de ses fruis, comme vous feriez d'vn arbre dont les racines sont offensées, il deperit petit à petit; s'il porte des fleurs, elles tombent; si elles noüent, le fruit en est imparfait : Ainsi quand l'intelligence n'est pas bonne entre le pere & la mere, de l'antipatie de ces principes, les enfans n'en peuuent tirer qu'vne complexion, qu'vne humeur irreguliere,

confuſe, déreglée, & qui en vn ſeul ſujet, contient toutes les contrarietez de ſes cauſes. Sans doute la mere contribuë beaucoup à la conformation de l'enfant qu'elle a porté, qu'elle a nourry de ſon eſprit & de ſon ſang durant neuf mois, ſi ſuſceptible de ſes paſſions qu'il en porte toute ſa vie les marques, méme ſenſibles à l'exterieur. Si donc céte femme eſt priſe d'vne maiſon roturiere, dont les inclinations & les emplois mercenaires entierement attachez au gain, n'ont aucun rapport auec ceux de la nobleſſe qui ne reſpire que l'honeur; n'y faut-il pas craindre ce que nous voyons aux animaux, par vne conionction de differentes eſpeces, qu'ils en retiennent à demy ce qu'il y a de mauuaiſes qualitez: C'eſt pourquoy les Cheualiers de Malthe, les Comtes de ſaint Iean de Lion, & d'autres compagnies illuſtres ne reçoiuent que des Gentils-hommes, dont la nobleſſe

E ij

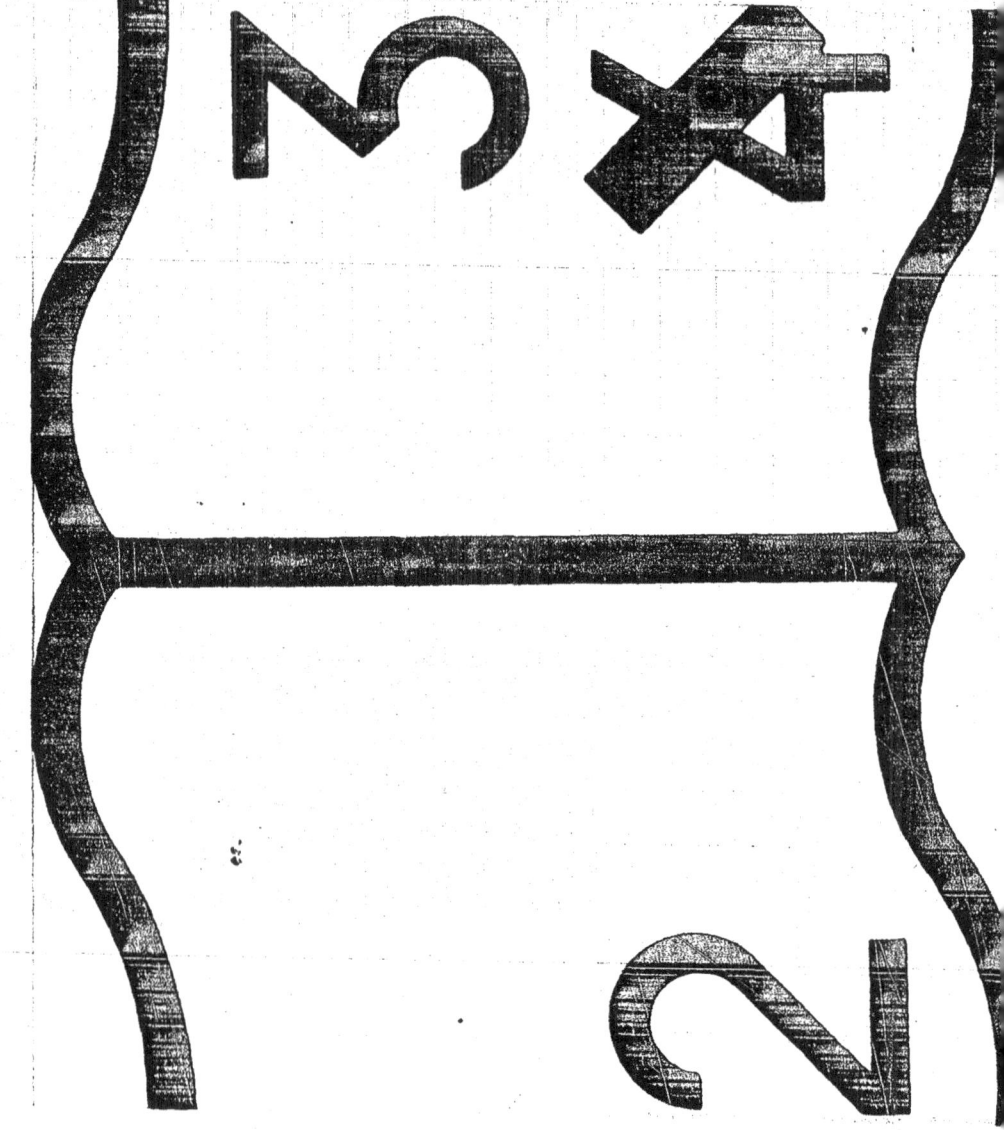

de pere & de mere depuis quatre races leur soit bien prouuée, crainte d'auoir des demy-nobles, dont les generositez ne soient pas si franches : l'impureté ne vient que du mélange des choses parfaites auec les moindres.

Il est vray, nous ne sommes plus dans le droit ancien, qui vouloit que l'enfant suiuit la condition de la mere; la noblesse se tire du pere, mais la naissance de la mere moins auantageuse, laisse toûjours quelques apparences de reproche qu'vn bon courage ne peut souffrir, ny permettre que l'honneur de sa famille soit eternellement terny par ce défaut essentiel. Celuy des richesses peut être en vn Gentil-homme, vn effet de sa generosité qui l'a rendu prodigue de ses biens, comme de sa vie pour le seruice de son Prince : ces incommoditez comme celles des blessures qu'il a receuës en l'armée, luy en font vn ressouuenir glorieux : Son courage l'a reduit à la pauureté, il peut le mettre en faueur, cela dépend de la Prouidence ; mais qu'il ait recours à des moyens qui affoiblissent l'honneur qu'il doit laisser à ses enfans, qui rendent leur noblesse moins considerable, qui attachent le moindre sujet de reproche à leur origine, c'est ce qu'il ne fera iamais.

L'Apôtre veut que chacun demeure ferme, & se perfectionne dans la condition où il se trouue mis de la main de Dieu : Puisque sa Prouidence vous a fait naître Gentil-homme, auec cét éclat & ces prejugez auantageux de vertu que vous tenez de vos ancétres, que tous souhaitent & ne peuuent acquerir par aucuns moyens ; mettez ce titre entre les choses sacrées qui n'entrent point dans le commerce, & dont il n'est pas permis de faire l'estime à prix d'argent; cét argent peut à la verité beaucoup dans le monde, mais incom-

1. Cor. 7.

parablement moins que les amis, dont vous faites vne grande acquisition, quand vous entrez dans l'alliance d'vne maison noble, quoy que moins riche: le refus que vous en faites l'offense, vous perdez secretement plus que vous ne pouuez croire de support ; c'est beaucoup pour vous, si ses esperances trompées ne l'emportent point, iusques à conceuoir contre vous des auersions, à former des inimitiez & des querelles. Le recours que vous aurez en ces rencontres à la famille, où vous auez pris party est bien foible, elle s'est épuisée par vn grand effort pour vous acheter ; vous aurez en tête vos coheritiers mécontens des grands auantages qu'on vous a fait à leur prejudice : si c'est vn marchand, ses confreres se plaignent hautement de sa vanité qui blesse l'Etat en ruinant le trafic, d'en mettre les grands profits entre des mains non seulement steriles, mais ouvertes pour en faire des profusions. Pour conclure ce petit discours, considerez que le mariage est vn Sacrement que vous prophanez, de n'y rechercher que l'acommodement de vos affaires, sans consideration des personnes; quand vous mettez l'vtil au lieu de l'honnéte, & que vôtre fin, n'est pas celle que l'Eglise vous propose. Puisque vous croyez n'auoir pas assez de force pour suiure les conseils de l'Euangile, & que vous étes resolu de viure selon les indulgences de la loy : Reglez tellement vôtre conduite, qu'elle ne blesse ny l'honneur ny la conscience, & que les affaires de vôtre famille, de la Cour, de la guerre, où les bonnes ames remarquent d'extrémes perils, soient des occasions à vôtre courage, d'en tirer de plus grands merites. Les biens ne vous manqueront pas, tant que l'integrité vous donnera la confiance de vous presenter deuant le trône de

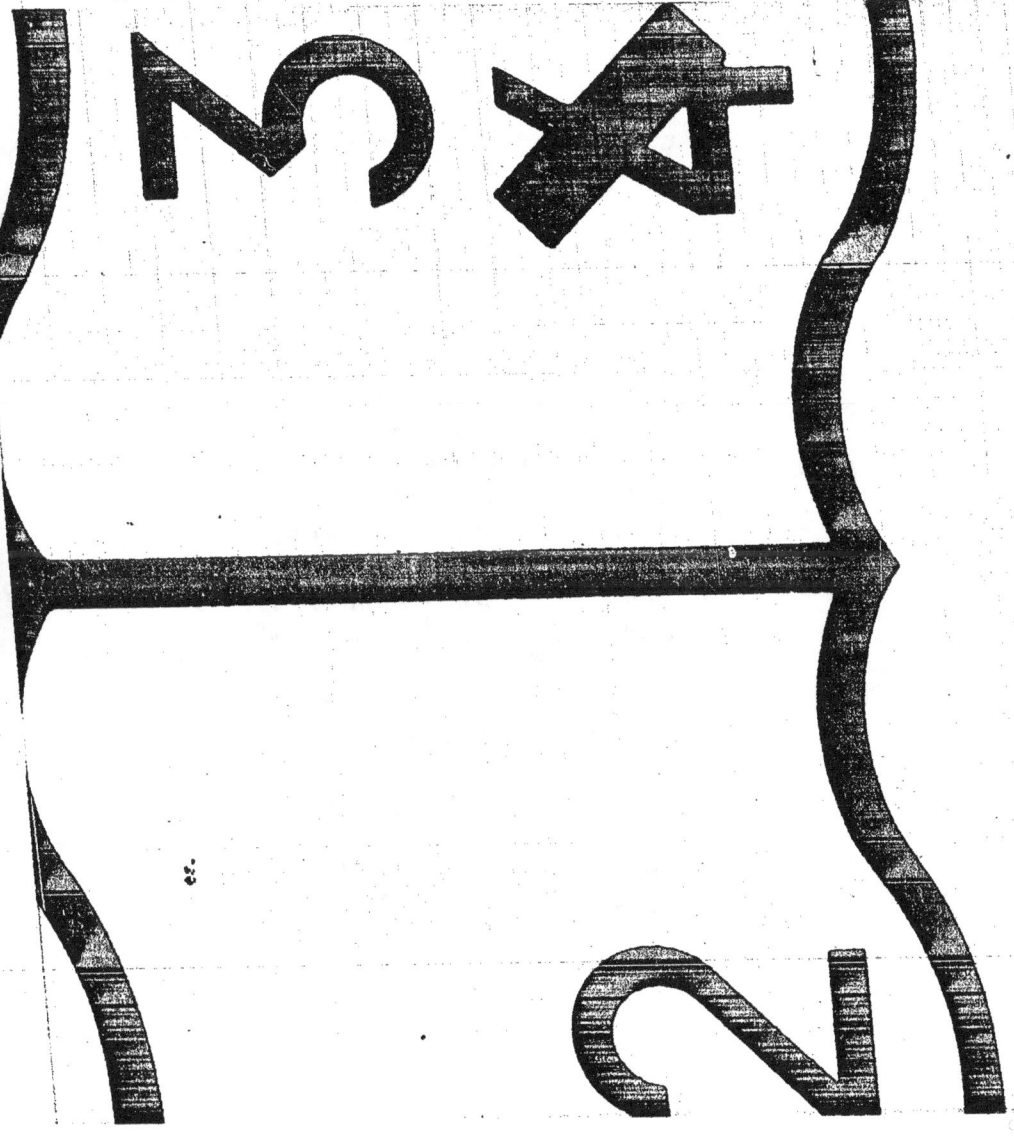

Dieu, pour luy demander misericorde.

CHAPITRE IX.

L'heureuse naissance d'vn Gentilhomme.

LA plus violente de toutes les passions que la nature donne aux animaux, c'est celle de la generation, pour entretenir les especes immortelles par les naissances successiues des êtres particuliers, & tirer la vie de la mort, comme Dieu tira la lumiere des tenebres, le monde du rien, quand il le crea. Cét apétit est composé de deux, du concupiscible & de l'irascible, de l'amour & de la colere; afin que ce transport soit si violent, qu'il oblige l'animal à perdre le soin de sa propre vie, à l'affoiblir & à l'exposer pour cét interest public. L'homme seroit dans les mêmes inclinations, n'étoit que sa raison corrompuë pour fauoriser les sens, s'attache au plaisir, sans le rapporter à la fin que la nature prétend, & ne voudroit qu'vne vague, quoy que sterile concupiscence. Ces abominations qui depeupleroient bien-tôt la terre d'hommes, ont rendu les Sauuages méme plus auisez ; & quoy qu'ils viuent sans Prince, sans police, sans loix humaines, ils suiuent celles de la nature, & sur l'exemple des oyseaux, ils se gardent des fidelitez incorruptibles dans le mariage. Les loix ciuiles, sur tout celles de l'Eglise, ont aporté tout ce qui se peut d'ordre, de bons reglemens soûtenus par les deux mains de la Iustice, par les peines & les recompenses, pour rendre céte societé de l'homme & de la femme, non seulement honeste, mais sainte ; puis qu'elle doit aussi bien peupler le Ciel que le monde.

104 LE GENTIL-HOMME

Ce Gentil-homme pouuoit trouuer ses plaisirs, sans assujetir ses libertez aux loix seueres du mariage, qui coupent les aîles à l'amour, qui l'attachent pour toute la vie au méme sujet qu'vne fois il a choisi, quoy qu'il n'ait plus ses anciennes qualitez agreables aux yeux, & dont le cœur fut gagné. C'est la raison fondamentale des respects que l'enfant doit à ses pere & mere, qui se sont assujetis de la sorte en sa consideration, par vne grace qu'on peut dire preuenante, afin qu'il vint au monde par vne voye legitime, auec des titres d'honneur qui le rendissent heritier de leur nom, de leurs biens, de la gloire de deux familles. Le mariage s'est fait sous ces esperances, depuis elles ont été trauersées par la crainte de mille accidens, qui menassoient céte petite creature dans le lieu de sa formation, & qui en font presque autant perir, qu'il tombe de fleurs du plus bel arbre par vne petite gelée.

Ie l'appele la naiſſance de cét enfant heureuſe, qui par vne protection particuliere de Dieu termine ces longues & fâcheuſes craintes par les joyes de ſes pere & mere, que tout autre qu'eux ne peut exprimer : elles ſont extrémes, de ſe voir comme reproduits & multipliez par céte image viuante de leurs perſonnes, d'être plus vnis que iamais en ce centre de leur amour coniugal, tous rauis d'auoir mis la lumiere de leurs ancétres en ce flambeau, qui en allumera d'autres pour l'étendre dans vne longue poſterité. Ce premier iour de ſa vie qui accomplit les eſperances & les vœux de ſes parens, eſt vn ſujet qui les oblige auſſi-tôt de les renouueler pour le cours qu'elle doit prendre dans les exercices que nous repreſenterons en la ſuite de ce petit œuure. La vie eſt la neceſſité qui nous enrôle dans la milice de ce monde: il faut naître infirme deuant qu'être homme sage, genereux, partie noble d'vn état, enfant de l'Eglise, Citoyen du Ciel : ce leur est donc vn legitime sujet de ioye, de voir ce fruit de leur mariage formé de la main de Dieu par des moyens incomprehensibles, auec vne ame raisonable, parfaitement libre, toûjours aidée de ses graces, & qui commence céte milice d'honneur, où elle peut reüssir en perfection auec ces puissans secours. En effet, si-tôt que le pere reçoit la bonne nouuelle de céte naissance, la ioye dilate son cœur & son esprit pour former les magnifiques projets, des biens, des titres, des amis, qu'il veut acquerir pour auancer cét enfant: il n'est qu'au berceau, & neanmoins ses idées le mettent déja dans les grans emplois, dans les ambassades, dans le gouuernement des Prouinces, dans la conduite des armées: il en traite le mariage,

& les alliances illustres. Le moyen de mettre des bornes à l'amour d'vn pere dans les premiers transports de sa ioye ? Peut-être que le dessein de céte grande éleuation, l'obligera d'en jetter les fondemens plus profonds qui luy soient proportionez ; de cultiuer son esprit auec tous les soins possibles, en la pieté qui est la medecine vniuerselle des passions, & la premiere vertu qui promet les faueurs du Ciel; ensuite dans les sciences propres à sa condition, dans vne morale solide plus en l'interieur qu'en apparence ; enfin, dans tout ce qui peut acheuer vn bon esprit, iusques à le mettre en état de n'attendre plus que les occasions pour y paroître auec honneur.

C'est par ces moyens-là que l'homme fait sa bonne fortune, qu'il se rend heureux sans consulter les Astres, ny recourir aux curiositez de l'horoscope. On a beau dire que les Patriarches recon-

noissoient par là les habilitez de
leurs enfans, pour leur donner des
emplois conformes à leur humeur,
& regler sur ce fondement ce qu'ils
leur laissoient de benedictions deuant que mourir : Ie croy qu'ils ti-
roient leurs lumieres de plus haut,
qu'ils les receuoient de Dieu méme , & que leurs predictions n'é-
toient pas des iugemens d'Astrologues , mais des oracles de Prophetes. L'Astrologie n'est qu'vne
science coniecturale , c'est à dire
fort incertaine , qui neanmoins
laisse de profondes impressions
dans les esprits , beaucoup plus de
crainte que d'esperance, & plus du
mal où nous sommes plus sensibles,
que du bien qui ne répond iamais
à l'étenduë de nos desirs. Quand
vous auriez l'entrée de céte science par vne nette comprehension de
ses principes: Ie vous conseillerois
d'en mortifier vôtre curiosité , &
ne pas dresser la figure de vôtre
enfant ; car l'affection d'vn pere

ne se peut ny moderer, ny tenir dans l'indifference pour vn objet qui luy est si cher ; en quelque position que soient les deux infortunes, elles en ont chacune quatre qui menacent de quelque fâcheux accident, par corps, par les deux quadrats & l'opposition, outre plusieurs autres qu'ils peuuent auoir auec l'ascendant, la dixiéme, les aspects & les corps des autres Planetes. Vne figure qui vous donne ces allarmes, au temps que toutes les apparences humaines vous promettent de bons succez, font des rabat-ioyes desobligeans, qui affoiblissent, qui troublent, s'ils ne ruinent vos esperances, qui vous mettent dans l'inquietude, qui vous donnent mille ombrages des causes & des personnes d'où le malheur vous peut arriuer.

Il suffit que vous marquiez l'année, le iour, & l'heure précise de la naissance, afin que dans l'occasion la medecine s'en puisse seruir pour reconnoître la cause d'vn mal plus certainement, que par l'intemperie des premieres qualitez : mais de iuger des bonnes ou mauuaises mœurs, des richesses ou de la pauureté, de l'honneur ou de l'infamie d'vne personne ; c'est où ceux qui ont le plus d'experience en cét art, se voyent tous les iours trompez, puis qu'vn puissant Roy, vn pauure manœuure, vn miserable matelot peuuent naître en méme temps, auec des mœurs, des inclinations, des fortunes directement opposées. Socrate par sa physionomie, qui est vne reflexion de la figure celeste, n'auoit que des signes d'vn tres-mauuais naturel, & neanmoins sa raison qui étoit son bon genie, le conduit par les degrez de la nature, iusques à la connoissance du premier principe, qu'il adora auec des contemplations les plus sublimes, par vne integrité de vie la plus épurée de tous les anciens Philosophes. Il sçauoit ce que Paracelse a dit depuis, que les qualitez du Ciel sont seulement sensibles & animales; qu'ainsi l'on n'en peut tirer des iugemens que pour le corps, il ne s'y arréta donc pas, mais il suiuit les impulsions de son esprit, indépendant de ces influences, qui le portoit à la recherche de la verité: On s'abuse donc, si l'on fait iugement d'vn homme par les qualitez du Ciel, qui ne tombent que sur le corps, & qui ne touchent point l'esprit d'où dépend toute la conduite, ainsi toute la gloire & toute la félicité de la vie. La complexion de chacun tient beaucoup de la Patrie, de la famille, des parens, des accidens de la naissance, de ceux de la mere depuis sa grossesse; hé qui peut faire les iustes observations de toutes ces choses, & si elles manquent, quel en peut être le iugement que fautif? La temerité neanmoins de quelques petits ignorans ne laisse pas de le porter ; que si elle trouue des esprits credules, elle les diuertira de mettre vn enfant dans vn employ où il pouuoit le mieux reüssir. Si par hazard quelque effet paroît conforme à ce qu'ils en auoient predit, ils font passer cette créance pour infaillible, que tout dépend du destin. C'est le premier pas dans l'impieté, de ne reconnoître pas Dieu pour l'Auteur de tout nôtre bien, de ne plus implorer ses misericordes dans les necessitez de la vie, de ne luy plus rendre nos tres-humbles actions de graces des secours que nous en auons receu, si tout dépend d'vne fatale necessité. Ne troublez donc point vos ioyes innocentes en la naissance de vôtre fils, par ces curiositez vaines, nuisibles, & peut-étre criminelles.

CHAPITRE X.

Le droit d'aînesse.

LEs pere & mere ont grand sujet en la naissance d'vn fils, de ressentir des transports de ioye, qu'ils ne peuuent assez ny conceuoir ny exprimer, parce que c'est vne source ouuerte de benedictions, qui prend son origine de plus loin, & qui commence son cours pour le continuer dans plus d'étenduë qu'ils ne sçauroient dire. Ils considerent toûjours cette faueur, comme venant du Ciel, peut-étre pour couroner les merites, pour accomplir les vœux de leurs ancétres, pour conseruer vn ruisseau qui doit deuenir vn grand fleuue, vne famille que la Prouidence entretient, pour la porter peut-étre bien-tôt au plus haut point de la gloire, en quelqu'vn

116 LE GENTILHOMME

Philo.l. des siens. Les Patriarches monde mig. trans leurs enfans, disoient : Voila
Abrah. ceux que Dieu nous a donnez,
nous les tenons de sa grace; ils en
parloient de la sorte, dans l'esperance que de toutes les Nations de
la terre, le Messie promis par la
loy, choisiroit celle des Iuifs, pour
y prendre sa naissance temporelle. Or comme le premier feu qui
décendit du Ciel sur les sacrifices
étoit tenu saint, & se conseruoit
religieusement sur l'Autel, pour
en prendre quand on offriroit
d'autres victimes : Ainsi le premier
nay d'vne maison, que l'on regarde comme vn effet des bontez de
Dieu qui en banit les sterilitez, qui
la rend feconde, doit être dans vne
autre consideration que le reste
des enfans, dont sa naissance sera
suiuie. L'vnité commence les
nombres, & se conserue toûjours
dessus eux vne éminence qui n'entre point en comparaison ; elle est
toûjours singuliere, capitale, indi-

uisible, solitaire, méme dans la multitude, qu'elle compose & qu'elle finit. La nature fait qu'vne graine de laurier germée dans la terre, pousse vne tige, qui s'éleue, se fortifie iusques à porter les branches dont elle est enuironée, sans neanmoins que cette premiere production ressemble aux secondes, ny qu'elle en ait les imparfaites qualitez, quoy qu'elles tirent toutes leur nourriture d'vne racine commune. L'aîné d'vne maison tient entre ses freres, la primauté qu'a l'vnité sur les nombres, & la tige sur ses branches, auec vn droit tout particulier, parce qu'il est le commencement, s'il n'est la cause de leur existence; il leur est vn second principe, & les loix veulent qu'ils luy portent des respects approchans de ceux qu'ils rendent à leur pere.

arg. l cum scimus & l. cũ satis. C. de agr. cenf. & colo.

Il a le premier accomply les vœux de ses pere & mere; il leur a fait ressentir les douceurs, & les a mis dans l'exercice de cét amour naturel, dont le plaisir passe celuy de toutes les possessions du monde, Dieu l'en a rendu le premier objet. Ainsi cét amour qui est le premier, doit auoir entre les autres vne preference, quand ce ne seroit que par vn droit d'antiquité: & si selon la grande maxime, les alliances de la nature & du sang ne sont point sujetes au changement, cette primauté de naissance & d'amour, ne doit craindre ny les alterations du temps, ny la concurrence des personnes. L'histoire d'Aristodemus Roy de Sparte, nous donne vne preuue de cét amour: à sa mort, il laisse deux enfans gemeaux, l'aîné est proclamé Roy, la mere interrogée quel il étoit, dit qu'elle ne le reconnoissoit pas, à dessein que tous deux fussent ensemble appellez au gouuernement, & qu'elle fut mere de deux Roys: l'oracle étant consulté répond, qu'ils regnent tous deux ; mais si

Herodor. l.6.

l'aîné peut être connu, qu'on luy rende plus d'honneur : on eût cête connoissance en obseruant celuy qu'elle caressoit le plus, qu'elle assistoit le premier dans les petites necessitez de l'enfance. Le cœur de Pharaon s'endurcit par toutes les playes qui affligerent son Royaume ; mais il se rendit voyant la mort de son premier nay, comme s'il n'auoit plus rien à craindre ou à desirer en ce monde par la détention du peuple Iuif aprés cête perte, & qu'elle eût abatu son mauuais courage, mesme iusques à perdre le desir de se venger.

Sans doute l'amour que les pere & mere ont pour leur aîné est tres-grand ; neanmoins le droit qui luy appartient est si iuste, de telle importance au bien public, qu'on ne l'a pas laissé à leur choix, parce que leurs inclinations sont changeantes : Ainsi les loix l'ont déterminé diuersement en diuers

Sƚōdan. an. mūdi 2213.

pays. Entre les Iuifs & en la loy de nature, l'aîné auoit ces prerogatiues sur ses autres freres; il exerçoit le Sacerdoce, il étoit assis deuant eux à table, & auoit double portion; il auoit le commandement sur eux, en receuoit beaucoup de respects & d'obeyssance; dans le partage des biens, il prenoit vne fois autant que chacun d'eux; il étoit toûjours couuert d'habits plus riches, & receuoit vne particuliere benediction, comme au nom de toute la famille de son pere mourant.

Ie n'entreprens pas de rapporter icy les coûtumes de tous les pays, ny méme celles de la France sur ce grand sujet : Il me suffit de dire, que toutes donnent de grands droits à l'aîné, & qu'elles luy conseruent inuiolables, comme si elles l'en auoient mis en possession dés sa naissance. De fait, le pere méme ne le peut pas priuer de son droit, sous pretexte qu'il seroit fils d'vne femme

L. tilet les 1 E, c. 7.

femme qu'il n'auroit point aymée: le texte y eſt formel au Deuteronome 20. S'il gagne ſes volontez par raiſon & par intereſts, en luy faiſant d'autres auantages qui luy valent plus que le droit d'aîneſſe, afin qu'il le cede à quelqu'vn de ſes autres freres : Cét aîné ſera releué de ce contract, qui le dépoüille d'vn droit que la nature luy donne, & d'vn point d'honneur qui ne reçoit point de recompenſes égales. Coſroës Roy de Perſe fut mis à mort par ſon fils ainé, parce qu'il l'auoit exclus de la couronne pour la donner à ſon frere; & le peuple prit ſon party, comme ſi céte offenſe ſe pouuoit venger par vn parricide. Alphonſe dixiéme Roy de Caſtille, fut traité de méme par ſon fils aîné, dont il auoit donné le droit à l'vn de ſes freres, que les Aſtres luy faiſoient croire plus capable du gouuernement. Quéls troubles ne ſouffrit la France, à cauſe que Loüis le Debonaire gagné par les persuasions de sa femme, prefera Charles son fils, à Lothaire son aîné. En Lacedemone Agesilaüs fut declaré Roy quoy que boiteux, parce qu'il étoit l'aîné de ses freres. Les Etats Generaux d'Hongrie déclarent de méme Coloman legitime Successeur de céte couronne, quoy qu'il fut bossu, boiteux, louche, & qu'il eût d'autres imperfections de corps, par céte seule consideration qu'il étoit l'aîné, & qu'vne contraire disposition exposeroit l'état à de grandes guerres, parce qu'elle changeroit l'essentiel du gouuernement, & d'vn Royaume hereditaire, elle le feroit electif.

Si les volontez d'vn pere ne peuuent ôter le droit d'aînesse à vn fils qui n'est criminel, que par ce qu'il ne luy agrée pas autant qu'vn autre : s'il se défend en cela contre vne personne dont il tient la vie, & qu'il doit honorer souuerainement aprés Dieu, il peut bien conseruer son priuilege, contre tous les accidens de la famille : Comme s'il n'y restoit pour tous biens qu'vn fief, il l'emporteroit seul sans y donner aucune part à ses freres; si la succession se trouuoit chargée de grandes debtes, le payement s'en doit faire par les coheritiers, sans qu'aucune chose soit prise sur le droit d'aînesse. Il ne faut point alleguer icy le droit naturel, qui rend les bêtes également affectionez à leurs petits, & qui abat la lyonne deuant les siens, pour leur presenter le lait sans distinction du premier ou du dernier nay : les hommes ont toutes ces tendresses pour leurs enfans, & mémes plus grandes pour ceux qui sont plus infirmes, comme le sang & les esprits coulent auec plus d'abondance à la partie qui souffre de l'oppression pour l'en déliurer; & comme vn pere à qui l'on permit de retirer l'vn de ses deux enfans escla-

Loüet lettre F, c, 11

Rob. rer. iudic.l. 4, c. 13,

F ij

ues, choisit celuy dont les forces ne pourroient supporter les fatigues de céte miserable condition. Tout ce que l'on peut dire sur ce sujet, soit en faueur de la vertu qui peut être plus excellente en vn puisné, & qui demande aussi plus de support pour se mettre au iour, soit par la compassion d'vne foiblesse qui perit si elle n'est secouruë ; Toutes ces choses ont été meurement pesées par les Princes & les Etats, qui ont fait les loix municipales: neanmoins ils ont en cela consideré beaucoup plus l'interét public que celuy des particuliers ; ils ont iugé que les familles nobles sont les fondemens de la police qui doiuent être immobiles, & non pas sujets à ces discussions de merites entre les enfans, difficiles & orageuses : ces maisons illustres sont les os qui forment, qui soûtiennent, qui affermissent le corps de l'Etat, par consequent insensibles aux diuers mouuemens, d'amour & de compassion, dont vn pere peut être touché, quoy que ce ne soit pas toûjours auec iustice. C'est pourquoy les loix ne s'en remettent pas à leur iugement, mais elles assignent vn droit certain & inuiolable à l'aîné pour soûtenir l'honeur de sa maison.

Si les familles nobles étoient reduites à partager leurs biens également, elles s'affoibliroient bientôt, & perdroient les moyens de seruir l'État dans les grands emplois faute d'vne genereuse éducation ; elles ressembleroient à ces grands fleuues qui ne peuuent plus porter de grands vaisseaux, depuis qu'ils sont diuisez en beaucoup de branches. Iugez de ces familles par les miseres où la France s'est veu reduite, lors que le Royaume se diuisoit en autant de parts, qu'il y auoit d'enfans de la maison Royale, lors qu'il y auoit vn Roy, l'vn de Paris, l'autre d'Orleans, l'autre de Soissons : ainsi rompu il n'étoit pas seulement foible contre les étrangers, mais consommé par la fureur des guerres ciuiles. C'est vne loy naturelle que l'interét public l'emporte sur le particulier, que le bras s'expose pour sauuer la tête, qu'vn heritier perde son droit d'égalité pour sauuer l'honeur des familles & de l'Etat; ce particulier subsiste par le moyen du corps dont il est partie, & periroit necessairement auec luy. Le cœur enuoye autant d'esprits & de sang à la tête qu'au reste du corps, parce qu'elle en forme l'esprit animal, qui donne le sens & le mouuement à tous les membres : cét auantage que la coûtume donne à l'aîné sur ses freres, n'est que pour les seruir dans l'occasion; pour les tenir dans le respect, en paix, en amitié, sans les enuies & les contestations ordinaires entre les égaux ; il leur tient lieu de pere, aufsi sa gloire consiste à procurer leur auancement. La vertu de leurs ancétres fait le principal de leur partage, la necessité de l'imiter les engage dans les belles occasions, & les rend ordinairement plus illustres que leurs ainez. Ce grand chemin de l'honeur est ouuert à tous les puisnez, s'ils ont moins de bien, ils ont moins d'empéchemens & plus de sujets de s'y porter.

Ils souffrent paisiblement cette inégalité de biens, qu'ils trouuent établie déja par la loy quand ils viennent au monde, & qu'au reste ils peuuent recompenser par leurs merites; mais l'inégalité que le pere fait de leurs personnes leur est incomparablement moins supportable, & le respect qu'ils luy portent ne peut empécher la iustice de leurs plaintes; quand de plusieurs enfans aprés l'aîné, il en destine vn ou deux pour être Cheualiers de Malte, les autres pour être d'Eglise, & qu'il enferme les plus ieunes dans des Colleges de Religieux, à dessein de leur en faire prendre l'habit. Des filles on n'en reserue que la plus belle pour le mariage, les autres sont mises de leur gré, ou par de mauuais traitemens en religion. Ie n'ay rien à dire contre ceux que l'on fait Cheualiers de Malte, la noblesse que nous auons dit estre la compagne inseparable du Roy par vn mariage politique, se trouue engagée dans le serment qu'il fit le iour de son sacre, de défendre la foy Catholique contre ses ennemis, & l'épée qu'elle porte, represente celle qu'on prit pour cét effet de dessus l'Autel, pour la mettre en la main de sa Majesté. Il est donc iuste qu'vn Gentil-homme destine quelqu'vn de ses enfans à ce genereux & saint employ, & hors les croisades où il iroit en personne, qu'il serue dans les autres occasions par vne partie de luy-mémé. Mars qui est au Ciel entre Iupiter & le Soleil, fait icy-bas l'alliance de la Religion auec le sceptre, &

signifie que le Gentil-homme nay principalement pour les armes, doit fuiure & feconder la pieté de fon Prince en fes entreprifes. Quand donc il enuoye fon fils à Malte, il ne fait rien que donner vn plus digne employ à fa generofité, & d'vne guerre purement humaine, l'engager dans vne qui eft fainte.

Mais que l'on deftine des enfans, ou à l'Eglife ou au Cloître, fans examiner leur vocation, leurs volontez, ny la portée de leurs efprits : n'eft-ce pas vne entreprife manifefte fur les droits de Dieu, qui dit, que perfonne ne vient à luy s'il ne l'y tire. On luy donne des domeftiques par force, ce que le dernier des hommes ne pourroit fouffrir; on luy en ôte le choix, on fait ce qu'il faut attendre de fa grace, & de la liberté de ceux qui en fuiuent les attraits: l'Eglife n'eft confiderée que comme vn lieu de mépris, où l'on jette le rebut & les

F v

superfluitez d'vne famille; cependant qu'on obtient les prouisions par la faueur, que les Saints ne tiennent pas pour vn moyen legitime; & que les reuenus qui sont le patrimoine des pauures, s'employent pour entretenir les vanitez & les crimes : car vne boüillante ieunesse qui se trouue sous la soutane, parmy les chicanes de l'Ecole, sans étre éleuée dans les exercices propres à sa naissance, tient sa condition mal-heureuse; elle tâche d'en soulager les contraintes, parce qu'elle peut prendre de libertez, son courage qui se void exclus des occasions d'honneur à la Cour & dans les armes, les cherche par l'ambition des dignitez Ecclesiastiques, où rien n'est moins considerable, ny plus en mépris qu'vne vie conforme à celle de Iesus-Christ & de ses Apôtres. Quant aux enfans qu'on met par force en religion, ie vous supplie mon Lecteur, de voir ce que i'en ay

Petrus Dam.6. pus.22.

Agent de Dieu par. 3,6.6.

dit en vn autre liure: les cœurs feront inhumains, qui ne seront pas touchez de pitié, de voir ces paures victimes qu'on immole non pas à Dieu, mais à la vanité de leur famille.

CHAPITRE XI.

La premiere éducation d'vn Gentil-homme.

L'Amour qu'vne mere a pour son enfant preuient ses pensées, ses desirs, son choix : C'est vn transport prompt & delicieux, vne douce effusion de cœur, & de toutes les puissances de l'ame, tres-sincere, puis qu'elle oblige vn paure petit sujet de faueurs qu'il n'est pas capable de connoître. Il faut admirer icy la diuine Prouidence, qui donne à la plus infirme de toutes les creatures, le plus fidele & le plus affectioné de tous les secours, & qui a fait naître la femme auec des foiblesses incapables d'autres emplois, afin qu'elle fût toute entiere, plus forte & plus diligente à éleuer son enfant. Le pere ne le connoît que quand il paroît au monde, la mere l'a senty, l'a nourry, l'a porté auec peine, l'a conserué auec beaucoup de soins & de contraintes depuis qu'elle l'a conceu: son amour est donc le plus ancien, il luy coûte bien plus cher, il doit aussi par raison estre plus puissant pour surmonter les difficultez qui s'opposent au bien de ce precieux objet. Les oiseaux aportent des soins admirables pour la nourriture de leurs petits dans le nid, & iusques à ce qu'ils se pouruoyent d'eux-mémes : les bétes presentent le lait à leur portée, & s'épuisent pour l'éleuer. Anciennement les meres ne manquoient iamais à ce deuoir de nourrir leurs enfans de leur mamelle. Les femmes des Patriarches qui étoient de grandes Dames, étoient les plus fideles à garder céte loy de la nature ; y manquer c'étoit entr'elles le plus honteux de tous les défauts, comme en Allemagne, en Ecoſſe, en Lacedemone, chez les autres peuples, les barbares méme : Il leur sembloit que la femme n'auoit donné qu'à regret ſon ſang à ſon enfant, au temps qu'elle l'a porté, puis qu'elle ne le luy preſente pas aprés que la nature en a fait cette miraculeuſe transformation, en vne douce liqueur qui flatte ſon goût, qui luy ſert de remede & de nourriture.

<small>Plutarq. Tacite. Dauity.</small>

L'Allemagne vid comme vn grand prodige, vne femme qui auoit le ſein comme vn homme, quoy qu'elle portât des enfans, qu'en céte mauuaiſe diſpoſition elle ne pouuoit pas nourrir: elle fut peut-étre vn preſage de celles qui ne ſont meres & nourrices que par neceſsité, & qui voudroient étre ſans mamelles pour s'épargner la

<small>Carda. l. de rer. var. c. 43.</small>

peine & la douleur de les tarir. Le Pape Nicolas I. fait ce reproche aux Bulgares, nouuellement conuertis à la foy Chrétienne, & qui luy demandoient des inſtructions pour leur conduite; il les reprend de laiſſer leurs femmes dans la liberté, de mettre leurs enfans en nourrice, de n'en étre meres qu'à demy, & de ne pretendre du mariage que ce qui flate leur incontinence. Ces nourrices mercenaires mal éleuées, peut-être de mauuaiſes mœurs, ne peuuent donner leur lait, que comme il eſt, plein de leurs eſprits, qui paſſent en la ſubſtance de l'enfant, & changent infailliblement ſa complexion. On remarque que Vinceſlaus & Boleſlaus, deux fils du Roy de Boëme, eurent des inclinations directement oppoſées, l'vn bonnes, l'autre mauuaiſes, toutes ſemblables à celles de leurs nourrices. Vn agneau nourry du lait d'vne chevre a la chair moins delicate, la laine plus

Æneas Sylvius hiſt. Boe. c.14.

CHRETIEN. 135
rude; Vôtre fils ne conseruera plus vôtre sang s'il est alteré par celuy de céte étrangere, particulierement en ce premier âge, où le temperament prend la consistance qui doit durer toute la vie. I'ay traité plus amplement ce sujet dans vn autre liure, & ie n'en fais pas icy vn plus long discours, parce que ie ne croy pas qu'il puisse changer vne coûtume vniuersellement receuë au temps où nous sommes. Au moins si la mere ne nourrit pas son enfant, qu'il soit ordinairement auprés d'elle pour le voir, le caresser, en auoir le soin, & tenir en exercice l'amour naturel, que l'absence & que des pratiques moins familieres pouroient éteindre ou affoiblir.

Agent de Dieu, par. 3.c.4.

Déslors que l'enfant cōmence d'auoir quelque conoissance, & de former des paroles, les plus sages ont été d'auis de ne le pas abandonner entierement à la conduite des femmes, qui ne font qu'imiter son begayement, qui ne forment pas tant son parler, qu'elles le corrompent, & luy enseignent ce qu'il aura peine d'oublier. Il faudroit mettre auprés de luy dés ses premieres années vn habile homme, qui ne luy parlàt iamais qu'en bons termes, qui luy fit prendre vne prononciation ferme, distincte, modestement hardie, douce neanmoins & de bonne grace, qui luy en fist des repetitions continuelles, iusques à ce que ces agréables qualitez luy deuinssent des habitudes: Au lieu de l'entretenir de fables, tirer des histoires quelques-vnes, dont les rencontres & les surprises plaisantes arrétent l'esprit, donnent de l'admiration, & se rapportant à quelque maxime morale, en laissent vn souuenir eternel. C'est pourquoy Philippes Roy de Macedoine, voulut que le grand Alexandre son fils eut dés son bas âge pour Maître Aristote, qui luy donna les premieres teintures des

Quintil. in ti. orat. l.2.c.3.

CHRETIEN. 137
mœurs & des sciences, & comme par diuertissement luy aprit les grandes maximes, dont toûtes les choses qui se disent, & qui se traitent, ne sont que des consequences. Pour faire céte reduction, pour composer, pour ajuster à la morale des histoires ou des paraboles en apparence ridicules, comme celles de Remond Lulle en son arbre des exemples; il faut vn esprit hors le commun, qui sçache monter & décendre par l'échelle de la nature; & trouuer tout en chaque chose : Ainsi Pharaon ayant admiré l'esprit de Ioseph en toutes rencontres, y reconoissant vne sagesse diuine qui portoit plus haut, & comprenoit plus en abregé que les sciences ordinaires, le donna pour Precepteur à ses enfans; & aprés le fit premier Ministre de son Etat. Enuiron l'an 923. les Espagnols ne pouuant plus souffrir vne tyrannie qui les opprimoit, changerent leur forme de gouuer-

Mariana: de reb. hispan. li 8. c. 3.

nement, élûrent de tout le Royaume deux personnes d'vne insigne probité, qu'ils appellerent Iuges, entre les mains desquels ils déposerent toutes les affaires, & tous les interéts de l'Etat. Ces deux grands hommes pleins d'vn méme zele, se chargerent d'instruire les enfans des Seigneurs, & des plus notables du pays: ils firent pour cét effet choix de quelques personnes illustres qui les seconderent en ce grand dessein, dont ils auoient la principale direction, comme d'vne affaire tres-importante au bien public, parce que si l'on jette les semences de la vertu sur ces jeunes ames, l'on en recueillera sans faute de tres-grands fruits.

Comme le Printemps est vn renouuellement du monde, où la terre étant en amour, reçoit & fait promptement germer les semences, sous vn air chaud & humide qui en fauorise les tendres produ-

&tions : Ainfi dans la ieuneffe les efprits auides des connoiffances, les reçoiuent auec plaifir, fi on les fçait donner auec adreffe ; fuppofé que le naturel ne foit pas heureux, il deuient meilleur, fi l'on aporte autant de diligence à le cultiuer qu'vn fauuageon, dont auec foin l'on peut faire vn tresbon arbre. Il ne faut donc point recourir à la fuperftition des anciens, qui prenoient l'enfant au fortir des mains de la fage-femme, & le mettoient droit fur fes piés en le foûtenant, pour voir de quel côté il alloit tomber fi la main ne l'eût receu; ils iugeoient de là quel deuoit être le fuccez de toute fa vie, & où porteroient fes actions, au bien ou au mal, aux felicitez ou aux difgraces : Les coniectures de fa vertu feront plus certaines, fi on luy en donne les impreffions de ieuneffe ; fi fur céte ame capable de tout, comme vne table d'attente l'on y trace le deffein, & le plan

Cnia.ob⸗ feru.l.11. c.10.

des grandes vertus, qui font icy la felicité de l'homme ; si l'on preuient les mauuais desirs par ceux de l'honeur, des sciences, des adresses de corps & d'esprit ; & si l'on n'y laisse despassions que pour les choses honétes. Sur tout qu'on n'effarouche point cét enfant par des craintes de bêtes ou de spectres, pour arréter ses larmes ou ses cris ; à force de le faire craindre vous le rendrez craintif, il prendra de là de mauuaises habitudes, qui sans y penser, abatront son courage dans l'occasion. Nôtre esprit comme nôtre corps, retient la premiere conformation qu'on lui donne, & le temps qui altere toutes choses, endurcit les mauuaises habitudes, & les rend comme naturelles.

CHAPITRE XII.

Difposer l'efprit à la pieté.

QVand on dit qu'vn Gentilhomme fe doit porter à la vertu, c'eſt luy marquer le chemin qu'il faut tenir, fans qu'il connoiſſe où il fe va rendre, ny fa fin qui neanmoins doit étre le premier objet de fa volonté, & le point de veuë où fe rapporte toute fa conduite. Céte generofité qu'on luy infpire, de s'éleuer au-deffus des vices & des paffions populaires, n'en fait encore que comme vn air nouuellement forty des abymes, fort éloigné de fa region fuperieure, où il doit quiter ce qu'il auoit de mauuaifes qualitez, prendre les chaleurs & fuiure les mouuemens du Ciel. Nous l'auons repreſenté dans vn étage moyen par le priuilege de fa naiffance; de là fi fon bon-heur l'aproche du Prince, sa pieté le peut éleuer iusques à Dieu, & s'il prend ses diuines volontez pour l'vnique regle de sa vie, il peut tout esperer de ce souuerain Monarque, qui tient le cœur des autres en sa main. Le pere parfaitement instruit de ces veritez, qui se connoît redeuable à Dieu de cét enfant, & qui en souhaite les auantages, se sent auoir des obligations particulieres de le consacrer à son seruice, & de luy demander vne abondance de graces par le Sacrement de Baptéme. Là il préte ses volontez & sa voix, il rend ses homages, il fait ses protestations d'vne eternelle fidelité au seruice de Iesus-Christ, d'auoir en horreur tous les éforts du monde & de l'enfer coniurez contre sa gloire : il s'áquite de tous ces deuoirs au nom de son fils, lors incapable d'agir par luy-méme, mais qu'il promet de mettre en état de satisfaire, si-tôt que l'âge luy en

CHRETIEN. 143
donnera les forces.

En vne entreprise de telle importance, il faut tenir tous les momens precieux, préuenir les lumieres de l'esprit, par vne frequente repetition du nom de Dieu, afin que sa petite bouche, quoy qu'en bégayant, puisse aussi-tôt le prononcer que celuy de pere & de mere. Ses yeux les voyent, il en reçoit les caresses & les baisers, que si parmy ces mignardises sa curiosité s'éueille, & demande où est ce Dieu qu'il luy faut aymer, l'homme sage qui l'assiste, comme nous auons dit, luy fera comprendre que les plus excellentes choses ne sont pas des corps, mais des esprits que l'œil ne peut voir, que les corps méme plus subtils ne se peuuent voir, comme l'air si necessaire à nôtre respiration, qu'à tout moment il faut le tirer ou mourir; que Dieu est vn esprit, & non pas vn corps, que sans le voir nous ne subsistons que par sa bonté, promettre à ce petit plus de connoissance quand il sera grand ; cependant luy dire qu'il faut toûjours prier & remercier Dieu, parce que tout ce que ses pere & mere luy font de bien vient de luy. Quand petit à petit il formera ses paroles, & commencera de jetter les premiers rayons du raisonement, il faut éclaircir ses petites difficultez par des comparaisons sensibles & familieres, prises s'il se peut du méme sujet, & le mettre dans l'interét de reconnoître ce qu'on luy dit. Ce petit jeu tient agreablement l'esprit en exercice dans les choses indifferentes, & dans les sujets de pieté il en laisse toûjours de bons quoy que secrets sentimens.

Le premier qui exerce la memoire, c'est l'Oraison Dominicale, qu'il seroit me semble bon de luy enseigner en langue vulgaire, afin qu'on luy en pût donner quelque intelligence en peu de mots, comme me elle est conceuë, quoy qu'elle contienne en abregé les plus sublimes sentimens que nous puissions auoir des bontez de Dieu, & les veritables pratiques de nôtre deuoir. Reconnoître sa puissance & son amour en la qualité qu'il prend de pere, pour nous tenir continuellement dans le respect, & dans vne crainte filiale; luy adresser nos prieres auec vne sainte confiance, & luy demander ses graces qui nous sanctifient, nous donnant la force de faire ses volontez, qui soulagent tous les iours nos défaillances d'esprit & de corps par des nourritures conuenables: qui nous pardonnent nos fautes, comme par effet nous les pardonnons à ceux dont nous sommes offensez ; enfin qui nous déliurent des tentations & des maux de cette vie. On donnera plus d'éclaircissement à ces veritez vniuerselles, quand l'âge en aura rendu cét enfant capable, il suffit qu'en ces premieres années

G

le pere luy donne luy-méme les instructions de pieté de paroles, mais beaucoup plus par ses exemples, que l'authorité & que l'amour rendent efficaces sur vn esprit, lors plus enclin à croire ce qu'on luy dit , & à suiure ce qu'il void faire que d'en iuger.

Il suffit qu'il ait le soin de luy faire apprendre les veritez Chrétiennes, comme elles sont déduites par demandes & par réponses dans le Catechisme : car comme les loix rendent la mere coupable d'auoir donné la mort à ses enfans, si elle les expose ou les fait perir faute de leur presenter la mamelle: Ainsi les Canons frapent le pere d'anathéme, s'il ne donne pas à ses enfans les instructions necessaires de la foy ; si par céte negligence, il les expose aux mortelles extrauagances du libertinage & de l'heresie : car la nourriture d'vne veritable doctrine n'est pas moins necessaire à l'ame pour luy con-

l.3.ff. de alend. & agnosc. liber.

Conc. Gangre- se.ca.5.

feruer la vie de la grace, que les alimens ordinaires le font au corps pour l'exempter de la mort. L'esprit humain se laisse naturellement emporter aux libertez que les sens demandent, que l'inclination recherche, ou les mauuaises compagnies attirent, & ne peut supporter les contraintes de la loy, si on ne luy donne céte habitude de ieunesse, comme aux chiens d'être à l'attache, ou d'aller en laisse. Si on luy permet de croître & de s'endurcir dans vne mauuaise conformation, comme vne ente qu'on laisse tortuë & vn membre disloqué; n'est-ce pas la faute du pere, & cét enfant aprés s'être perdu dans les desordres, étant accusé deuant le trône de Dieu, ne dira-t'il pas? Seigneur, ceux qui m'ont donné la vie du corps, m'ont ôté celle de l'ame, ie suis perdu par leur faute, ils m'ont rauy les esperances, & à vous la gloire de mon salut par vn double

D. Cypr. l. de lapf.

parricide ? Pourquoy m'ont-ils mis au monde pour negliger mon éducation, & me rendre miserable durant vne eternité?

CHAPITRE XIII.

Pratiques d'vne solide pieté.

SI l'on entreprend vn grand voyage sur mer, on équipe le vaisseau de toutes les choses necessaires, de toutes les prouisions de bouche & de guerre, pour se défendre contre la fureur de cét élement, & contre celle des Corsaires, plus à craindre que celle des monstres, des vents & des tempêtes. Vn Gentil-homme sage par les longues experiences qu'il a de la Cour & de la guerre, où il fait état d'engager son fils, doit considerer céte vie comme vne perilleuse nauigation, entre autant d'écueils, d'orages, de perils, qu'il y a d'affaires, de rencontres & de personnes : il est donc absolument necessaire, d'auoir quelque puissante munition, quelque preseruatif vniuersel, contre des accidens que l'on peut dire infinis. La prudence est vn remede moral, qui se fait vn iour dans la nuit, vn calme dans le tumulte des grandes affaires, & qui donne tranquillement tous les ordres que l'on y peut apporter; mais mille choses échapent à ses preuoyances, & la fortune a ses coups, ses feintes, ses surprises, que les conseils humains ne peuuent parer.

Contre tous ces accidens, ie ne trouue pour veritable & pour infaillible remede, qu'vne solide & essentielle pieté : l'appelle ainsi, l'intime sentiment qu'vne bonne ame a de Dieu, céte habitude sacrée qu'a l'homme de se voir sous sa main toute-puissante, plus dans son immensité que dans la circonference du Ciel, de n'étre, de ne viure, de n'agir que par le concours continuel de ses misericordes. Dans ces humbles reconnoissances, se prosterner tous les iours de corps & d'esprit deuant le trône de sa diuine Majesté, luy faire vn sacrifice de nôtre cœur, de tous nos interêts, de toutes nos affections, & les immoler parfaitement aux ordres de sa Prouidence ; luy demander du secours dans nos necessitez & dans nos negoces, tout resolus de le benir quelque succez qu'il luy plaira leur donner. Celuy qu'vne genereuse charité possede, ne délibere point sur la difficulté des affaires qu'vne puissance legitime luy commande, ny sur les diuers éuenemens qui les peuuent suiure : si elles reüssissent au point qu'il les pouuoit souhaiter, il les reçoit auec de tres-humbles actions de grace, comme des presens qu'il estime plus precieux venant d'vne main si puissante & si liberale. Ce n'est pas sans vne humble confusion de se voir traité comme vn foible & comme vn malade que l'on épargne; ce n'est pas sans crainte de se voir chargé de nouuelles obligations, qui demandent plus de reconnoissances qu'il n'en peut donner, il se console seulement dans la ferme resolution d'en faire tous les bons vsages, qu'il croira conformes à la volonté diuine. Si les succez ne sont pas heureux, il croit que ce sont des occasions qui mettent des bornes à ses desirs peut-être trop emportez, qui en arrétent les insolences, & qui refléchissent sur luy méme des attentions qu'vn autre éuenement d'affaire auroit partagé. Enfin, toutes les choses exterieures sont presque indifferentes, au moins elles ne touchent pas beaucoup celuy, qui n'a point d'autres volontez que celles de Dieu, qui ne vit au monde que pour le Ciel, qui dés le commencement de sa vie, considere quelle en doit être la fin. Celuy qui tire vn mousquet ne void que la pointe de son canon iointe au but qu'il s'en va toucher, la distance & les objets d'alentour ne luy sont nullement sensibles. Vne bonne ame ne void de méme que sa fin, qui est l'eternité qui est Dieu. Ces magnifiques entreprises qui donnent de l'exercice & des allarmes à tant d'esprits, à son égard se terminent en des vanitez, elles font vn peu de bruit, immediatement aprés suiuy du silence; bien-tôt elles ne seront plus, & dans le fort méme de leur agitation elles ne sont rien, comparées à l'immensité de son objet.

Pour s'entretenir dans cette genereuse deuotion, qui adore Dieu en esprit & verité, & qui par les approches de céte puissance infinie, ne void rien que de petit dans le monde; il faut étre parfaitement ferme dans les maximes Catholiques, sans donner à son esprit la liberté du raisonement naturel en des matieres déterminées par l'Eglise : Car des questions on tombe sans y penser dans les doutes, qui font des bréches à l'integrité de la foy, des nuages & des éclypses à ses lumieres, des froideurs à ses sentimens, les premieres dispositions à l'impieté, source de tous les crimes & de tous les mal-heurs de la Cour.

Quelque propreté que l'on ayt, quelque diligence que l'on aporte, la poudre en Eté, les bouës en Hyuer salissent l'habit de ceux qui vont en campagne, ou dans les ruës de Paris, de sorte qu'il faut souuent au moins tous les iours les nétoyer; c'est vne sensible demonstration des infirmitez de nôtre ame, qui aprés les plus fermes resolutions au bien, aprés les plus sublimes sentimens de Dieu, peut à peine conseruer vn iour son integrité dans la conuersation du monde, sans quelques pensées,

G v

quelques paroles, quelques affections illegitimes, dont vne conscience delicate se trouue blessée. Le remede iournalier est l'examen de la conscience, les larmes d'amour & de regret, les resolutions mille fois reïterées d'étre plus sur ses gardes à l'auenir, & toûjours dans l'humilité d'vn cœur confus, de n'étre pas assez fidele ny à soy-méme, ny à Dieu. On fait vn point d'honeur de garder auec vne inuiolable fidelité, la parole qu'vne fois l'on a donnée à vn amy, beaucoup plus au Roy : vous auez promis vôtre cœur à Dieu, de ne le point offenser & de le seruir en toute rencontre ; soyez confus d'y auoir manqué, vôtre faute volontaire n'auroit point d'excuse auprés d'vn Prince ou d'vn amy ; adorez l'infinie bonté de Dieu, toûjours prête à vous donner le pardon, pourueu que vous le demandiez auec vn cœur parfaitement contrit de sa faute, tout resolu de n'y plus tomber, crainte que ces syncopes si frequentes ne vous menassent d'vne seconde & derniere mort. Enfin, comme il faut de temps en temps changer d'habit, il faut renouueler le vieil homme, prendre de nouuelles forces auec vne surabondance de graces par les Sacremens, qui en sont les canaux ouuerts à tous, des remedes vniuersels d'où chacun tire des effets plus fauorables, s'il y apporte de plus grandes dispositions.

Ce n'est point aujourd'huy la honte de recourir aux Medecins de nos ames, non plus qu'à ceux de nos corps, qui empéche qu'on ne frequente les Sacremens; les infirmitez nous sont si naturelles, que chacun auoüe franchement y étre sujet, & contraint à se seruir des remedes pour y trouuer du soulagement : la corruption du siecle est si grande, que l'on n'est pas honteux d'être pecheur, mais penitent; de sorte que l'on ne frequente les Sacremens qu'en cachete, comme au temps de la persecution. Quoy, tenez-vous pour vne peine qui vous oblige au déguisement ou à la fuite, de ne paroître pas indeuot comme le commun? N'est-ce pas être deserteur des fidelitez que vous auez promises au Baptéme? N'est-ce pas flater cette foy de Cour demy-morte, & la mettre autant que vous pouuez en credit par céte lâche complaisance? Vous offensez Iesus-Christ, & vous perdez les auantages qu'il promet à ceux qui le suiuent, quand vous prenez au moins en apparence le party contraire, puis qu'il dit luy-méme dans l'Euangile, qu'il ne reconnoîtra pas pour siens, ceux que la honte empéche de le confesser deuant les hommes. Faites donc genereusement vos bonnes œuures en leur presence, afin qu'elles soient vn témoignage public de vôtre zele à son seruice. La con-

CHRETIEN. 157
fufion que vous craignez tombera
fur eux, peut-être qu'vne pieté fi
refoluë fera l'vn des plus efficaces
moyens de leur conuerfion. Ie ferois
le plus lâche de tous les hommes,
difoit Fabius Maximus, fi
pour ne point donner fujet à quelque
petit mot de mépris, ie precipitois
mes entreprifes, fi ie n'attendois
pas l'occafion de la victoire,
crainte qu'on ne dit de moy que
ie fuis trop lent : ces reproches fe
changeront en loüanges & en
triomphes, quand on en verra les
fauorables effets. Celuy qui a
donné les preuues de fon courage
dans toutes les belles occafions, va
téte leuée à l'Eglife, comme à la
Cour & au combat ; il fçait que la
generofité, la prudence, les heureux
fuccez font des dons du Ciel,
il ne craint point auffi de s'adreffer
au fouuerain Monarque, toûjours
liberal pour les donner à ceux qui
meritent ces faueurs, quand ils
les demandent, & qu'ils l'en reco-

noissent la premiere cause.

J'auance ces considerations generales de la pieté comme des principes,& les belles dispositions qu'il faut supposer en vn Gentilhomme, deuant qu'il entre dans les exercices de l'étude, de l'academie, de la Cour, de la guerre, des grands emplois où sa naissance & sa meilleure fortune le peut auancer. Cherchez le Royaume de Dieu deuant toutes choses; elles vous seront infailliblement données, dit nôtre Seigneur en l'Euangile; que Dieu regne en souuerain sur vôtre esprit & sur vôtre cœur, que sa loy soit la regle de vôtre conduite, toutes vos entreprises seront heureuses sous vne protection toute-puissante. La crainte de Dieu est le commencement de la sagesse, dit le Prophete; elle est la cause qui la deuance & qui la produit, le moyen qui la conserue, la fin qui la courone, puisque la perfection du monde & la beatitude des Anges, consiste en l'accomplissement de la volonté diuine, en l'amour essentiel toûjours accompagné d'vne crainte filiale. Ceux qui ont heureusement blanchy dans les armées & à la Cour, conuiennent tous en ce point, que ce qui s'y passe n'est que vanité, si chacun ne s'y conduit par le sentiment de Dieu, de faire genereusement ce qui est de cette condition où sa Prouidence l'apelle, l'y ayant fait naître. Ces sentimens se confirment & s'acroissent par les experiences que l'on a du monde; que si les ieunes Gentils-hommes en peuuent être persuadez de bonne heure, ils auront la sagesse des vieillars par auance, ainsi leurs actions & leurs conduites ne pourront être qu'illustres.

CHAPITRE XIV.

Les études.

LA diuine Prouidence nous a fait naître auec des idées generales du bien & du vray, qui ne font en nôtre efprit qu'vn commencement de iour, comme celuy de l'aurore trop foible pour diftinguer parfaitement les objets, & qui par fon mélange auec la nuit, nous donne & l'auerfion des tenebres, & le defir d'vne plus grande lumiere : En cét état nous voyons affez pour voir que nous ne voions pas affez, c'eft ce que la nature prétend, de rendre le bien qu'elle nous offre plus fouhaitable par l'oppofition de fon défaut, de donner ce luftre & ce relief à la beauté, la tenir comme fous vn voile tranfparent, pour animer dauantage nôtre amour à fa recherche.

CHRETIEN. 161

La stupidité seroit vne folie, en celuy qui se contentant de ces premieres & confuses notions, sans aucun desir de les acroître, feroit gloire & dresseroit vn panegyrique de son ignorance. Les barbares, les tyrans, les voluptueux, les impies, ont ces lumieres naturelles communes auec le reste des hommes ; & neanmoins ils s'emportent à des excez furieux, qui font plus de rauages dans les Etats, que les pestes & les déluges. Ces lumieres ne sont donc pas suffisantes, ny pour la satisfaction de l'esprit, qu'elles laissent dans le doute & dans l'ignorance : ny pour la conduite de la vie, qu'elles rendent plus miserable, comme plus extrauagante que celle des bêtes. Quand la nature nous montre tant d'admirables effets, & qu'elle nous inspire vne ardante curiosité d'en chercher les causes : quand pour nous en donner la confiance, elle nous conduit comme par la main, par des rencontres & des occasions hazardeuses en apparence, dont tous les arts se font fait des regles certaines, & les sciences de grandes maximes; elle montre bien qu'elle condamne ou la lâgueur des esprits qui negligent la recherhe de la verité, ou l'insolence de ceux qui la méprisent. Le monde ciuil seroit sans métiers, sans loix, sans ordre, sans police, sans religion, sans tout ce qui peut rendre la vie tranquille & commode, s'il fût demeuré dans les seuls termes des lumieres naturelles : la science qui en dissipe les obscuritez & les broüillards, est la perfection de la vie, dit Plotin, comme la vie est la perfection de l'étre: Elle est la santé de l'ame, parce qu'elle met l'intellect qui est la plus noble de ses facultez en exercice, comme l'ignorance qui en empêche les actions, est sa maladie. Ne iuger des choses que par les sens, & n'en point rechercher les cautes, c'est se reduire au rang des bêtes; s'en rapporter aux experiences longues & incertaines, n'auoir pour regle que la pratique & l'opinion, c'est n'agir en l'établissement d'vn bien public ou particulier que comme vn manœuure ; marcher comme vn aueugle qui peut aller droit, mais à la moindre facheuse rencontre tomber dans le chemin.

La noblesse que nous auons representée dans vn degré d'éminence au-dessus du peuple, ne peut souffrir que l'ignorance la rauale dessous luy : C'est vn reproche à vn Gentil-homme d'auoir des qualitez de l'esprit moindres qu'vn valet, d'étre illustre par sa naissance, & moins homme par sa faute, quand il est moins raisonable, sa raison étant moins instruite, moins cultiuée, moins capable de toutes choses par vn défaut de sciences: Il est, comme nous auons dit, le ministre plus ordinaire des volontez du Prince, pour l'execution de ses grands desseins, & pour tenir sa place auec éclat au gouuernement des peuples; or la science qui étend, qui épure la raison, la rend capable de tout : elle est precieuse en quelque sujet qu'elle se trouue: elle est, dit Æneas Syluius, vn argent dans vne personne populaire, de l'or en vn Gentil-homme, vn diamant d'vn prix inestimable en vn Prince : si ses emplois ou quelques causes particulieres, l'ont diuerty de l'auoir en propre, il la fait sienne par adoption, par les faueurs signalées dont il gratifie les personnes de science, par la place qu'il leur donne auprés de luy, dans ses affections & dans son conseil. Ainsi Ferdinand Roy d'Espagne, étât dés l'âge de dix ans obligé par l'état de ses affaires, à prendre les armes, quita les études qu'il auoit déja commencées; mais qu'il recompensa par la frequentation des personnes doctes, qu'il tenoit toûjours prés de luy, comme le Mercure l'eſt du Soleil. C'eſt vne prouidence merueilleuſe de la nature, que les os qui ſont inſenſibles, pour ne point ſouffrir en portant la peſanteur du corps, ſont couuerts d'vne membrane, dont le ſentiment eſt extrémement vif, afin qu'aux moindres approches ils éuitaſſent les coups dont ils pourroient étre offenſez; & c'eſt vn effet de la ſouueraine Sageſſe, qui preſide dans les Etats comme dans le monde, pour la conſeruation des Princes, de mettre prés de leurs perſonnes des Sages attachés à leurs interéts, afin de préuoir tous les fâcheux accidens, & les en défendre par l'adreſſe de leur conduite.

Anciennement les Gentils-hommes tenoient en France toutes les dignitez de l'Egliſe, de la Iuſtice, de la guerre : mais comme leur courage les engagea, & que les neceſſitez de l'Etat les appelloient

Duplex. a. 754.

beaucoup plus aux armes que dans les autres emplois, la ieunesse passionée pour la liberté s'y jetta sans retenuë, & sans reseruer les foiblesses mêmes de leurs premieres années pour les études. Ainsi les charges de la Iustice sont tombées entre les mains des personnes populaires, dont les nobles ne pouuant souffrir la domination dans les villes qu'à regret, se sont retirez dans leurs maisons de campagne pour y trouuer plus de liberté, moins de déplaisir. N'ayant point les charges ils ont receu moins d'honeur, moins de profits, moins d'occasions de soûtenir & d'acroître l'éclat de leur famille; en suite les dignitez appartenantes à ceux qui ne tendent qu'à l'vtile, sont entrées dans le commerce, sont deuenuës venales, sont montées à des prix exorbitans, qui font la foule du peuple, la honte de l'Etat, la ruine des maisons, enfin, du commerce quand tout l'ar-

CHRETIEN. 167
gent du Royaume se met en ces negoces steriles. Voila le tort que les nobles se sont fait à eux-mêmes & au public par le mépris des sciences, quoy qu'étant les Chefs du peuple employez au gouvernement, ils dûssent les posseder auec auantage ; comme la tête qui conduit le corps, contient en soy tous les sens, dont les autres parties n'ont que le tact, le moindre & le plus imparfait de tous.

Si la science affine, étend, perfectione la raison dominante en l'homme, sur la nature & sur ses semblables, d'où vient que les nobles qui pretendent plus que les autres au gouuernement, n'ont pas aussi plus d'affection pour l'étude qui en est le vray & le plus infaillible chemin. Si la science a fait, comme nous auons dit, les premiers nobles dans les conseils; & si toutes choses se conseruent par les mêmes causes qu'elles ont été produites : pourquoy les Gentils-

hommes si ialoux de se conseruer l'honeur de leurs anciens titres, ne tâchent-ils pas d'acroître celuy de Sages & de Sçauans, comme celuy de braues & de genereux. S'il vous semble que l'exercice de l'étude ne s'accorde pas auec celuy des armes ; vous n'êtes pas dans le sentiment du plus sage des Philosophes, qui rendoit ces deux emplois inseparables, comme l'esprit & le corps qu'ils tiennent en haleine, & qui leur assigne chaque iour leurs heures en l'Academie. Au moins donnez à l'étude vne ieunesse, où le corps n'a pas encore assez de force pour soûtenir la violence des armes & du cheual ? Il falloit bien qu'Alexandre, Xenophon, Alcibiades, Charles-magne; tant d'autres grands Princes chez les Perses, les Grecs, les Romains eussent étudié deuant que commander vne armée pour leur premiere campagne, & que l'étude les eût rendus Capitaines, deuant que
faire

faire la fonction de Soldat. L'étude forme le iugement, elle n'excite pas à la verité céte brutale fureur, qui se precipite sans reconnoître; mais elle donne vne fermeté de courage, vne constance inuincible dans les perils, vne presence d'esprit qui sçait tirer auantage de toutes les occasions, de peu faire beaucoup, rompre les violences de la force par l'adresse, prendre bien son temps; enfin, mourir plûtôt que de faire la moindre chose contre l'honeur. Il n'appartient qu'aux grandes ames bien instruites dans les sciences, d'aimer les emplois pour eux-mémes, auec ce qu'ils ont de pénible & d'onereux, sans autres pretentions que d'y donner de l'exercice à leur courage, d'y déployer leur industrie, & acheuer la sagesse par l'experience.

CHAPITRE XV.

Quelles doiuent être les études de la Noblesse.

AVx Indes & en Egypte, perſonne n'étoit admis au gouuernement, qu'il ne fût fort bien inſtruit dans les plus belles Sciences des Aſtres & de la nature, qui ſont les copies materielles de la Sageſſe diuine, & les originaux de nôtre morale. Platon tira de ces peuples ce ſentiment, qu'vn Prince doit être bon Philoſophe, ſçauoir toutes choſes, parce qu'il en doit iuger, ſi ce n'eſt auec l'exactitude de ceux qui conſomment toute leur vie en l'étude d'vne ſcience, au moins en ſçauoir les grandes maximes, pour en connoître & recompenſer l'excellence où elle ſe trouue. Les Gentils-hommes ſont les ſeconds & les Lieutenans du Prince au gouuernement; ils font des organes vniuerfels, comme l'eft la main de la raifon, pour executer fes deffeins, la langue pour exprimer fes penfées; ils doiuent donc prendre toutes fortes de mouuement, auoir des lumieres qui ne foient pas moins étenduës que les fiennes, méme plus étudiées, puifque comme nous auons dit, ils doiuent fouuent fuppléer à fon défaut. Pour être ainfi generales, elles ne laiffent pas d'être conformes à la nature qui nous y porte, & qui ne nous donneroit pas céte inclination, fi l'effet ne nous en étoit poffible méme aifé, quand on y garde les moderations & les methodes qu'elle prefcrit.

Comme nous commençons à connoître par les fens, & qu'ils font le rapport de leurs objets à l'imaginatiue; Platon & Ariftote croyent qu'il faut mettre ces puiffances en exercice, que les premieres ont le plus de force: l'Arithmetique, la Geometrie, la Geographie, la Musique, sont les premieres sciences qui touchent l'imagination, & qui s'impriment facilement dans la memoire heureuse des enfans : Ainsi ces Philosophes dans leurs Speculations supposent ces veritez comme familieres & connuës de tous, pour en tirer leurs consequences. La langue Latine se peut enseigner par des methodes abregées, sans ces longueurs de College, qui sont plus pour arrêter la ieunesse que pour l'instruire. Il faudroit mettre plusieurs ieunes Gentils-hommes de méme âge ensemble, sous vn bon Maître qui leur fit passer pour vne grande honte de parler François, comme les Laquais & les Seruantes. Autant de compagnons, sont autant de maîtres qui se corrigent l'vn l'autre, & qui feront des merueilles par émulation. Céte langue leur étant renduë familiere plus par exercice que par étude, leur feruira quelque iour pour traiter auec les étrangers Flamans, Allemans, Suedois, Polonois, où les valets méme la parlent. La fçachant, il ne restera plus qu'à la polir par la Rhetorique, dont les preceptes se peuuent donner en fort peu de temps, l'exercice s'en doit faire toute la vie d'vne maniere qui ne tient rien du College, dans les conuersations, les conferences, dans les conseils de guerre, s'il faut apaiser vne sedition de Soldats, traiter pour la reddition d'vne place : en toutes ces occasions vn homme d'étude s'explique tout autrement, auec plus de force & plus de grace qu'vn autre; par tout l'éloquence a des charmes qui gagnent les cœurs, & en disposent à discretion. Elle emprunte son raisonement de la Logique, dont les regles feront aisées, si on ne les embarasse point par des questions de

Metaphyſique. De là on paſſe à la Phyſique, qui eſt la ſcience des choſes naturelles,la plus agréable, la plus curieuſe de toutes, & qui a tant de beautez, qu'on n'a point d'eſprit ſi on ne l'aime : L'école n'en donne que les maximes generales, quelques vnes de ſes parties font des ſciences ſeparées, qu'il faut reioindre, pour de toutes ne former qu'vn corps ; comme au traité du Ciel, il faut prendre de l'Aſtrologie, ce qu'elle dit des douze ſignes du Zodiaque & des ſept Planetes, de leurs mouuemens, de leurs qualitez, & quelques choſes des étoiles fixes, pour n'être pas ignorant de céte Science, que i'eſtime abſolument neceſſaire à vn Capitaine ſur mer & ſur terre, pour préuoir les temps calmes ou orageux, les broüillars par le leuer des étoiles nebuleuſes auec le Soleil, où d'autres Planetes,& ajuſter à cela ſes entrepriſes. L. Sulpitius, ſe ſeruit auantageusement de céte Science, quand il fit entendre à son armée les causes d'vne éclypse de Soleil qui se deuoit faire, afin que personne n'en prît l'épouuante, comme d'vn prodige. Pericles r'assûra le courage de ses Soldats effrayez du tonnerre qui étoit tombé sur son camp, & leur fit voir par la collision de deux cailloux, que c'étoit l'effet d'vne cause naturelle. Qui auroit bien la connoissance des changemens de l'air par l'Astrologie, sçauroit prendre ses auantages sur mer & sur terre, il seroit maître du destin, & se feroit à discretion le Ciel fauorable.

La morale fait connoître le malheur des vices qu'on doit éuiter, l'excellence & les succez fauorables des vertus qu'on est obligé de suiure : c'est la science de toute la vie, quand on n'en sçauroit que les définitions, elles seruent de conseillers, qui dans les rencontres vous auertissent, c'est vn mal, il faut s'en éloigner ; c'est vn bien, les issuës n'en peuuët être qu'heureuses, puisque c'est se conformer à la loy de la nature & de Dieu. La Iurisprudence fait vne partie de la morale, dont il seroit vtile à vn Gentil-homme d'auoir vne legere connoissance, comme des Instituts, des Regles de droit, des Coûtumes du pays ; par ce moyen il ne seroit pas si neuf dans les affaires qui luy peuuent suruenir, & pour terminer les differens de ses sujets quand l'occasion s'en presenteroit. La politique en est vne partie, dont il doit faire son étude principal, afin de sçauoir les regles qu'il doit garder pour bien reüssir dans ses emplois. Céte science est fort étenduë dans Platon & dans Aristote, Lipse en fait vn abregé fort vtile, & qui sert comme d'antidote aux pernicieuses maximes de Machiauel, qui prend pour exemple le plus mal-heureux, comme le plus méchant Prince que la terre ayt iamais porté : on peut recueillir les larmes du baûme, sans estre piqué des viperes qui sont ordinairement dessous & qui s'en nourrissent ; mais il est difficile de ne prendre point de mauuaises impressions de ces discours, qui n'ont pour fin que d'établir la tyranie par l'impieté, deux vices extrémes dont les ieunes hommes ne doiuent entendre parler qu'auec horreur, & n'en doiuent prendre connoissance, que quand ils seront en état de les combatre. Il suffit qu'ils sçachent les grandes & veritables maximes de la politique pour les confirmer par les exemples, que l'histoire de tous les peuples leur pourra fournir; Remarquer aussi les cas particuliers, qui sont les exceptions de ces regles generales: C'est lire l'histoire par iugement, & auec tout ce qu'on en peut tirer de profit, d'en faire ces belles applications.

M. v

On dit que l'on n'apprend dans les Ecoles, que comment il faut étudier : Ie croy de méme que ces notices generales de science qu'on donne à vn ieune Gentil-homme, ne seruent gueres que pour luy faire paroître où peut aller la capacité de son esprit, & luy donner comme à l'eau, vne pente qu'il pourra suiure, quand il voudra se délasser des autres emplois où sa condition l'appellera, & soulager les fatigues de l'esprit par la Philosophie, comme on repare celles du corps par la nourriture & le someil. Céte legere teinture qu'on luy donne des sciences, depuis neuf ou dix ans iusques à dix-sept, ne laissera pas de former son raisonement, auec beaucoup plus de suite, de force & de netteté, que ceux qui n'ont point d'étude : on y verra comme dans les bons diamans vn fons de lumiere, qui ne paroît point dans les contrefaits: mais quand la conuersation du beau monde aura poly son discours, quand il aura les graces de la Cour, auec la solidité de la doctrine; ses entretiens seront rauissans, ses paroles seront des armes precieuses & tranchantes, qui ne trouueront point d'esprit à l'épreuue des veritez qu'il entreprendra de persuader.

Aprés ces études de bienseance, celle des Mathematiques propres à la guerre luy sont necessaires, comme des fortifications, ce qui regarde les tranchées, les sieges, le canon, & la science d'vn Ingenieur pour en iuger, ou en prendre la conduite dans la necessité d'vne occasion. Il perfectionera sa theorie par la pratique, s'il est diligent d'accompagner les Expers en la visite qu'ils font des trauaux, entrer mémes dans les mines, pour en obseruer les particularitez de si peu de chose, qui doit faire vn si prompt & si étrange bouluersement. Si ce Gentil-homme aprend à deſſigner, ſon crayon luy fera par tout vne agréable compagnie, en quelque lieu qu'il ſe rencontre, & pour le voir quand il en ſera le plus éloigné. Enfin, donnez-moy quelque Art, quelque Science que ce ſoit, vn Gentil-homme en ſçaura tirer de grands auantages.

CHAPITRE XVI.

L'Academie.

VOila la fin de vos études au temps qu'on leur auoit preſcrit, en vn âge où ceux qui en font vne profeſſion particuliere y ont plus d'attache, comme ils ſe voyent en état d'y faire de plus notables progrez : ſi vous étes de céte humeur, l'on vous ôte le verre de deſſus les levres, lors que vôtre ſoif penſoit s'en des-alterer. Il faut rendre céte déférence à l'honeur de vôtre condition, & à la volonté de vos parens, qui là mettent fin au premier degré de vôtre vie. Il s'est passé auec les contraintes & les violences qu'il a fallu faire aux libertez de corps & d'esprit, qu'vne petillante ieunesse demandoit : C'est l'ordre du monde, c'est vne indispensable necessité dont les plus grands Monarques ne sont pas exempts ; d'agir en personne pour acquerir quelque perfection, de semer auec trauail les grains, dont on se promet vne ioyeuse & abondante recolte. Faites reflexion sur ce que cette retraite de six à sept ans, toute consacrée aux exercices de la pieté & de l'étude, s'est passée dans vne innocence tranquille, contente de ses petits progrez, sans troubles, sans inquietudes, sans l'ombre méme des passions qui vous la feront vn iour considerer comme le Printemps, la premiere & la plus agréable saison de vos iours.

Si neanmoins ces petites sujettions ont été des violences assez sensibles à vôtre humeur portée d'elle-même à se mettre dans le grand iour, & à ne paroître pas moins que vos semblables: c'est où l'Academie vous appelle maintenant, c'est la satisfaction qu'elle vous promet, de vous donner les habitudes d'agir en tout auec adresse, auec estime, fortement, & de bonne grace : Vous y auez les exercices de la danse, qui rendent les mouuemens du corps si flexibles, si souples, si prompts, neanmoins si reguliers, qu'ils suiuent tous les accords, les demy-tons, les feintes, les délicatesses du violon : Au fleuret ils vont aussi viste que le temps, ils le deuancent même, & le prennent en son défaut, quand vn méme coup pare & porte, soûtient & blesse son ennemy : Au voltiger le corps vole sans aile, s'abat, se releue, fait ses voltes, se soûtient en équilibre, se remet en selle, aprés mille surprenantes passades, comme s'il étoit sans os, sans pesanteur, & qu'il eût déja par auance l'agilité des bien-heureux.

Là le principal des exercices est de bien monter vn cheual, le faire aller au pas, au galop, parer au milieu de la carriere, tourner aussi vîte que la main à droit & à gauche, aller à bôds & à cabrioles; s'il a des caprices, le châtier de sorte qu'il se remete en son deuoir, l'y entretenir par des caresses de voix & de main, par la gaule & l'éperon qui le tiennent toûjours en crainte : enfin, s'en rendre le maitre, & faire sur luy tous les deuoirs d'vn commandant. Il est impossible de ne pas aymer vn animal si genereux, & tellement d'accord auec l'homme, que sous sa conduite il attaque les lions, il passe à trauers les flâmes, & se jette si on le pousse dans le precipice. L'inclination qu'on a pour luy, fait qu'on en prend le soin, qu'on étudie ses passions, & les marques exterieures qu'on peut auoir de ses bonnes qualitez. L'vsage & les conferences qu'on peut auoir sur cela seruent beaucoup à vn Gentil-homme, pour n'être point trompé par les maquignons, pour faire choix d'vn bon cheual, qui est son second, & qui luy sauue la vie dans le combat.

C'est vne qualité fort honorable auprés d'vn Prince, d'être vn bon homme de cheual, l'exercice en est si propre à vn Gentil-homme qu'il en prend son nom, & que se dire Ecuyer, c'est se dire noble: Ces deux exercices des armes & du cheual, luy sont non seulement honétes, mais vtiles & necessaires; car ils seruent à luy conseruer la vie, tellement que s'il a de la disgrace dans vn combat faute d'adresse, on ne le iuge pas digne de compassion, parce qu'il s'est mêlé d'vn métier qu'il ne sçauoit pas, qu'étant mort, ou bien batu, on void son mal-heur comme la peine que meritoit sa temerité. On fait aussi dans les Academies l'exercice de la pique & du mousquet, à dresser les compagnies de Soldats, à garder leurs rangs, suiure ponctuellement les ordres, dans les attaques & dans les retraites, & à tous les deuoirs de la milice, qui ne contribuënt pas moins que la vaillance à gagner les grandes victoires. C'est pourquoy les plus sages Princes ont de tout temps mis en cela les principales forces de leur Etat ; & Pompée disoit, que sans s'attacher au choix des Nations, toutes les terres qui portent des hommes, portent des soldats, pourueu qu'ils soient bien dressez.

Myris Roy d'Egypte ioignit aux exercices militaires, les attraits de la sympatie, pour animer au double les courages à leur deuoir, & à faire ce qu'ils étoient certains & passionez de bien faire : Il fit chercher par tout son Royaume les en-

186 LE GENTIL-HOMME
fans qui étoient nez la méme année, & le méme iour que son fils Sesostris, qui se trouuerent iusques au nombre de 1700. les fit tous nourrir ensemble auec son fils, sans qu'il eût aucune dispense des exercices comuns de la course, de la lute, des armes, du cheual; la table étoit égale pour tous en quātité & en qualité: étant ainsi éleuez sous la cōduite de vieils Capitaines qu'ils auoient pour maîtres, ils se rendirent par vne genereuse émulation inuincibles: si-tôt qu'ils furent en âge, Sesostris en fit les Chefs d'vne grande armée, auec laquelle il surmonta l'Ethiopie, qui iusques-là auoit été souuent attaquée, mais iamais vaincuë de ses ennemis. Le grand Alexandre ayant conquis beaucoup de Royaumes, fit dessein d'enuoyer par tout des Commissaires, qui établiroient en chacun des Academies, où les enfans des plus illustres seroient instruits & éleuez à ses dépens par

Diod. Si-cul. rer. antiq. l. 1. par. 2. c. 1

Olaus Mag. l. 8. c. 25.

de bons maîtres qu'il députeroit à cela, afin qu'étant capables de toutes les connoissances & de tous les exercices qui rendent vn homme parfait; il pût s'en seruir au gouuernement des peuples, qu'il faisoit état de tenir ainsi sujets aux mêmes équitables loix dans le monde, comme dans vne grande ville, dont il disoit que son armée étoit la citadelle & la garnison.

Voila comment les grands Princes ont crû que les Academies étoient de la derniere importance pour la conseruation de leur Etat, & pour d'vne ieunesse bien éleuée en faire successiuement de grands hommes, qui fussent l'apuy d'vne perpetuelle Monarchie. Car dans les Academies qui sont gouuernées par vn sage Gentil-homme, on ne fórme pas seulement la ieunesse aux exercices des corps, mais également à ceux de l'esprit : les heures de la priere soir & matin y sont reglées, les bons auis y sont ordinaires qui persuadent la modestie, l'honêteté, la discretion dans les actions & dans les paroles, qui en corrigent les manquemens : c'est vne Religion morale, vn cloître des belles vertus, qui a ses petites penitences, & où c'est vn grand affront de commettre des sottises & des inciuilitez dans vne florissante compagnie,où tous font vne solemnelle profession de l'honeur. Les Seigneurs ont moyen d'y entretenir leurs enfans auec éclat : mais, dit la loy, si les Decurions, si les Nobles qui ont été dans les grandes charges y ont consommé leurs biens, de sorte qu'ils n'ayent pas dequoy fournir à l'honête éducation de leurs enfans; il est tres-iuste que l'état vienne à leur secours, & qu'il porte la charge d'vne famille,dont il a receu les profits. I'auois fait vn chapitre sur ce sujet dans vn autre liure,on me conseille de le transcrire icy, parce qu'il est d'vne nota-

l.8.ff.de Decurio. & filiis eorum.

ble importance, & que le Lecteur ne l'iroit pas chercher où ie l'ay mis, lors que ie n'auois aucun deſſein de faire ce petit œuure.

CHAPITRE XVII.

Des Academies pour l'éducation des enfans Nobles, mais pauures.

CE n'eſt pas ſans honte & ſans peine, que ie repreſente icy les Nobles dans la pauureté, & qu'il faille tirer leurs enfans de la maiſon paternelle, pour leur donner vne nourriture plus auantageuſe ? Quoy, ce ſang illuſtre, qui a donné les commencemens, les progrez, les forces à l'Etat, qui en fait encore aujourd'huy les felicitez, ſera-t'il reduit à la miſere ? Où eſt la iuſtice & la gratitude, ſi ceuxlà ſouffrent la pauureté, qui la chaſſent de l'Etat au prix de leur vie, qui ſont les premieres causes de la paix & de l'abondance ?

Il faut icy considerer que la noblesse est vn titre de la vertu, qui n'est pas toûjours fauorisée de la fortune, que ces vaillans Senateurs Romains faisoient gloire de mépriser & mourir pauures, iusques à ne laisser pas dequoy fournir aux frais de leur sepulture. Si ce Gentil-homme fût toûjours demeuré chez soy sans autres pretentions que de ménager son bien, & en accroître les reuenus, il en auroit maintenant vne paisible ioüissance, & le moyen de fournir à l'entretien de ses enfans, selon le rang qu'ils doiuent tenir: mais l'honeur l'a genereusement porté dans toutes les occasions de la guerre pour le seruice de son Prince, les dépenses qu'il y falloit faire luy parurent vn exercice de courage, plus grand qu'à vaincre ses ennemis dans le combat: En effet, quoy qu'il fût également prodigue de ses biens & de sa vie, les playes qu'il a receuës sur son corps se sont refermées, ses forces se sont rétablies sans aucun retour de ses biens : enfin, aprés que toutes les campagnes ont pris quelque chose sur le fonds, il en reste beaucoup moindre, les reuenuës diminuent, le nombre des enfans s'accroît ; & voila ce vaillant homme vaincu par ses victoires, & surmonté par son courage.

Son dessein étoit d'éleuer tous ses enfans mâles dans l'exercice des armes, afin qu'ils fussent en état de rendre plus de seruice à son Prince, mais les moyens luy manquent pour fournir aux frais de l'Academie : les voila donc contrains de passer vne vie champêtre dans la conuersation des païsans, & à n'auoir que la chasse pour employ comme les Sauuages : si le courage les porte à l'armée, c'est auec la honte de n'y paroître qu'en qualité de simples soldats, dont la vaillance est commune, la misere inéuitable, l'auancement si rare, qu'il passe pour vn prodige dans vn siecle où tout est venal.

Ces Gentils-hommes quoy qu'incommodez, sont dans l'alliance de plusieurs qui tiennent les plus belles charges, & qui pourroient les auancer par vne parole de recommandation : mais comme ils ne les trouuent pas capables d'employ, en suite d'vne mauuaise nourriture, & qu'ils s'offenseroiët eux-mêmes de les produire, ils sont bien aise d'en perdre la veuë, pour s'en épargner la honte & les reproches. Ce sont autant de pertes pour l'Etat, pour les familles, pour ces personnes illustres, qui les eussent pris pour les seconds de leur fortune sans cête mauuaise éducation.

La noblesse fait vn corps tres-considerable dans le Royaume, tous les Gentils-hommes en sont les parties ; n'est-il pas iuste que les

les plus fortes soulagent les foibles, & que si les corps des métiers font bourse commune pour assister ceux de leur vacation qui sont en necessité ; si les vieils soldats nonobstant leurs priuileges, étoient obligez de prendre la tutelle des mineurs de leurs défunts compagnons : Il est plus raisonable, dit la loy, que les nobles employez aux charges publiques, contribuént pour la subsistance de ceux qui se trouuent apauuris, particulierement dans les seruices qu'ils ont rendus à l'Etat, en soûtenant l'honeur de leur qualité. Il seroit donc à souhaiter qu'on établît en chaque Prouince vne Academie pour l'éducation des ieunes Gentilshommes, que dés le premier âge on les instruisît aux études en quelque College par des methodes abregées, pour être vn iour capables de tous les emplois, des traitez, des ambassades, qui se font incomparablement mieux, quand on

l.1. C. de excu. vet. l.8.ff. de decur.

Voyez l'Agé de Dieu par 2.c.6.

I

sçait la langue Latine, commune à tous les peuples, que par les plus fideles truchemens. Quand le corps aura pris ses forces, ils seront mis à l'Academie, où ils auront pour Maître des vertus ciuiles quelque homme d'élite, non pas nourry dans la solitude, dit saint Chrysostome, mais qui ait paru dans le grand monde, qui en sçache les détours & les intrigues, qui ayt fait l'épreuue de l'vne & l'autre fortune, qui leur enseigne la carte de cette perilleuse nauigation, afin qu'ils en soient instruis deuant que s'y embarquer. Il donnera de l'exercice à leurs esprits par des entretiens qui feront naître de l'auersion pour tous les desordres de la vie, de l'amour pour la vertu, vn zele extréme de deuenir honéte homme ; il parlera de tout comme sçauant, pour meriter que tous luy donnent creance.

D. Chrys. hom. 20. in ep. ad Ephes.

Moyse receut vn merueilleux auantage pour les grands desseins, où la Prouidence le destinoit, d'auoir été nourry à la Cour de Pharaon, comme fils adoptif de sa fille, parmy les sciences, la politesse, les conseils, les entreprises de paix & de guerre, qui tiennent les grands courages toûjours en haleine ; car son ame deuint grande dans ces grands emplois, elle y prit la trépe d'vne generosité, qui void toutes choses au-dessous de soy; d'vne sagesse qui sçait prendre les occasions, gagner les esprits, tirer tout à son auantage, & malgré les resistances se faire à soy-méme son bon destin. De ses propres experiences il tira cette maxime, d'auancer les Nobles aux emplois publics, parce que leur bonne éducation les y a formez; que les vertus dont ils ont pris les habitudes jettent des éclats, accompagnent leurs actions d'vne grace, d'vne naïue majesté, qui fait de douces impressions d'amour & de respect dans l'esprit du peuple, & le difposent à leur obeïr.

Il ne faut point douter, que les ieunes Gentils-hommes nourris dans les Academies, où les entretiens, les exercices ne font que de chofes qui perfectionnent le corps & l'efprit, où le point d'honneur n'eft qu'en la vertu, n'en retiennent de genereufes idées pour la conduite de leurs actions, fans y rien fouffrir de lâche ny de temeraire : Ayant à viure dans le grand monde, ils fe formeront parmy céte floriffante compagnie, à ne point craindre les hommes, à ne point ny rougir ny pâlir, par des foibleffes communes à ceux qui n'ont veu que leur famille. Dans ce concert d'efprits, de forces & d'adreffes, les bons courages s'affinent, les foibles s'échauffent par l'émulation, & tant d'yeux ouuerts fur les moindres fautes, y font toûjours affez de remarques pour châtier les fentimens de la vanité.

Quintil. l.1.c.5.

Ceux qui n'ont pas moyen de soûtenir les frais de l'Academie sont ordinairement mis pages, ce semble, plûtôt pour soulager leur famille, que pour seruir à leur instruction; car on les y met si ieunes, qu'on leur ôte le temps de l'étude, & l'on condamne par ce moyen toute leur vie à l'ignorance : exceptez la maison du Roy, des Princes, des grands Seigneurs, les Pages ne font point les exercices de cheual, de danse, de Mathematique; & leur continuelle conuersation parmy les Laquais, leur donne de pernicieuses habitudes, dont il sera difficile de se dépoüiller pour être honéte homme.

Il est donc tres-important d'établir des Academies, chacun en void les profits & la necessité; mais on dit où prendre vn fonds capable de les entretenir : Ie réponds, que si les Gentils-hommes d'vne Prouince formoient ensemble ce genereux & charitable dessein, s'ils en prenoient les fermes resolutions, leur prudence ne manqueroit pas d'ouuertures ny de moyens pour y reüssir. Ils pourroient en corps demander au Roy, qu'il assignât quelque chose sur les reuenus de la Prouince, pour commencer cét établissement qui regarde son seruice, & qui nourriroit ces Nobles comme ses pages, plus obligez que les autres à verser leur sang pour ses interests. Le fondement de cette Academie étant jetté par les liberalitez du Roy, par les libres contributions des plus puissans ; elle s'éleueroit bien-tôt par plusieurs autres moyens, par les amendes, par les confiscations qu'on auroit ordre d'y appliquer, beaucoup plus vtilement pour l'Etat, que quand elles tombent en des mains puissantes, qui d'ordinaire s'en seruent pour y faire des broüilleries. Les plus riches qui dans vne grande lignée peuuent auoir quelques parens pauures, souffriroient que de tous les legs testamentaires quelque portion fût assignée à cette bonne œuure.

Les loix Romaines forment vn corps des Decurions, qui étoient comme nous auons dit, des nobles employez aux charges publiques, & ordonnent que si quelqu'vn d'eux meurt sans enfans, il ne pourra laisser que la quatriéme partie de ses biens à ses heritiers collateraux, & que le reste de la succession appartiendra de droit à la compagnie pour l'éducation des Nobles; par ce moyen, dit la loy, au lieu de la lignée que la nature refuse à cét homme, il en aura vne plus nombreuse & plus florissante, en tous les ieunes nobles qui seront instruis par ses moyens, qui le reconnoîtront pour pere de leur auancement, qui publieront sa gloire, & seruiront plus à l'honeur d'vne famille & de l'Etat, qu'vn heritier legitime. Le consentement de la Noblesse pourroit de même obtenir du Roy, que des successions nobles sans enfans, que de celles qui passent en des mains mortes ou roturieres, ou en quenoüilles, vne portion appartint à l'Academie de la Prouince : Enfin, si les Gentils-hommes auoient pour cela de l'affection, ils ne manqueroient pas d'expediens.

Nôtre siecle ne peut assez admirer des hommes éleuez dans de grandes charges & de grands moyens, qui se voyant pressez de l'âge, n'ont plus que cette pensée d'eterniser leur memoire : ils entreprennent pour cela de grands bâtimens dans les Villes & à la campagne, auec des dépenses excessiues, auec des soins, des embaras, des fatigues, des engagemens incroyables, dont les issuës leur sont funestes : Car ces mêmes grands desseins qu'ils ont formez pour établir leur reputation, la holrciſſent, quand ils ſont regardez d'vn œil ialoux par les puiſſances, auec les lamentations du peuple qui ſe plaint, que ces profuſions ſe ſont faites du ſang, & de ce qu'on a tiré par violence des Prouinces deſolées. Enfin, le coup ineſperé de la mort enleue du monde ce perſonage, la belle maiſon, le lieu de plaiſance paſſe en d'autres mains, le marbre mis ſur le frontiſpice de l'Hôtel porté vn nouueau nom, qui fait oublier celuy de l'ancien maître ; on ne parle plus de celuy qui a bâty, mais de celuy qui poſſede. Quelle vanité dans ces deſſeins aux yeux du monde ? & deuant Dieu, quel abus des biens dont ſa Prouidence auoit gratifié cét homme, pour luy donner moyen de ſe ſauuer aſſiſtant les pauures, & cependant il ne s'en eſt ſeruy que pour nourrir ſon luxe, ſes crimes & ſes conuoitiſes qui ont fait vne infinité de pauures ?

I v

Voulez-vous acquerir des merites infinis, auec vne eternelle reputation dans le monde, & laisser à vos décendans vne gloire qui ne finira iamais; employez vne partie considerable de vos biens en de pieuses fondations, de Colleges, d'Hôpitaux, d'Academies: ne considerez pas seulement cette derniere comme vne largesse, qui ne regarde qu'vn bien temporel; car étant faite auec de pieuses considerations, elle accomplit les œuures de charité, elle console les familles affligées de ne pouuoir fournir à l'honnéte éducation de leurs enfans, elle les forme à la vertu, elle les affranchit de mille desordres, où l'incapacité d'auoir des emplois les pourroit precipiter: elle les sauue donc des crimes qui tuënt les ames, & qui portent souuent les têtes sur l'échafaut, au des-honneur des plus illustres maisons.

CHAPITRE XVIII.

Des Voyages.

LE temps qui termine nos plaisirs & nos ioyes va trop vite; mais il est trop lent, il n'a plus d'aîles, il marche en pas de vieillard, c'est vn Saturne de maligne & longue influence, quand il nous faut tirer de peine & de seruitude. La docilité d'esprit, le bon naturel de ce ieune Gentil-homme, & les inclinations qu'il auoit pour les belles choses, luy ont donné le courage de continuer ses études & son Academie sans les interrompre pour quelque sujet que ce fût: mais elles ne luy ont pas ôté le sentiment des sujetions & des contraintes qu'il y a souffertes, & sans doute il en attend la fin auec quelque sorte d'impatience. Le feu s'éteint, l'air se corrompt s'il est en-

LE GENTIL-HOMME
fermé, les eaux immobiles font appellées mortes, parce qu'elles deuiennent infectes ; il faut craindre que les meilleurs courages ne s'abatent dans la longueur des emplois, où ils ne sont entrez que pour en sortir : Les desirs de la liberté croissent par les approches du terme qui la va donner ; & quand ce iour si fort attendu se presente, ils échappent de la contrainte, comme l'air enflâmé sort du canon, auec des impetuositez qui ne s'apaisent, que dans vne libre & vaste étenduë. On la donne à ce Gentil-homme, quand on dresse son équipage pour voyager dans tous les païs, où sa curiosité sera resoluë de prendre sa route, aprés auoir consulté ses inclinations, les cartes, & les expers.

Si les plus nobles d'entre les corps sont les plus mobiles, il appartient par preciput au Gentil-homme de prendre l'essort, de visiter tout le monde comme le domaine de l'homme, dont il repreſente mieux le droit que tout autre, & d'en tirer des inſtructions pour tribut ; cependant que le menu peuple s'attache aux negoces dans les villes, ou dans ſon païs, comme les coquillages aux rochers, les tortuës, les taupes, les vers dans vn petit eſpace de terre. Platon ne permettoit les voyages que depuis quarante iuſques à ſoixante ans ; afin que les habitudes des bonnes mœurs fuſſent aſſez fortes, pour ne ſe point corrompre parmy celles des étrangers : cela peut étre conſiderable ; mais au reſte, ne ſemble-t'il pas que cét âge n'eſt pas bien propre à cela, parce que les hommes s'y trouuent attachez aux offices, aux affaires, aux mariages, à d'autres affections, qui leur ôtent la liberté. Ce Philoſophe, preſente à boire quand on n'a plus ſoif, d'engager dans les voyages ceux qui n'ont plus de curioſité ny d'yeux pas

lib. 12. de legib.

conſequent, pour contempler les merueilles de la nature.

Les études en ont tracé le plan, & fait le deuis à la ieuneſſe, d'où elle a pris les auiditez extrémes d'en auoir vne parfaite connoiſſance; elle veut tout voir, tout entendre, s'informe des moindres particularitez pour en faire les relations, plus iuſtes & plus fideles. Elle paſſione de voir le naturel, dont on ne luy a montré que les tableaux, de verifier la theorie par les pratiques, de voir couler ces eaux medicinales, où le feu central a mis par extrait les bonnes qualitez des métaux ſans les fondre. De voir ces montagnes entourées de mers toûjours brûlantes; parce que les vapeurs & les fumées d'vn feu ſous-terrain, ne pouuant percer la hauteur de l'eau, ſe font des conduis obliques, les rempliſſent de poix, de ſouffre, de bitume, comme nos cheminées le font de ſuye, & fourniſſent ainſi de matiere aux embrazemens du Vesuue, de l'Ethna, du Vulcan, où le feu prend l'air & son issuë. C'est vn plaisir de voir les campagnes, où se sont données les grandes batailles, de remarquer les éminences fauorables au victorieux. De voir deux villes dans Rome ; vne vieille qui en ses ruines dispute encore le prix de la beauté, auec les magnificences & les éclats de la ieune : De voir dans Venise la mer qui est deuenuë l'habitation des hommes, & que l'art reduit à fortifier céte illustre République, & à la pouruoir auec abondance de tout ce que la terre ne luy donne point. Vous y verrez la Noblesse qui tient la domination sans aucun éclat, sans suite, vétuë d'vne frise noire, pour condamner par leur exemple la vanité que les autres peuples tirẽt des habits, & leur faire céte leçon, qu'il faut acheter la liberté publique par des sujetions personelles.

Dans le reste de l'Italie, vous y trouuerez des esprits capables de tout, excepté de la franchise & de la candeur, semblables au Cameleon, qui pour se déguiser prend toutes les couleurs ; ôtez le blanc: les courtoisies apparentes y sont excessiues, les défiances extrémes, les iniures sans pardon, les vengeances cachées, furieuses, eternelles : si vous faites comparaison de ce qu'ils furent autresfois, les victorieux du monde, auec ce qu'ils sont à present : vous iugerez qu'ils ōt suiuy l'humeur de leurs Princes, & que leurs anciens courages sont dégenerez en finesses.

L'Espagne, où le Soleil tient l'empire, a toutes ses productions excellentes, de fruits, de vins, de laines, de cheuaux, d'hommes de grand cœur, de grand esprit, affables quand on leur défere, des lions si l'on leur resiste, & qui portant leurs idées beaucoup plus loin que leurs actions, s'en donnent au moins la gloire en paroles: La chaleur est la mere & la marastre de ce pays-là ; elle rend quelquesfois les terres extrémement fertiles de biens , & puis elle fait mourir les bétes & les hommes de faim , par des sterilitez de cinq & six ans, faute de pluye.

Passez en Afrique , dans le domaine du Turc, vous trouuerez ces païs comme des bassins vuides des sciences, dont les Indes les auoient remplis , & qui de là se sont répanduës par tout l'Occident. Ces peuples n'agissent que pour le corps ; ils n'ont pour employ que la guerre & le trafic , où ils donnent toutes leurs attentions sans les partager aux études, parce qu'elles ne contentent pas leur auarice. La terre y est extrémement fertile , mais deserte en beaucoup de lieux faute d'habitans ; les parfums & les drogues medicinales leur viennent de l'Arabie, les pierreries de l'Orient. Les pauures

Chrétiens qui restent là, gemissent sous vne violente tyranie, & attendent que nos armes viennent les remettre en liberté. Le monde n'a iamais rien veu de si magnifique, que la Cour du grand Seigneur ; tout son païs est seruy par des esclaues pris de toutes les Nations ; tous les ans il gagne sur nous des victoires, & se fortifie de nos dépoüilles, si la paix & l'vnion des Princes Chrétiens ne l'arréte. Entrez par la Hongrie dans les Allemagnes, vous y trouuerez des peuples assez habiles dans les arts, genereux, plus d'inclination que par habitude, depuis que de la guerre ils se sont fait vn métier pour viure, & non pas pour vaincre ou pour mourir. L'intemperance du vin abrutit là les esprits, iusques à mettre le point d'honeur en des excez de bouche, en des festins d'vn demy iour, dont l'autre partie s'employe à dormir.

Ie ne fais pas état de déduire icy les singularitez, ny les mœurs de tous les païs, on a deu les voir dans l'histoire deuant qu'être sur les lieux, pour en faire de plus diligentes informations par les conferences & les familiaritez, qu'il faut tâcher d'acquerir par quelques presens. Les Philosophes entreprirent de grands voyages pour se perfectionner dans les sciences, les politiques pour remarquer les mœurs & les loix des peuples ; le Gentil-homme ayant de l'étude s'informe de tout, des sectes & des opinions touchant les sciences, des coûtumes, des religions, de la police, de la discipline militaire; il tiendra memoire de toutes ces choses, pour en porter à loisir son iugement.

I'ay dit ailleurs que ces courses de païs en autre, ne se font pas sans peril par vne ieunesse passionée non seulement de voir, mais de goûter toutes choses, des poi-

Vaines excuses du pecheur.

fons méme qui donnent la mort,& dont il est trop tard de se repentir quand on les a pris. C'est pourquoy pour éuiter le mal que Platon auoit preueu, lors qu'il differoit si tard les voyages; il est necessaire qu'vn ieune homme y soit assisté d'vn conducteur prudent, qui sçache s'il est possible, les langues & les païs, qui luy rende tous les bons offices, que l'Ange Raphaël rendit au ieune Tobie, qui luy donne le discernement du bien & du mal, & les auis necessaires dans les diuerses rencontres. Il luy fera voir par ses propres ressentimens, que les faueurs faites aux étrangers ressemblent au secours qu'on donne dans vne extréme necessité, qui n'étant pas grand en soy, ne laisse pas d'obliger beaucoup ; que comme il conserue de l'affection pour vne ville ou vne Prouince, où il a receu quelque insigne courtoisie, que celle dont il gratifie vn étranger aura les mêmes effets, & en fera vn eternel Panegyriste de la France.

Aprés auoir couru beaucoup de Prouinces & de Royaumes, il luy fera remarquer que comme dans le traité des sciences, l'on donne premierement les diuerses opinions, soûtenuë chacune de ce qu'elle a de plus probable; & puis les ayant toutes conuaincuës d'erreur, l'on propose la verité qu'il faut tenir,& que l'on confirme par de puissantes raisons : Qu'ainsi l'on luy a fait voir tous ces païs étrangers, pour en recueillir ce qu'il y troueroit de beau, rejetter auec horreur ce qu'ils auroient de vitieux, & en suite faire plus d'estime de nôtre France, où toutes choses sont dans vne mediocrité qui est le temperament de la vertu. Or comme les quatre élemens se trouuent en la composition de chaque corps; on fait rencontre en chaque Royaume de quelques humeurs rapportantes à celles des autres païs ; vous trouuerez à la Cour des fourbes d'Italie, des Rodomons d'Espagne, des yurognes d'Allemagne, des cruels & des tyrãs de Turquie, des Iuifs, des Mahometãs, des Libertins, des Impies, des Athées ; enfin, de toutes les sortes en ce qui est des mœurs & de la Religion:Passant par les terres où ces mauuaises pratiques sont en regne, vous auez conserué vos bons sentimens, sans entreprendre de combatre ceux qu'il ne vous étoit pas possible de vaincre, & cela par vne déférence ciuile, que les lieux, les temps, les personnes vous ont rēdu necessaire. Souffrez de méme dans la conuersation les humeurs, selon qu'elles se presentent bijares, rapportantes ou contraires à la vôtre, sans auersion & sans attache. Ils sont libres dans leurs sentimens, soyez beaucoup plus ferme & tranquille dans le vôtre, pour ne vous point donner d'inquietude, des fautes & des extrauagances d'autruy, qui ne sont pas de vôtre jurisdiction. La Religion Chrétienne vous prescrit vne morale si pure, que l'on n'y peut remarquer aucun défaut ; si sublime qu'elle passe en ses pratiques toutes les belles idées de l'ancienne Philosophie ; si sainte, que iamais les hommes n'eurent des moyens si faciles, ny si efficaces de s'vnir à Dieu : ces sensibles demonstrations de ses excellences doiuent vous rēdre inuincible en vôtre foy, laissez le iugement des autres peuples à Dieu qui en est le souuerain; ous vos soins ne doiuent étre qu'à vous acquiter parfaitement de vôtre deuoir en la faction de Chrétien, où sa Prouidence vous a mis ; il n'est pas possible de satisfaire icy à toutes les difficultez, que la curiosité pourroit former sur l'extrauagance des sectes. Voyez ce que i'en ay dit en la Theologie naturelle, *tom.4.part.3.chap.23.* Ces matieres de Religion sont des labyrinthes, où les plus grands esprits se sont perdus; laissez-en la discussion aux Docteurs, & revenez aux sujets sensibles de vôtre voyage.

Certes, quand vous penserez aux ruines que vous auez veu de Bayes, de Carthage, de Troyes, d'Athénes, de Sparte, de ces villes qui furent autresfois grandes & peuplées comme Paris, & ne sont plus à céte heure que des villages; vous confesserez la vanité des choses du monde, que les Etats comme les personnes, ont leurs âges de croissance, de déchet, de mort. Tout passe, tout perit; vous quitez les choses ou elles vous quitent, bientôt vous & elles ne serez plus; toute nôtre vie n'est qu'vn voyage continuel, qui à plein voile, méme en dormant & sans y penser, nous méne à nôtre fin: Il faut donc voir toutes ces choses mortelles comme en passant, comme étrangeres de nous, sans attache; & puis qu'elles

les ne consistent qu'en apparence, il faut que nos desirs ayent vn objet plus solide, qu'ils tendent à la vertu, qui seule rend l'homme immortel.

CHAPITRE XIX.

Le retour en la maison paternelle.

VN vaisseau qui reuient des longues routes, & qui aprés s'être sauué de mille perils, se void à la veuë du port, annonce du plus loin qu'il peut ses ioyes par la bouche des Canons, & par l'éclat des Trompetes, en attendant que les personnes soient en presence de leurs amis, pour mieux s'expliquer par les paroles, les embrassades & les entretiens. Les allegresses redoublent quand on void les fruits du voyage; par les magazins remplis de rares & precieuses marchandises, dont vne premiere idée fait monter le prix beaucoup au de là de ce qu'on esperoit de profit. Sans doute les lettres auront de suite porté les nouuelles du retour de ce cher enfant, de ses gîtes, de ses approches, iusques à marquer le iour de son arriuée, qui étoit capable de causer la mort à la mere par vn excez de ioye, & par vn épanchement que le cœur eût fait de tous ses esprits en vne surprise, si le temps n'eût donné de l'étenduë à cette effusion amoureuse, pour en temperer la violence. Enfin, cette mere passionée tient son fils, le baise, le caresse, plaint ses fatigues, preuient ses desirs & ses demandes, par tout ce qu'elle peut s'imaginer de commoditez, & par le seruice de tout ce qu'il y a de personnes en la maison. Aprés que les premiers iours se sont passez en ces réjoüissances sensibles, à receuoir les homages des domestiques, les visites des voisins, le pere prend l'occasion de faire les premieres tentatiues de l'esprit, sur des choses qu'il témoigne ne pas bien sçauoir, & dont il seroit bien aise d'étre éclaircy : si les réponses sont nettes, iudicieuses, pertinentes; si son discours fait vne naïue description, des lieux, des personnes, des ëuenemens, il iuge de là des profits qu'il a fait en son voyage, & en reçoit incomparablement plus de satisfaction, que les marchands n'en ont de la plus heureuse & plus riche flote.

Les entretiens ordinaires le confirment dans ses premiers sentimens, qui nourrissent ses esperances, qui le produisent sans crainte dans les belles compagnies, dont l'estime sert de preparatif & de fondement, pour bien-tôt le mettre dans le grand monde. Les études luy ont donné les ouuertures pour tirer profit de ses voyages, & les voyages l'ont affranchy des habitudes d'vn petit païs, qui ne sont pas toûjours les plus auantageuses, pour prendre celles d'vne bien-seance generale auec tous les hommes, libre, adroite, prudente, capable d'en acquerir l'amitié, sans trop y engager ses interests. Elle s'acquiert par l'honnéte conuersation qu'il faut auoir auec toutes les personnes illustres courant les Prouinces, toûjours auec des agréemens mélez de majesté qui les tiennent dans le respect, & qui fassent considerer ce voyageur auantagé de qualitez plus éminentes qu'il n'a par effet. Vn Gentilhomme passe pour Seigneur, vn Seigneur pour Prince dans vne terre étrangere ; de sorte qu'aprés auoir fait long temps ce personage, il en reste dans l'esprit certaines idées de grandeur qui l'empéchent de s'abaisser aux choses communes. Peut-étre que l'influence de tous les meridiens, de tous les Anges tutelaires des Prouinces que l'on passe, cause vn changement auantageux à la constitution naturelle, & y impriment d'aussi bonnes qualitez qu'en prennent les eaux, quand elles coulent par des mines d'or. Il est certain que la maison paternelle si belle & si spacieuse qu'elle soit, paroît petite à des yeux qui ont veu tant de magnificences en diuers Royaumes, les Cours de tant de Princes, qui ont visité les plus celebres parties du monde, le reste en esprit par le rapport des histoires. Ce que l'on tire de ces spectacles, c'est de ne plus rien admirer, de ne plus voir aucunes excellences, que d'autres dont on a l'idée n'égalent ou ne surpassent.

Enfin, aprés auoir couru la mer & la terre, il faut reuenir chez soy, par cète circulation naturelle, qui reporte toutes choses à leurs commencemens & à leurs principes, les planetes au point où ils ont commencé leurs mouuemens; les parties élementaires à leurs propres corps, en la dissolution des mixtes ; les vapeurs originaires de la terre y refondent en pluyes ; les plantes seichent & se transforment en graines semblables à celle qui les a produites. Ce retour de toutes choses à leurs principes est commun, neanmoins en differentes manieres : Car les Cieux acheuent leurs periodes & ferment leurs cercles, sans déchet ny acroissement de leurs qualitez ; les especes inferieures s'entretiennent, leurs indiuidus finissent par des corruptions qui seruent à de nouuelles naissances ; mais les eaux ont cela de particulier, qu'étant venuës de la mer par des écoulemens insensibles, les fontaines, les riuieres, les torrens s'amassent en de grands fleuues, pour s'y venir rendre auec beaucoup de bruit & plus d'apareil. Vlisse voyagea de méme chez tous les peuples, pour en recueillir d'insignes profits ; & aprés s'étre fait vn miel de leur plus fine sagesse, il reuint en Grece dont il fut l'oracle par vne merueilleuse prudence, qui fut iugée plus auantageuse à l'Etat, méme dans l'armée, qu'vne vaillance guerriere. On s'est promis qu'vn Gentil-homme tireroit les mémes adresses, les mémes forces de ses voyages, qu'il ne reuiendroit à la maison paternelle que chargé de ces dépoüilles precieuses & innocentes, qu'on peut emporter sur ses ennemis sans combat, sur ses alliez en les obligeant, puisque ce sont des lumieres qui se multiplient, plus elles se communiquent. Mais crainte qu'elles ne s'éteignent, il faut euiter quelques fâcheuses rencontres, que ie déduis en peu de paroles.

CHAPITRE XX.

La retenuë & la modestie dans les entretiens.

Tant que les voyages continuënt, l'esprit donne toutes ses attentions, à préuoir les chemins & les éuenemens; en suite à receuoir les especes des choses presentes, toûjours autres qu'on ne se les étoit figurées, de sorte qu'il se void agréablement trompé par des nouueautez qui donnent plus d'étenduë à ses connoissances. Elles sont lors toutes attachées à des choses singulieres, sans étre ny generales ny completes, que quand ce Gentil-homme est de retour en sa maison, où l'esprit plus recueilly void toutes ses courses en repos, & de ses fatigues passées, de ses mauuaises rencontres en fait ses plaisirs, & le sujet ordinaire de ses plus doux entretiens. Cela nourrit ses pensées : mais quand la curiosité des autres y veut prendre part, quand vne belle compagnie le presse par ses questions, & qu'elle se rend attentiue à ses paroles comme à des oracles pour en receuoir l'éclaircissement ; c'est lors que son esprit se rend les choses passées comme presentes, qu'il aime, qu'il craint, qu'il espere, qu'il ioüit de méme que s'il étoit actuellement dans ces rencontres, pour en faire de plus naïues expressions.

D'abord, & dans les premiers iours où l'esprit de nôtre voyageur tout plein de douces pensées, comme le sein d'vne nourrice de lait, veut les répandre pour s'en soulager, & que l'auidité des assistans est passionée de les receuoir, les heures se passent auec plaisir en ces entretiens, qu'il ne luy est pas possible de refuser sans estre inciuil. Mais enfin il y faut mettre des bornes : car les redites de méme chose, seroient également importunes à celuy qui parle & à la compagnie; elles sont méme ridicules, quand vn railleur les preuient, & dit asseurément, sans étre deuin, ce qui se va dire. Ce sont de fâcheuses rencontres qu'vn bon esprit, quoy que pressé de demandes esquiuera par adresse, par vne diuersion prompte & surprenante de discours, qui attache les curiositez à d'autres sujets presens, plausibles, & qui mettent quelqu'vn de la compagnie dans l'interêt de les poursuiure.

Dans le recit de quelque celebre action où l'on s'est trouué, si l'on n'y prend garde, l'amour & l'estime que la nature nous imprime de nous-méme, nous arréte sans y penser sur des particularitez qui tournent à nôtre loüange, que l'enuie ne manque pas de recueillir auec vne secrete indignation, pour s'en faire vn grand sujet de reproche auprés de ceux qu'elle trouuera dans ses sentimens. Quelque adresse que l'on apporte, à faire couler dans le discours quelques paroles qui nous donnent en apparence de l'estime ; elles nous l'ôtent par cette passion qu'ont tous les hommes, d'abatre ce qui s'éleue au-dessus d'eux, pour les reduire à l'égalité de la nature. La loüange que l'on se donne, est toûjours de mauuaise grace en sa propre bouche, on rit d'vne naïue simplicité, qui tombe sans y penser dans céte notable indiscretion ; on s'irrite d'vn artifice qui la déguise, & l'on prend plaisir de luy fournir de matiere, où il se montre plus à découuert.

Chacun se sent interieurement taché de mille défauts, & ne peut se persuader que sa conduite, ses paroles & ses actions n'en donnent quelque témoignage : quand donc au lieu de reproches on luy donne des loüanges, il les prend pour des ironies qui le font rougir, comme s'il falloit prendre ces paroles à contrefens. Si donc on a peine de fupporter les loüanges, quand elles nous font données par vne autre bouche; comment les prononcer par la nôtre propre ? hé comment n'être point honteux en cette rencontre, à moins de ne l'être pas ? La modeftie des paroles éloignées de fa propre recommandation, eft donc vne habitude qu'il faut prendre dans la maifon, deuant que fe produire dans le grand monde, s'y affermir par des reflexions continuelles fur foy-même, & par les bons auis d'vn amy; car elle gagne autant de bienveillance & de refpect, que la vanité reçoit de mépris & d'auerfions. Les étoiles ne jettent guere la nuit, qu'autant de lumiere qu'il en faut pour les voir feules : mais le Soleil fait vn grand iour qui découure les figures, les couleurs, les beautez de toutes choses, ne pouuant nous éclairer & se couurir, au moins il se tient caché par l'excez de ses rayons insuportables à nôtre veuë, afin qu'elle s'en détourne, & qu'elle contemple la perfection des autres objets. Vn homme d'vn cœur genereux contraint à faire le recit d'vne entreprise qu'il a conduit heureusement, comme de la prise d'vne ville, ne dira rien de luy-même, mais donnera ce que meritent d'honneur & de loüange, ceux qui se sont signalez en cette action : Ainsi Cesar écriuit luy-même les Commentaires de la guerre qu'il fit en France, où il décrit simplement les resolutions de son conseil, les combats de son armée, & laisse les recommandations particulieres de sa persone aux orateurs de son siecle. Alexãdre étoit ordinairemẽt d'vne agréable & douce conuersation, & iamais il ne s'emportoit à l'insolence des paroles & des vanteries, que quand sa raison étoit noyée dans le vin. Les fleuues dont la profondeur est grande, ont vn cours beaucoup plus égal & plus tranquille que les torrens; les faucons volent auec moins de bruit, que les mouches extrémement foibles, & d'vn bourdonement fort importun pour se faire craindre. Les Sages donnent ce precepte de faire toûjours plus que l'on ne dit, se porter genereusement aux grandes choses, sans les promettre ny les publier; trouuer chez soy & dans les applaudissemens de sa conscience, la satisfaction de ses merites, quand le monde n'auroit point d'yeux pour les voir, ny d'oreilles pour les entendre.

Ce n'est pas que l'on ne se doiue à soy-même la iustice que l'on rend aux autres; & qu'en plusieurs rencontres l'on ne soit tenu de dire du bien de soy-même, & de mettre au iour des vertus qu'en autre temps on tenoit cachées;

comme pour se défendre de la ca- *Plut.l.de* lomnie, répondre en iugement à *laude sui* vne fausse accusation, qu'on ne *uidiam.* peut conuaincre que par le recit de ce qu'on a fait de bien; s'il faut representer ses seruices pour en receuoir quelques recompenses ; s'il faut mettre en estime la main qui combat l'erreur, qui luy arrache le masque, qui en découure tous les prestiges ; enfin, quand il faut donner plus de créance à ses paroles, pour l'instruction & l'amendement des autres. Ce fut pour cela qu'Auguste fit marquer à la fin de son testament les plus celebres actions de sa vie, afin qu'elles fussent grauées sur les colomnes, qui seroient mises pour l'ornement de son sepulcre : L'Empereur Adrian composa luy-même vn liure de sa conduite, quoy qu'il parût sous le nom de l'vn de ses Secretaires : Les Empereurs Seuerus, & Antoninus firent le même sous leur propre nom, sans crainte que l'interest de leurs personnes, affoiblit des veritez qui auoient autant de témoins, que la République auoit de sujets, ils voulurent viure aprés leur mort, pour l'instruction de ceux qui tiendroient le gouuernement : Hors ces cas & autres semblables, la modestie sera toûjours estimée, & incomparablement mieux receuë que la vanité de ceux qui parlent toûjours à leur auantage, parce que leur conduite precedente n'a pas donné sujet à la renomée d'en parler.

CHAPITRE XXI.

Euiter deux mauuaises habitudes dans la conuerfation.

LEs vaiſſeaux reuiennent au port, aprés auoir fait de longues courſes, afin de reparer les ruines qu'ils ont ſouffert, & prendre de nouuelles forces pour de plus grandes entrepriſes : C'eſt ainſi que ce ieune Gentil-homme aprés ſes études, ſon academie, ſes voyages, reuient à la maiſon paternelle, non pas pour y établir encore ſa demeure ; mais afin que dans ce repos, vne ſerieuſe reflexion remarque les bonnes qualitez qui luy manquent, tout reſolu de les acquerir, comme le plus beau de l'équipage qu'il fait pour aller en Cour. Il la doit conſiderer comme vne magnifique aſſemblée des plus beaux eſprits, des meilleurs courages, des personnes plus accomplies en ce qui peut faire vn honête homme; enfin, des illuftres de toute la France : c'eft fon ciel, c'eft le lieu de fa beatitude temporelle, qui ne fouffre point d'imperfections, & dont il faut s'épurer comme dans vn purgatoire deuant qu'y être receu.

La premiere mauuaife habitude qu'on prend quelquefois dans vne conuerfation familiere, c'eft le menfonge, où l'on fe forme fans y penfer, en imitant ceux qui s'en feruent par galenterie pour donner des abfurditez à croire, & pafler ainfi pour plus intelligent que le commun. On rit de ces petites impoftures, les artifices dont on les déguife, les belles couleurs dont on les couure, les rendent agréables, on les confidere comme des inuentions d'efprit qui meritent bien d'être en eftime & pratiquées. Ce jeu des chofes indifferentes paffe iufques aux ferieufes;

& depuis que deux ou trois remarquables dans vne famille, s'en donnent & reçoiuent des applaudissemens, les autres s'en font bien-tôt vne coûtume. Elle est de soy tres-mauuaise ; car selon saint Augustin, le mensonge est vn peché contre la nature, qui nous a donné la parole pour expliquer nos pensées : & contre le droit des gens, parce que les peuples sont conuenus, que ces signes en seroient les fideles truchemens, qu'on leur donneroit autant de créance qu'à nos mutuelles volontez, si elles étoient deuenuës sensibles. Si vous ôtez la certitude de ce moyen, il n'y a plus de commerce, de contracts, de paix, d'alliance, de societé ciuile : & puisque c'est vn mal, ce grand Docteur conclud, qu'on ne peut pas s'en seruir, même pour faire vn bien; non plus que de dérober, pour faire l'aumône. Les yeux ne trompent pas les piés, dit saint Chryfoſtome, iuſques à leur faire prendre le precipice pour vn chemin; la langue ne trompe pas l'eſtomach, quand elle fait l'eſſay des viandes qu'elle luy enuoye: pourquoy tromper ſon prochain, quand on lui donne le noir pour le blanc, le faux pour le vray? les fauſſetez ſont-elles moins criminelles dans les paroles que dans les contracts, qui ne ſont que les copies des paroles?

Si vous dites le menſonge à deſſein de ſurprendre vn autre, & d'en tirer quelque profit, c'eſt vne perfide malignité dont les marchands ſont ordinairement ſuſpects, & c'eſt ce qui les exclud des belles charges. Feindre & mentir, c'eſt le vice d'vne ame lâche, ſeruile, craintiue, qui ſe tient cachée pour n'être point découuerte, parce qu'elle n'a comme les petites bêtes impuiſſantes, que les ruzes & les cauernes au lieu de forces. Les femmes vſurperoient l'empire sur les hommes, si les affaires se terminoient par les adresses & les faussetez. Le mensonge est donc vn vice directement contraire à la generosité d'vn Gentil-homme, qui doit en tout paroître franc, libre, sans crainte, sans reproches: titres que le braue Cheualier de Grillon auoit coûtume de prendre. Aussi entre les priuileges de la noblesse que i'ay rapporté, l'vn des principaux est, qu'on donne plus de créance à la parole d'vn Gentil-homme, qu'à celle des autres, & que le témoignage de deux Gentils-hommes l'emporte sur yne multitude populaire.

Chassan: cath.glor mundi. pa.8.cōs. 34.

Platon disoit d'vn oracle, si c'est Dieu qui parle, il ne peut mentir; s'il ment, il n'est pas Dieu : Nous pouuons dire le méme d'vn Gentil-homme, qu'il prend iniustement cette qualité, s'il n'est veritable en ses paroles : en effet, on ne peut le plus offenser, que de luy dire qu'il a menty ; c'est vne iniure si grande à l'honneur, que pour la venger, les moins sensibles, les moins resolus se croyent obligez à se batre. Si ce reproche vous est si honteux, gardez-vous bien de le verifier par vôtre conduite; de vous noircir vous-même d'vn vice, dont vous ne sçauriez endurer le blâme, ny qu'on vous reprenne d'vne action, dont cependant vous ne craignez point de prendre les habitudes. Le Prophete dit, que le mensonge est vne iniustice équitable, en ce qu'entre tous il trompe le premier celuy qui l'employe, il le tuë de son venin, sous l'esperance de quelque petit profit, il le perd de reputation & le décrie comme vne fausse monoye : car ce qui se passe est éclairé de tant d'yeux, la renomée le publie par tant de bouches, elles sont entenduës par tant d'oreilles, que les faussetez ne sont pas long-temps sans se découurir, & sans qu'vne auersion generale tombe sur les

Mentita est iniquitas sibi.

têtes qui les ont produites. Comme les faussaires publics ne sont plus receus en témoignage ; les menteurs vne ou deux fois recon‑nus, n'ont plus de creance dans les compagnies; les veritez même auec tout ce qu'elles ont de preu‑ues, deuiennent suspectes en leur bouche. Cette tache est la plus honteuse, la plus infame qui puisse salir la reputation d'vn Gentil‑homme, & dont il se doit garder sur toutes les autres, s'il a quelque sentiment d'honeur. Ce n'est pas qu'il faille auoir toutes ses pen‑sées, ny toutes ses affections sur les levres : la prudence donne les regles de suspendre son iugement dans les diuerses rencontres, à ia‑mais ne rien auancer qui laisse les moindres ombrages contraires à l'estime & aux interests des au‑tres.

La seconde mauuaise habitude, dont vn Gentil-homme se doit re‑ligieusement défendre, c'est le iu‑

rement, dont autrefois on a fait vn ornement de langage : Enfin, aujourd'huy les chartiers, les portefais, les bateliers, se sont rendu ce vice si commun entr'eux, qu'vn honéte homme le fuit maintenant, & s'en abstient, quand ce ne seroit que par honte de leur ressembler. Il ne s'y emporte ordinairement que dans vne disgrace, du jeu, dans les premiers mouuemens de la colere : lors il faut qu'il se confesse priué de raison, quand ce transport furieux, cette impatience phrenetique, pour se venger des hommes, oze s'attaquer à Dieu. La Cour a veu cette mode de tirer raison des iniures auec froideur, pour montrer qu'on s'y portoit sans passion & par iugement : c'étoit faire vne vanité de son crime, se precipiter auec allegresse & de bonne grace, se couroner de fleurs à l'heure qu'on va s'immoler à l'Idole d'vn faux honneur. Si ces Messieurs font état d'auoir l'esprit fort,

fort, iusques à se porter de sang froid à vne action de telle importance, où il s'agit de la vie du corps & de l'ame, de contreuenir aux loix diuines & humaines, de Dieu & du Roy : comment sont-ils si foibles, qu'au moindre sujet de déplaisir, ils entrent dans vne impatience qu'ils accompagnent de juremens ? Au moins ayez quelque respect pour la Majesté de Dieu ; & si vous étes negligens à son seruice, n'en soyez pas deserteurs comme les Demons, & ne l'offensez pas comme eux par le blasphéme. Il vous commande de bien ménager le temps & les biens dont il vous donne la ioüissance, pour acquerir des merites qui vous soient des thresors au Ciel; cependant vous faites au jeu des profusions du temps & des biens, & vous voudriez que Dieu vous aydât en cela méme qu'il vous défend, qu'il fût contraire à vôtre salut & à la verité de sa parole ; s'il ne le fait,

L

& s'il ne vous rend heureux, vous voila dans le blasphéme ; & s'il vous étoit possible, vous luy arracheriez le sceptre des mains: pourroit-on s'imaginer que la passion d'vn homme allât iusques à céte furieuse & sacrilege extrauagance? Hé pourquoy les loix n'ont-elles pas de plus grandes seueritez pour exterminer ces abominables d'où naît l'impieté, & puis la ruine des Etats? En d'autres sujets de mécontentement, que par exemple on a receu d'vn valet, vsez s'il le faut de quelques menasses ; mais que vôtre colere n'aille pas iusques aux juremens qui sont des pechez, parce qu'ils prennent en vain le saint Nom de Dieu: sans doute vne ame est déja malade & bien blessée, qui crie, & qui s'emporte à cét excez pour si peu de chose. Ces sensibles déplaisirs sont les marques de nos infirmitez, qui nous auertissent de nous humilier sous la main toute-puissante de Dieu, &

d'auoir des pensées plûtôt de douceur & de misericorde que de vengeance.

CHAPITRE XXII.

Se former auec beaucoup de soin au secret.

DE tous les arts celuy de la vie qui fait état de la rendre heureuse par vne conduite reguliere, me semble le plus difficile, parce qu'il demande vn double trauail, pour apprendre & desapprendre beaucoup de choses. Il faut desaprendre les délicatesses, les libertez, les passions où la nature nous porte, & où l'on nous a nourry dés le premier âge pour soulager nos foiblesses: Il faut apprendre les vertus qui tiennent les sens en sujetion, qui donnent plus à l'esprit qu'au corps; & aprés nous estre instruis durant l'enfance & dans les écoles à parler, se faire vne leçon pour toute la vie, des sujets où il se faut taire.

La Prouidence diuine a disposé de sorte les parties de nôtre corps d'où dépend la vie, qu'on ne les peut voir: Nos desirs, nos conseils, nos volontez, ces causes de nos actions sont pareillement inuisibles, & ne se conseruent toutes leurs forces, que quand le secret les tient cachées iusques au terme où elles produisent leur effet. Le secret est proprement l'ame des affaires, le thresor des expediens, le fort de la sagesse, où elle se tient en asseurance, où elle s'épreuue, s'exerce, se munit, iusques à ce que les occasions se presentent assez fauorables pour y reüssir.

Il est vray, c'est vne marque de foiblesse & de défiance ; mais elle est si commune, méme si necessaire à tous les hommes, que la nature & les interéts en essuyent la honte ; & que les personnes d'vn état moyen, ne doiuent pas craindre céte conduite comme vn reproche, puisque les Princes en font le fondement de leurs conseils, & qu'ils y trouuent plus que tous les autres, leurs seuretez & leurs auantages. Qui garde ses desseins sous le secret, les adoucit, les tempere, les étend, les change, selon la diuersité des lumieres & des occasions, sans craindre les reproches de l'inconstance, parce que toutes ces alterations se tiennent cachées, sous vn visage toûjours le méme. Soit que vous prétendiez emporter vn auantage sur vos concourans, les tenebres, les chemins couuerts, sur tout le silence, & les pratiques secretes vous y seront fauorables : soit que vous défendiez vôtre droit, il vous est tres-important que vos ennemis n'y ayent point d'entrée; car ils remarqueront vôtre foible pour vous y donner l'attaque, & tâcheront de diuertir, ce que vous esperez de secours, deuant qu'il vous vienne.

Si donc ce Gentil-homme fait état de se produire à la Cour, qu'il découure deuant Dieu les plus intimes mouuemens de son ame; mais qu'il n'ayt pour les hommes, que du secret, qu'il en cueille les premiers fruits, & qu'il fasse état de le garder inuiolablement en toute la conduite de sa vie. Il ne dira point le temps prefix de son départ, les Princes ny les Seigneurs dont il se promet la faueur, crainte que l'enuie ou la médisance ne la preuienne par quelques mauuaises pratiques. Il ne fera paroître qu'vne curiosité commune, de voir ce qui attire les yeux de toute la France, sans particulariser ce dont ses ennemis pourroient prendre quelque auantage. Prenez l'habitude d'vne naïue simplicité, qui dit les choses sans fard, sans affectation, sans les artifices qui les exagerent ou qui les déguisent, de sorte que vous passiez toûjours pour veritable, lors même qu'il y va de vos interêts. Céte candeur est la plus belle couuerture du secret, elle ne permet pas qu'on l'offense du moindre soupçon, & de loin elle rebute les trop grandes curiositez, dont vôtre esprit pourroit étre sollicité : sur tout prenez garde qu'au recit de vos actions, vous ne parliez iamais d'aucune qui ayt tenu vos desseins cachez, & trompé l'attente d'vne autre; car céte remarque curieusement recueillie vous fera paroître sujet à ces éclypses, & vous ôtera l'estime de l'integrité dont vous auiez la reputation.

Vous verrez des confidens passionez, qui viendront vous découurir en apparence le fond de leur ame, les intimes difficultez de leurs affaires, vous en demanderont les auis, les adresses, les expediens; & si vous n'estes bien sur vos gardes, en receuant leur secret vous communiquerez le vôtre, par vne courtoisie mutuelle, & par des attraits dont il est difficile de se défendre. Le plus seur est de ne point mordre à céte amorce, de se tirer autant qu'il se peut de ces trop grandes familiaritez, pour ne point tomber dans la crainte, ny vous mettre à la discretion d'vn autre, quand il sçaura vôtre secret, & que vous aurez perdu ce que vôtre liberté auoit de plus precieux.

Arist. 7. poli.c,11. Anciennement on bâtissoit les maisons, de sorte qu'elles auoient certains détours, & demy-labyrinthes inconnus méme aux domestiques, & dõt le maître seul auoit le secret de se déméler. Les veuës que le voisin a sur nous, sont des seruitudes fort incommodes: Chacun veut être particulier, comme la nature l'a produit; dans les plus étroites amitiez, méme dans les mariages qui de deux personnes n'en font qu'vne, on ne dit pas toutes ses pensées, par respect, par affection, & de crainte qu'elles ne soient pas toutes dans les integritez & les dernieres confiances d'vn pur amour: enfin, comme chacun a son être déterminé par des conditions singulieres, il a des idées & des sentimens incommunicables.

Quintil. decl. vlt.

On se façonne au secret & on en fait les exercices, quand on prend la resolution de ne iamais rapporter ce qu'on vous a dit en confiance, quoy que la chose soit legere, non pas même ce qui s'est dit en compagnie: comme vous n'en êtes pas l'autheur, n'en soyez pas le témoin: pourquoy seruir d'écho, à des paroles peut-être offençantes la reputation d'vn autre ? vous multipliez vn mauuais bruit qu'il falloit éteindre : vous serez cité au desauantage de deux, & de celuy qui le premier a fait le discours, dont peut-être il a du regret, & de celuy qui en est blessé : vous re-

L v

nouuellez leurs playes, & vous vous les rendez ennemis; le silence vous met à couuert de ces intrigues fâcheuses & importunes, où ce rapport indiscret vous engage: Quand méme vous seriez prié d'en dire vos sentimens, rompez ce coup par adresse, par vne agréable diuersion de discours, par vne brusque & surprenante saillie qui vous oblige à sortir, enfin, par quelque geste de téte ou de main, qui montre que céte enquête vous fait violence.

Ces exercices qu'on fait chez soy du silence, sont des pratiques absolument necessaires à vn Gentil-homme qui vient à la Cour, & se donne au seruice de quelque Seigneur, comme domestique ou familier. C'est de ses paroles, de ses entretiens, qu'il iugera de son esprit, s'il y remarque de la modestie, de la retenuë, vne discretion toûjours dans le respect, sans rien qui flate ou qui blesse, s'il suspend au lieu de precipiter ses sentimens: c'est de là qu'il le croyt capable d'vn plus grand employ, dans les plus importantes de ses affaires. Qu'il n'ayt neanmoins, & qu'il ne témoigne aucun desir d'auoir l'entrée du cabinet, ny dans le secret des affaires. C'est au Prince à vous confier ses interéts, non pas à vous d'y porter les yeux ny les mains par des recherches trop curieuses, qui le mettent à vôtre discretion. Il a sujet de craindre vne audace qui peut auoir de mauuais desseins, & qui ne se jette pas dans ce peril sans esperance: Il y a des Princes, qui pour n'auoir aucuns ombrages ne disent jamais leur secret, comme Metellus interrogé quand il donneroit bataille: Ie brûlerois, dit-il, ma chemise, si ie sçauois qu'elle le put dire : cela signifie que de ses plus proches, il n'en vouloit pas faire ses confidens. Loüis onziéme étant à la chasse fut acosté de l'vn de sa Cour,

Dupl. a 1.
1483.

L vj

qui prit sujet de loüer excessiuement son chéual, comme le plus fort du Royaume : Il est bon, luy dit le Roy, mais il n'a pas ce que vous luy donnez de force; Sire, répond le Gentil-homme, il faut qu'il soit bien fort, puis qu'il vous porte & auec vous tout vôtre conseil : Tous les Princes ne sont pas dans ce sentiment, quelques-vns estiment auec raison, que plusieurs lumieres font vn plus grand iour, & que sans les multiplier beaucoup, deux bons esprits se donnent de l'éclaircissement dans la conference.

Ces considerations obligent à ne se pas jetter de soy-méme dans le secret des puissances, quand il ne seroit qu'entre deux personnes, dont chacune aportera toutes les circonspections necessaires pour le couurir; il peut étre éuenté par mille accidens, par des coniectures à qui le maître aura peut-être donné quelque sujet; le hazart peut conduire les desseins de vôtre ennemy, aussi iuste que s'il eût eu céte connoissance : en ces fâcheuses rencontres, si la fidelité d'vn Secretaire n'est condamnée, au moins on la tient suspecte; on croit ayſément que ce qui s'est fait autresfois se peut faire, que l'infidelité d'vn domestique peut perdre son maître: céte generale presomption enueloppe l'innocent auec le coupable, & vne puiſſance preoccupée souuent n'attend pas à se venger par les formalitez de la iustice.

Ce secret si perilleux & d'vne garde si difficile, n'eſt donc pas vne chose à souhaiter : mais enfin, quand vn Gentil-homme se trouue engagé par les affections d'vn maître, qui connoît & qui recompense ses merites ; il n'eſt plus temps de reculer, quand ses oreilles ont entendu tous les myſteres d'vn cœur, qui cherche en luy seul du soulagemēt. Apres toutes les pro testatiōs possibles devôtre affectiō & de vôtre fidelité iusques à la mort, que les témoignages de sa part & de la vôtre ne s'en rēdent pas si sensibles, ses caresses seront plus rares, vos respects plus humbles, vos familiaritez auec les autres en apparence plus libres, & d'vn esprit qui ne semble ny las, ny pesant, comme chargé d'vn secret. Vne retraite plus sombre & plus affectée, attireroit la curiosité de sonder vôtre interieur par des demandes importunes, comme vn coffre fort fait croire au voleur qu'il enferme beaucoup de richesses, & luy donne sujet de le rompre. Paracelse dit, que les demons gardent les thresors, & que pour en détourner les hommes qui s'en approchent, ils les épouuantent par des spectres & des bruits confus, qu'en cela méme ils découurent ce qu'ils auoient besoin de cacher. Rendez le change à ces ennemis couuerts, & comme

De Philosophia occulta.

ils tâchent de vous conduire à leurs fins, de deuiner vos pensées par tous les accens de vôtre voix, & les changemens de vôtre visage; vous auez beau jeu de les écarter tant qu'il vous plaira, quand ils vous croyent dans vn chemin qu'ils doiuent suiure. Soyez maître de vôtre langue, auec froideur & sans passion qui jette aucuns signes de ses mouuemens, vous êtes certain que les hommes ny les demons ne peuuent connoitre vos pensées : c'est vne merueilleuse liberté, dont on ne connoît pas assez le prix ; c'est vne force, vne indépendance souueraine qui tient son thresor caché, sans que toutes les puissances du monde & de l'enfer soient capables de le rauir : car de le jetter soy-même dehors en prise de ses ennemis, c'est de toutes les foiblesses, la plus lâche & la plus honteuse. Les Perses étoient inuincibles en ce point, ny la crainte ny l'esperance, ny les

Q Curtius l. 4.

tourmens ne faisoient aucune impression sur leurs courages, pour les contraindre de dire, ce qu'ils étoient obligez de taire pour le seruice du Roy. Prenez les mémes resolutions pour le Prince qui vous honore de son amitié; les longues experiences qu'il aura fait de la vôtre & de vos fidelitez, luy en donneront vne telle certitude, qu'il aura plus de créance en vous qu'en luy-méme, que vôtre secret sera le sceau de sa fortune & de la vôtre, que Dieu seul pourra leuer.

CHAPITRE XXIII.

Euiter l'oyfiueté.

DE toutes les loix de la nature la plus ordinaire, comme la plus équitable, est celle qui soulage le mouuement des choses inferieures par le repos, & qui nous le rend même necessaire, si quelque ardeur inconsiderée vouloit s'en passer. Quelque passion qu'on ayt de continuer le trauail, les esprits s'épuisent, les forces s'abatent ; de sorte qu'on est contraint de l'interrompre par des interualles, & par des pauses où l'on prend haleine. La nuit est faite pour arréter les fatigues de la iournée, elle ensevelit tous les objets dans les tenebres, afin que les yeux ne les pouuant découurir, les puissances ne s'y portent pas, & qu'elles ayent sujet de se refaire en cessant d'agir. L'hyuer agite les mers, gâte les chemins, rend l'air insupportable, les nuits plus longues pour arrêter les hommes en leur maison, & dans ce repos, dans les douceurs d'vne famille, donner quelque tréue au trauail des champs, de la guerre, des nauigations. Personne ne trouuera donc étrange, que nôtre ieune Gentil-homme au retour de ses voyages, ne se rende à la maison paternelle, & qu'il y goûte quelques délices, aprés ce qu'il a souffert d'incommoditez.

Le bon-heur de son arriuée & la rencontre des personnes qui luy étoient les plus cheres au monde, meritent bien ce qu'il reçoit de caresses, de bonne chere & de traitemens fauorables ; mais qu'il ne nous fasse pas passer ses longs voyages seulemēt pour de penibles emplois, puisque par effet ils n'ont été que pour la satisfaction de son esprit, par de cōtinuelles diuersitez toûjours agreables & si rauissantes, que le ressouuenir sera l'vn des plus doux entretiens de toute la vie. Ce plaisir est donc vn payement par auance qu'il faut acquiter, par tous les exercices qui peuuent former vn honête homme, par des soins & des diligences toutes dans l'action, sans perdre la moindre partie du temps en l'oysiueté. On a peine, & faut de grands frais pour r'allumer vne fournaise où l'on fait le verre, quand elle est éteinte : Les operations de Chymie deuiennent inutiles si elles sont interrompuës, & si le feu qu'on leur donne n'est continu. Celuy des courages se passe de méme, si l'on ne l'entretient toûjours dans sa vigueur, & les exercices d'adresses, soit du corps, soit de l'esprit, souffrent de notables déchets, depuis qu'on les abandonne pour se donner au repos. Il faut craindre que vos voyages n'ayent affoibly les habitudes que vous auiez prises dans l'Academie : c'est pourquoy, si vous les auez autrefois tenuës bien cheres, comme tres-importantes à la seureté de vôtre personne, à l'établissement de vôtre fortune & de vôtre gloire ; prenez l'occasion de vous y remettre, & de les embrasser auec plus d'ardeur aprés vne longue absence : Qui empêche que vous ne fassiez des armes, que vous ne dressiez vn ieune cheual, que vous n'agissiez en maître, & ne fassiez tous les deuoirs d'vn bon Ecuyer ?

Representez-vous que tous vos exercices precedens ne sont que des preparatifs aux grandes actions d'vn Gentil-homme, que cét interualle que vous auez de repos, n'est que pour recueillir en peu de temps vos forces & vos ardeurs, comme pendant l'alte qu'on fait deuant que donner combat. Ne vous laissez donc pas abatre dans l'oysiueté, qui ne se contente pas de ne pas faire le bien, mais qui fait le mal, qui est vne source mal-heureuse de tous les vices, & qui imprime la vie de ce qu'on y doit craindre de plus criminelles inclinations. En cét âge où le sang bout dans les veines, l'amour s'empare ayſément du cœur & de l'eſprit, s'il ne les trouue occupez par d'autres plus dignes objets, par les ſentimens & les recherches paſſionées de l'honneur : L'amour eſt l'employ de ceux qui n'en ont point, c'eſt proprement la rouille des ames, qui leur ôte auec l'éclat, la capacité qu'elles auoient pour les grandes choſes : L'amour deshonéte, diſent les Platoniciens, eſt la cheute & la retrogradation de celuy que nous auons naturellement pour l'excellence ; chacune de ces deux paſſions a ſon propre mouuement, l'vne pointe vers le Ciel, l'autre tend en bas, brutale, eſclaue des ſens & de la matiere, d'autant plus prompte à tomber, dit saint Ierôme, que les sujets en sont plus vils & plus raualez ; il ne faut que des seruantes ou des païsanes, pour corrompre l'integrité d'vn ieune courage, & d'vn Gentil-homme en faire vn villageois.

La chasse est le grand remede, dont les Princes se sont de tout temps seruy, pour se garentir de l'oysiueté, & des effets mal-heureux qui en peuuent naître. Le grand Cyrus la consideroit comme vn exercice de guerre, où il faut des forces, de l'adresse & du courage pour supporter les fatigues du cheual, les iniures des saisons, la faim, la soif, & qui n'est pans sans peril, contre les ours & les sangliers. Pompée fit premierement la guerre aux hommes dans l'Afrique, & ayant gagné sur eux beaucoup de batailles, prit son diuertissement à faire la chasse aux lions; afin, disoit-il, que ces bêtes victorieuses des autres, sentent ce que peut la fortune des Romains.

Sans doute cét exercice est noble, & n'est aussi permis qu'à la noblesse, il est genereux par ses emplois rapportans à ceux de la guerre : enfin il est chaste, parce qu'il fait vne auantageuse diuersion des importunes pensées, que la nature & l'oysiueté suggerent, & les rapportent toutes à des desseins innocens d'adresse & de diligence : Aussi les Poëtes nous representent leur chaste Diane auec ses Nymphes dans les montagnes & les forêts, toûjours éloignée de la conuersation des hommes ; comme leur Hypolite de celle des femmes, qu'il dit les pouuoir toutes haïr, quand on luy eût apris la mort de sa mere. Mais de céte chasse, il en faut faire vn diuertissement, non pas vn employ, ny vn exercice qui tienne lieu des autres plus genereux, pour le seruice du Prince & de l'Etat, où la Noblesse est appellée. Quiter les études de Mathematiques, d'histoire, de morale, de politique, les autres sciences qui seruent à perfectionner le iugement & à conduire les peuples, pour apprendre à bien dresser vn chien ou vn oyseau ; c'est de maître deuenir valet, Veneur ou Fauconier. Cét exercice a tant d'attraits, les compagnies qu'il attire sont souuent si agreables, que si l'on en vouloit croire les sens, on y passeroit toute sa vie, & l'on y dépenseroit tout son bien: l'oiseau, le chien couchant, les levriers, n'engagent pas à des dépenses excessiues : Mais quand il faut entretenir vne meute, qu'outre les piqueurs ordinaires, il faut tenir table ouuerte & écurie, pour toutes les parties qui se forment ; c'est vne dépense de Prince, & vn plaisir qui coûte trop cher pour l'entretenir. Céte profusion se guerit, comme toutes les autres par les incommoditez qu'elle aporte. Si quel-

quelquesfois vous vous trouuez seul dans le fond d'vne solitude, & dans le silence d'vn grand bois: Pensez que c'étoit dans les deserts que les Saints Anachoretes trouuoient Dieu: Ayez-en quelque sentiment, implorez ses misericordes. Vous voila hors les bruits du monde ; hé que ne l'êtes-vous autant d'esprit que de corps ?

CHAPITRE XXIV.

Deux tres-nuisibles diuertissemens.

CE n'est pas viure de ne pas agir, aussi la nature qui employe toutes ses adresses, & toutes ses forces pour se conseruer dans l'existence, se défend de l'extrême oysiueté comme de la mort : les lâches se rendent malades, s'ils ne le sont, d'être toûjours attachez au lit, ou enfermez dans vne chambre, sans autre soin que de n'en point auoir, & sans former aucun dessein, que les mains se mettent en deuoir d'executer. Il ne faut pas craindre céte langueur en vne petillante ieunesse, mais que des inclinations corrompuës n'aillent à l'excez; & qu'au lieu d'vn mouuement naturel & raisonable, elle n'en prenne d'extrauagants. C'est ainsi qu'on peut appeller le jeu, qui détache tellement l'esprit de tous les emplois honêtes, qu'il n'y laisse de l'ardeur que pour l'auarice, la plus honteuse des passions, la plus contraire à céte libre & genereuse humeur de la Noblesse. Quelques pretextes que prennent ceux qui s'y adonnent, le gain est le seul motif, qui les attache nuit & iour à vne table, l'esprit toûjours en allarme entre la crainte & l'esperance, entre les transports de ioye & aussi-tôt de colere, de rages, iusques aux iuremens & aux blasphémes. Ie ne vois point d'habitude d'vne plus perilleuse consequence pour vn ieune Gentil-hõme;car elle efface de son esprit les sentimens de l'honneur, les occasions de son auancement se passent & se perdent, sans qu'il en ayt la moindre pensée; les visites, les assiduitez qui gagnent la faueur des grands, luy paroissent des seruitudes inutiles, trop longues, trop importunes, trop incertaines, pour en faire le fondement de sa fortune : Il ne se la promet que du jeu, qui luy aporte quelquefois du gain ; mais par des vicissitudes trompeuses pour entretenir ses esperances, & adoucir de sorte ses pertes, qu'elles le conduisent insensiblement iusques au dernier point de la misere. Il ne falloit point tant d'instruction, d'étude, d'academie, de voyages, de conferences pour se terminer en des adresses, & peut-étre à vne fin malheureuse de filou.

Les pertes causent incomparablement plus de honte & plus de

douleur, quand elles vous mettent dans l'impuissance de paroître, que le gain ne peut donner de contentement : car il s'en fait des profusions, & cét auantage engage souuent en quelques querelles ; enfin, c'est vn exercice à perdre en vn iour, ce que les vertus & les ménages d'vne famille se sont acquis en deux siecles. C'est pourquoy, ie pense que l'authorité d'vn pere feroit beaucoup pour l'auancement de son fils, s'il luy pouuoit donner de l'auersion pour le jeu, & fortifier son esprit de sorte que dans la rencontre il témoigne franchement cette auersion, que par effet il ne sçache point le jeu de dez ny de carte, pour n'estre point obligé de s'y engager. C'est vne pente où il est bien difficile de se retenir, le plus seur est de n'y mettre point le pied. Deux ou trois refus bien fermes, vous feront vne coûtume & vn droit de n'estre plus importuné pour cela;

vous ne manquerez pas de compagnie pour vn solide entretien, qui vous mettra dans vne autre eſtime que le jeu , où les femmes emportent ſouuent l'auantage , & mettent les plus iudicieux dans la perte, le regret & la confuſion. Ie croy que c'eſt vn grand gain pour vn ieune homme de ne prendre point ces familiaritez, toûjours perilleuſes par les artifices de ce ſexe.

On perd le temps, les biens, les belles habitudes du corps, les occaſions de ſa fortune dans le jeu: mais on ajoûte à toutes ces pertes, celle de la raiſon dans les débauches de bouche, quand on la noye dans le vin. C'eſt vne choſe aſſez étonante, que les peuples d'vn païs où il ne croît point, l'ayment dauantage, comme ceux de Boëme, qu'Æneas Syluius dit, y étre tellement adonez, qu'étant auertis d'vn bon vin venu d'Italie, ils s'aſſemblent cinq ou ſix au tour

Hiſt. Boë. c. 1.

d'vn muy, & aprés vn iurement solemnel, ne le quitent point qu'il ne soit vuide. Leur passion est plus violente, pour ce que la nature leur refuse, ils en recompensent le défaut par leurs excez, entr'eux l'yurognerie passe pour vne magnificence, parce qu'elle n'est pas possible aux pauures, ny au menu peuple.

Il faut desesperer des progrez d'vn homme, qui de ieunesse prend céte mauuaise habitude, car tous les iours elle croît; le corps brûlé par céte chaleur étrangere, ne desaltere iamais; plus il s'échauffe & se desseche, son mal s'entretient par le remede qu'il prend pour le soulager. Quand on s'abandonne à cét excez, il ne s'arréte que par vne suspension de toutes les facultez sensibles & raisonables : que l'homme possede toutes les qualitez auantageuses, de l'esprit, du corps, de la fortune, qu'il soit fort, sage, Prince, le vin l'abat, comme vn bœuf qu'vn coup de maſſuë jette à terre deuant qu'on l'égorge; il ne void, n'entend, ne parle, ou s'il forme quelques paroles en bégayant, c'eſt pour découurir ſon ſecret, & celuy de ſes amis. Deuant que venir à ces dernieres extremitez, ſa raiſon demy perduë s'emporte à mille extrauagances, qui le rendent digne de compaſſion & de riſée : les mouuemens ſenſitifs n'étans plus reglez échapent, & ſuiuent l'impetuoſité de la nature ſelon l'humeur dominante, de colere, de melancolie, de haine, d'amour, de laſciueté, de tous les crimes où l'on s'expoſe, quand on ſe met en état de perdre le iugement. Aprés ces folies, ces hontes, ces turpitudes, peut-on prendre la qualité d'honête homme dans les compagnies ? Peut-on fier vn ſecret à celuy qui ne garde pas le ſien propre ? doit-on tenir pour amy, celuy qui ne l'eſt que dans les interualles qu'il a moins troublés, & qui ne le sera plus, si-tôt que le vin luy aura démonté le iugement ? On ne souffriroit pas vn valet yurogne, hé comment vn Prince pourra-t'il voir en sa compagnie pour familier ou pour domestique, vn Gentil-homme noircy de céte mauuaise habitude, dont il ne peut receuoir que du mécontentement & du des-honneur? Les fautes en la Cour, comme en la guerre sont irreparables ; & ie croy que le meilleur pour vn homme qui seroit vne fois tombé dans ce desordre, seroit de ne plus paroître dans les compagnies, s'il n'est resolu d'y passer pour ridicule : Comment pourroit-il pretendre d'être introduit auprés d'vn Prince, auec céte honteuse qualité qui l'en chasseroit, quand il y auroit été receu?

Si vous considerez les vilains effets de céte infame passion, vous les verrez ennemis de toutes les belles habitudes, qui rendent vn

Gentil-homme recommandable à la Cour ; car en peu de temps elle corrompt la beauté & la bonne grace du corps, par les yeux & le nez qu'elle teint en écarlate, elle emplit la face de gros bourgeons, elle rend les mains tremblantes, les piés affoiblis de goutes, la voix desagreable, toûjours empêchée de rhume : Hé comment ce lâche pourroit-il souffrir les fatigues de l'armée, où n'ayant point de vin, il n'auroit ny force ny vie ? Les plus grands domages tombent sur l'esprit, qui reste pesant, enueloppé de sommeil & de tenebres, il ne pense, il ne raisonne qu'à demy par vne puissance conuulsiue, qui tombe & qui se releue pour retomber aussi-tôt. C'est pourquoy les Turcs qui ont la guerre pour exercice continuel, font vn point de religion de ne point boire de vin ; parce qu'y étant nourris, ils se trouueroient foibles de s'en passer dans l'armée : Or il ne seroit pas possible de l'en fournir sans des dépences excessiues, & sans vn attirail semblable à celuy de l'artillerie. Pour conclure, il est certain que de toutes les mauuaises habitudes, qu'vn ieune Gentilhomme puisse prendre, la plus contraire à son auancement, c'est celle qui le porte au vin, car elle ruine le corps & l'esprit; elle luy donne de l'auersion pour la Cour, pour toutes les honétes compagnies, & fait qu'il ne recherche que celles de ses semblables, où il peut satisfaire son apetit auec franchise, & auec leur applaudissement.

SECONDE PARTIE

AVANT-PROPOS.

LA vertu est vne qualité diuine dans l'ame, qui l'éleue au-dessus des sens, qui luy en donne l'empire, qui conduit le iugement, qui regle les affections par les lumieres & les loix d'vne eternelle verité, & qui de tous les hommes dont la premiere origine est égale, en a porté quelques vns dans vne éminence, que nous appellons Noblesse. C'est la vertu comme nous auons dit, qui a fait les premiers nobles dans les conseils: c'est la prudence qui a donné les ordres neceffaires pour l'établiffement des grands Etats; c'eft la generofité qui en a pris la protection, qui en a dompté les ennemis, qui a donné plus d'étenduë à leurs bornes, qui a pris les poffeffions que la Prouidence leur offroit par le droit des armes. Enfin, les Monarchies & les Républiques font redeuables à la vertu, de ce qu'elles ont de bonnes loix, de puiffance & de credit dans le monde.

Or comme toutes les chofes s'entretiennent par les mêmes caufes qui les ont produites, les poiffons dans l'eau, les plantes en terre, nous dans l'air, le fer en fa chaleur dans le feu dont il l'a receu: Il s'enfuit que la Nobleffe ne peut fe conferuer fes merites & fon éclat que dans la vertu, qui eft fon propre élement d'où elle a pris fon origine. Il faut donc qu'vne perfonne d'illuftre naiffance fe forme fur le modele de fes ancétres pour en meriter le nom & les titres ; & qu'au lieu des simples coniectures qu'on auoit de sa vertu, son éminente conduite en donne les preuues. Vn homme n'est pas moins aueugle ny boiteux, quoy que son pere ayt eu de bons yeux, & de bonnes jambes. Si vous ne pouuez produire que les lumieres de vos ayeuls, elles ne feront que découurir vos déformitez, qui en ce grand iour & par céte comparaison, paroîtront beaucoup plus honteuses.

Vn Gentil-homme ne se produit à la Cour, qu'afin d'agir par les ordres & pour les interets de son Prince, pour le representer & tenir dignement sa place, quand il en receura le commandement : or il ne se peut bien acquiter de ces deuoirs que par des qualitez personelles, par vne essentielle probité, par vn solide iugement, par vne raison que les sciences ont cultiuée, que les pratiques ont affermie, & par vne conduite dont tous les desseins soient ajustez aux regles de la conscience. La maxime est donc tres-fausse & tres-pernicieuse, qui dit, que d'vn méchant homme, on en peut faire vn bon Ministre : Car le degré superieur suppose toûjours le plus bas, il faut qu'il soit homme raisonable pour être officier ; que s'il est sujet à ses passions, auare, cruel, inhumain, ce n'est plus vn homme, mais vn tygre, qui fait bien plus de carnage qu'il ne luy faut de nourriture. Mettez-le dans les finances, il ruinera les Prouinces & l'épargne : dans les conseils, il sera pensionaire de l'ennemy : dans les gouuernemens, il sera le tyran des peuples ; dans les armées, il les laissera perir faute de munitions pour faire vn petit profit : enfin, il est prest de vendre les places, l'Etat & le Prince, s'il trouue marchand qui les achete. Hé que peut-on attendre d'vn mauuais arbre, qu'vn mauuais fruit ; d'vne vipere qu'on tient prés de soy, sinon qu'elle piquera quand on y pensera le moins ; qui doute que ces perfides ne soient comme des lions appriuoisez, qui aprés auoir long-temps caressé leur maître, enfin l'étranglent par vn transport de leur ferocité naturelle.

C'est donc l'interêt du Prince d'auoir vn parfait discernement des esprits, d'en faire de diligentes enquétes, pour en bien reconnoître les qualitez, & sur tout la probité de ceux qui aprochent sa personne, & qu'il fait état d'employer dans ses affaires. Le grand Constantin étoit exact en cette recherche, & parce qu'il sçauoit que mille sujets obligent de cacher beaucoup de choses aux yeux du Prince, il ne permettoit pas seulement à tous de dénoncer ceux de ses domestiques qui seroiēt coupables de quelques fautes ; mais il les exhorte de s'adresser à luy-même, de luy

l. 3. Cod. Theo. de accusat.

l. 32. & 38 cod. de his qui su per relig. contendunt.

en dire en confiance toutes les particularitez : Qui m'en donnera les preuues, dit-il, en receura de tres-amples recompenses ; ie me vengeray d'vne malice déguisée qui a surpris mon iugement, & prophané l'honeur de ma maison. Les Empereurs Honorius & Theodosius, ne receuoient point d'heretiques pour officiers, non pas même en qualité de soldats, Parce, disoient-ils, qu'il faut craindre toutes sortes de perfidies, de ceux qui sont infideles à Dieu.

Vn homme d'vne illustre probité, donne vn merueilleux credit aux conseils du Prince, il fait qu'on y suppose tout ce qui se peut de iustice ; que ce qu'ils ont de plus rude se donne à de pressantes necessitez, les fâcheux éuenemens à vne mauuaise fortune, dont la prudence sçaura bien tirer ses auantages. On fait iugement d'vn homme par ses amis, d'vn maître par ses domestiques, parce que ny la sympathie ny l'authorité, ne peuuent souffrir l'vnion d'humeurs discordantes ; & que si cette personne de vertu n'en trouue point d'autres qui luy soient semblables, il les fait tels, il les attire & les transforme en ses bonnes inclinations. De là les Princes, ceux méme dont le gouuernement etoit dans la violence, pour l'adoucir ont de tout temps fait grand état des Philosophes, recherché leur conuersation, receu leurs auis & leurs conseils en de celebres rencontres, où ils sembloient quiter beaucoup de leurs interéts. Ainsi ie croy que les plus auantageuses de toutes les qualitez, qui rendent vn Gentil-homme recommandable auprés d'vn Prince, c'est la probité qui ne flate point, qui n'entretient point les maladies, & ne les rend point incurables, faute d'en predire les dangers, & d'y aporter les remedes. C'est de ces personnes d'vn cœur sincere &

affectionné, de ces bouches toûjours veritables, qu'il reçoit les conseils les plus importans à sa conduite, & qu'il s'en fait des ministres perpetuels. Il les respecte, les épargne; & si quelquesfois la passion l'emporte à des desseins moins conformes à la raison, pour les executer il ne manque pas de petits Demons inuisibles, toûjours préts à faire le mal, aussi destinez à le souffrir pour leur recompense. Sur ces considerations, i'ay doné toute la premiere Partie de ce petit Oeuure, à former vn Gentil-homme dés le berceau, aux exercices de la pieté & de la vertu, comme à des preparatifs necessaires pour les beaux emplois, où nous l'allons considerer dans cette seconde. Ie luy fais faire premierement quelques reflexions generales sur cette éclatante, mais orageuse condition qu'il veut embrasser; en suite ie representeray ses deuoirs enuers son Prince, & puis enuers ses semblables & le simple peuple. I'abrege ce grand dessein, & ie ne fais que donner l'idée des raisons, dont vn bon esprit peut voir aysément les suites & les consequences.

CHAPITRE I.

La Cour est magnifique, peut & doit être sainte.

LE Ciel tient au monde le plus haut étage, parce qu'entre les choses sensibles, il est le plus excellent œuure de la main de Dieu, en son étenduë qui contient tout, en sa substance incorruptible, en son Soleil qui est vne source inépuisable de lumieres, en cette multitude sans nombre d'étoiles, toutes differentes en lumieres & en vertus, mais si parfaitement concertées, qu'il s'en fait vne merueilleuse harmonie. Neanmoins cét objet si rauissant ne contente pas nôtre idée ny nôtre desir, qui voudroit auoir toutes ces beautez ensemble pour faire vn tout accomply : or elles ne nous parois-

CHRETIEN.

sent que successiuement à reprises, & comme si elles se portoient de l'enuie ; celle du Soleil couure celles des étoiles, les étoiles pour être veuës toutes seules, enseuelissent celles de la terre dans les tenèbres. Ie considererois le Ciel comme vn exemplaire de la Cour, où le Roy est comme vn Soleil, qui contient en éminence l'éclat de toutes les dignitez, n'étoit que ses splendeurs ont plus de iustice, en ce qu'elles n'obscurcissent pas ; mais qu'elles font paroître, qu'elles releuent, qu'elles couronent les merites particuliers de tous ceux qui l'accompagnent. En céte illustre assemblée des plus beaux esprits, des plus grands courages, de ce que la France a de plus beau, de plus noble, de plus riche, de plus florissant, la majesté du Roy rend à chacun ce qu'il merite de gloire. Si donc il est plus équitable en cela que le Soleil, ie ne puis mieux comparer sa Cour qu'à celle de

Dieu, que les Prophetes nous décriuent assis dans vn thrône fort éleué, où il reçoit l'homage de mille millions d'esprits bien-heureux, tous éclatans par les rayons de sa Majesté qui remplit toute la terre.

On nous represente cette demeure de paix & de felicitez, comme vne Ville toute bâtie de pierres precieuses; les corps y sont des Soleils, les esprits des veritez éclatantes, des flâmes d'amour extrémement pures : aussi quand ils paroissent icy-bas, c'est toûjours auec cét équipage de gloire. C'est pour honorer Dieu que ces troupes bien-heureuses qui l'accompagnent & qui le seruent, sont dans ce magnifique apareil; & c'est pour honorer le Prince, qui tient icy-bas la Lieutenance de Dieu au gouuernement des hommes, que ceux de sa suite en publient les felicitez par les ornemens de leurs habits, & la ioye de leur visage

Les vertus se tiennent cachées dans les cloîtres, mais elles paroissent auec tout ce qu'elles peuuent de lustre à la Cour, pour verifier par cette distinction les paroles de la verité, qui dit, qu'elles se doiuent cacher & produire, à sçauoir en ces deux diuerses occasions : elles se produisent à la Cour pour se presenter aux yeux du Prince, qui les cherche pour leur donner de l'employ, & s'y viennent offrir auec cette posture de ioye, qui témoigne du courage & de l'affection. Il faut, dit Cassiodore, qu'vn homme de Cour se donne à luy-méme, ce qu'il demande d'honneur par sa bonne mine, & qu'on puisse iuger de ses merites en le voyant. Ne considerez donc pas cét éclat d'habits, ces postures libres, altieres & genereuses, céte pompe de suiuans, comme les simples effets d'vne vanité; mais comme des honneurs qu'on rend au Roy, des agréemens qui tâchent

l.1.ep.42.

de meriter ses affections, & qui font paroître que ces personnes tiennent à grand honneur, d'être employées à son seruice : C'est la loy, c'est la coûtume, c'est le droit de la nature, que les fleurs qui naissent dans le rayon du Soleil, ayent vne couleur plus viue que celles qui poussent, & pallissent à l'ombre: C'est le droit des gens,& nôtre Seigneur le dit, que ceux qui sont à la Cour des Princes, sont couuerts de plus beaux habits.

Si l'on nous décrit des ornemens si precieux dans le Ciel qui est l'élement de la sainteté ; si les Anges sont reuétus de lumieres & de diamans, quand ils nous paroissent; si les deux temples de Dieu, le monde, & ceux que la pieté luy bâtit, sont admirables en la magnificence de leur structure, de leurs enrichissemens, de leurs ministres ; & si l'on a coûtume de prendre de plus beaux habits aux iours les plus solemnels, où l'on tâche de
r'allu-

r'allumer sa deuotion, on ne doit pas croire que la Cour pour être si magnifique, ne puisse être sainte.

Elle le peut, dautant que Dieu qui a étably les Roys auec leurs officiers, pour le gouuernement des hommes, ne manque pas de leur donner tous les secours necessaires pour garder sa loy,& meriter ce qu'il leur promet de recompense : Ceux qui trauaillent aux métaux, les Chymistes même, font vne infinie diuersité d'operations par vn même feu, & vne même charité peut faire vne infinité de bonnes œuures, auancer ainsi le salut des hommes, en quelque condition de vie qu'ils soient engagez. Faites le tour du monde, courez les climas iusques aux Antipodes, vous aurez toûjours le Ciel sur vôtre téte, & en quelque état que vous soyez,humble ou sublime, publique ou solitaire, vôtre ame se trouuera toûjours également sous la main toute-puissante de Dieu, sous vne infinie bonté qui l'enuironne, qui la soûtient, qui l'enrichit de graces & de benedictions, en tous les états de cette vie, quand elle met toute sa confiance en ses grandes misericordes.

D'abord, l'éclat de la Cour donne dans les yeux, & fait croire par la foule de ceux qui s'y portent, que le cœur y trouue tout ce qu'il souhaite de bien; mais on void par experience que les plaisirs n'y sont qu'imaginaires, les soins, les peines & les afflictions d'esprit veritables : c'est vn theatre où il faut faire le personnage qu'on a pris, donner cét exterieur aux yeux du monde, mais r'entrer serieusement en soy-méme, pour y trouuer son repos dans l'integrité de la conscience. A peine vn iour se passera-t'il, que des esperances trompées, que des merites tenus en mépris, que la disgrace d'vn fauory, ne vous donne vn grand dégoût de ce commerce éclatant, & que ce qui autrefois vous attiroit ne vous en détourne. Au moins prenez les fermes resolutions, de ne donner au monde que les apparences, & d'être de cœur dans des pratiques interieures, plus pures & plus saintes. Si les difficultez s'y trouuent plus grandes, que dans vne condition plus libre & moins sujete aux modes de la Cour: Dieu est vne source inépuisable de graces, qui les donne auec abondance à proportion des necessitez, & des ardentes affections qu'on a de les receuoir. On peut faire le dénombrement de plusieurs Roys, Princes, Capitaines, soldats, qui ont merité d'être mis au Catalogue des Saints ; parce qu'ils auoient des sentimens, & menoient vne vie d'Apôtre, sous vn habit & vn visage de courtisan. Dieu qui est esprit veut que nous l'adorions principalement en esprit; il demande le sacrifice de nôtre cœur, pour nous le rendre tout plein de lumieres & de forces, capables de conseruer son integrité dans les plus contagieuses compagnies.

La Cour peut donc être sainte, comme nous l'auons veu, il reste à montrer qu'elle le doit être, qu'elle doit acquerir cette perfection, auec les puissans secours que le Ciel luy offre pour ce grand effet, & pour acheuer le plus excellent raport qu'elle doit auoir auec la Cour celeste. Elle en represente comme nous auons dit, les beautez par la magnificence des édifices, des habits, par les ioyes, les bonnes graces des visages, & le concours de tant de personnes éclatantes, dont chacune a de rares qualitez qui gagnent les yeux & les affections : Mais ce rauissant exterieur, ne doit être qu'vne marque de la sainteté des ames, comme l'est l'habit des dignitez d'vne personne ; c'est vne auguste ceremonie, qui en la Cour, comme dans le Ciel & dans nos Temples, signifient les profondes adorations que les esprits rendent à Dieu. Le Prince est consideré comme son Lieutenant au gouuernement des hommes; ainsi ce qu'on luy rend de deuoirs se rapporte à Dieu, qui étant Saint, ne nous permet de l'approcher, ny de receuoir ses faueurs que par la sainteté.

Sans elle ce grand éclat qui flate les sens, seroit vne tentation continuelle qui débaucheroit l'esprit de son deuoir, & qui mettroit ses libertez sous les chaînes des passions ennemies de son innocence & de son repos. La sainteté est le seul preseruatif que peut auoir vn homme de cœur, pour se conseruer indifferent parmy ces objets qui font tant d'esclaues, pour voir les beautez, & approcher de ces feux sans s'y brûler, pour voir les grandeurs sans ambition, la faueur sans idolatrie, la posseder sans insolence, la perdre sans émotion, & sans qu'elle trouble ses tranquillitez : Car vne ame qui goûte Dieu, qui dans son interieur entreuoit vne abyme de lumieres & de douceurs incomprehensibles, qui sent ce qu'elle ne peut exprimer, qui ayme & qui connoît, quoy qu'imparfaitement vn bien infiny, que les Anges & les Bien-heureux ne sçauroient assez aymer & connoître dans toute l'eternité, void toutes les magnificences de la Cour, moindres que des ombres. Ce Gentil-homme que Dieu preuient de ses graces, seroit resté fort content dans la solitude, & dans ces spectacles eternels : mais les desseins de son illustre famille, la direction de ses parens, beaucoup de rencontres fauorables à la beauté de son esprit, & à la generosité de son cœur, l'ont engagé dans la Cour, & la Prouidence l'y a conduit, pour y donner de l'exercice à sa vertu, & faire que les autres en conçoiuent de l'amour à son exemple. La ferme resolution qu'il a prise d'y viure en homme de bien, & de ne iamais oublier Dieu en seruant le Roy, luy presente tous les iours diuerses occasions qu'il refuse ou qu'il embrasse par vn méme zele, & par vn méme motif de sainteté.

Ce sont pratiques secretes qui craignent le iour, qui ne veulent pour témoins que Dieu, les Anges & la conscience ; neanmoins sa conduite toûjours moderée en donne les preuues à tous les yeux de la Cour, que les diuerses passions attachent curieusement sur luy. Vne voix commune le publie, les sentimens de chacun le reconnoissent, & le respectent en qualité d'homme de bien : quand il ne tireroit aucune satisfaction de cette estime, elle luy est extrémement auantageuse ; car on ne s'adressera pas à luy pour l'engager dans des débauches, dans des duels, dans de mauuais partis contre le seruice de Dieu, du Roy, de l'Etat : Il ne defobligera perfonne d'vn refus en femblables chofes, parce que les plus paffionez ne feront pas affez temeraires pour l'importuner de ces demandes, & fe perfuadent que luy découurir vn crime, c'eſt en receuoir la condemnation. Le Prince bien inſtruit de fon integrité ne fera pas choix de fa perfonne pour être miniſtre de fes deffeins, qui bleſſent fi peu que ce foit la iuſtice : Mais s'il a quelque difficulté de confcience, il le confultera comme vn Prophete, pour apprendre la volonté de Dieu de fa bouche, & fous vn fecret inuiolable. Voulez-vous donc être à couuert, des enuies, des querelles, des excez, des reuoltes, des perilleuſes conduites, enfin des difgraces fi ordinaires à la Cour; conferuez vous dans la fainteté, vous ferez au deſſus de ces infortunes, & que le monde feroit armé contre vous, la main de Dieu vous mettra

dans vne éminence où ces coups
ne pourront porter.

CHAPITRE II.

*Ce que doit pretendre vn Gentil-hom-
me qui vient en Cour.*

LEs Philosophes demeurent
d'accord, que les choses inferieures sont sujetes à trop d'alterations, pour d'elles-mêmes se
conseruer dans l'ordre de leurs especes, & les proprietez de leur nature, sans l'influence des étoiles
fixes du premier mobile, & même
du Ciel empirée, selon saint Thomas. Si vous considerez les violences étrangeres, les passions domestiques qui troublent la tranquillité d'vn Etat, qui le menassent
continuellement du desordre & de
sa ruine : vous auoüerez qu'il ne
se peut maintenir dans la vigueur
de ses loix, que par vne éminente

& heroïque vertu. Elle est en la personne du Prince, & en celles de son Conseil, qui tiennent fort contre les enuies, les rapines, les ambitions, les reuoltes, les pernicieuses pratiques des sujets souuent opiniâtres à causer les ruines d'vn Etat, pour en bâtir leur fortune particuliere; ils ne voyent pas qu'ils courent fortune de perir auec le vaisseau qui les porte, & qu'ils negligent pour y trouuer quelque petit accommodement plus auantageux. C'est se perdre de se desvnir, comme les Grecs qui par leurs diuisions sont tombez sous la tyranie du Turc: & comme les Tartares se rendent aujourd'huy maîtres de la Chine, par la mauuaise intelligence des habitans, aprés les massacres des Villes entieres, qui ne finissent que par la lassitude du soldat victorieux, & par la miserable sujetion du pauure peuple. Quand donc le Prince employe les deux mains de la Iustice, pour arrêter des concussions qui desoleroient les Prouinces, il sauue son peuple; & s'il est contraint d'y garder quelques rigueurs en apparence contraires à sa bonté, il a besoin que les sentimens, les voix, les efforts des plus notables les iustifient.

Demandez-vous donc ce que doit pretendre vn Gentil-homme qui vient en Cour, & quelle est la fin que sa generosité se doit proposer? C'est de seruir l'Etat, de seconder les desseins du Roy, d'y employer ses conseils, ses biens, sa vie, auec toutes les fidelitez & les affections possibles. Tous les François doiuent être dans ce sentiment d'vn bien public; mais la Prouidence ne les a pas fait naître tous Gentils-hommes, pour approcher le Roy de si prés, & pour être considerez capables d'vn grand employ. L'épée que vous portez à vôtre côté, la profession que vous faites de ne vous point engager dans la marchandise, dans les negoces qui tendent au gain, ne vous laisse rien à pretendre que les grandes actions de vertu, & ce qu'elles vous promettent d'honneur. Vos biens peut-être s'y consommeront, mais considerez que la plufpart sont les anciennes recompenses de la vertu militaire de vos ayeuls, qui se sont données à condition de retour, & comme de nouuelles chaînes qui les attachoient à ce deuoir. Ainsi les riuieres & les fontaines courent vite, pour se venir perdre dans la mer, d'où elles tirent leur origine, & les eaux qui entretiennent leurs cours ; de nouuelles recompenses, encheriront sur les premieres pour satisfaire à toutes les pertes: Vôtre vie est tous les iours dans le peril, mais où peut-elle être mieux employée que pour le seruice de vôtre Prince, pour vn interêt public, pour la défense des Autels & de la Patrie. Céte genereufe ardeur eſt accompagnée de plaiſir & des acclamations de la renomée, qui en couure toutes les fatigues, & qui étant pure comme le feu, n'eſt point ſujete à ſe corrompre.

La vertu n'eſt pas mercenaire, diſent les Saints, quoy qu'elle ne demeure iamais ſans recompenſe; elle la merite d'autant plus, que moins elle la recherche ; elle la trouue en elle-même, quand il n'y auroit point d'yeux pour voir, de bouches pour publier, de mains pour reconnoître ſes merites: mais nôtre ſiecle n'eſt pas aueugle, iniuſte, ingrat iuſques à ce point, il eſt rare que quelqu'vn ayt fait de grandes actions, que le Prince n'ayt rendu beaucoup plus illuſtres, par ce qu'il leur a donné de recompenſe. Ce ſont des fleurs qui naiſſent dans vne riche moiſſon, que le maitre ne laiſſe pas de cueillir, quoy qu'elles n'ayent pas été l'objet de ſes eſperances ny de son trauail. Les courages les plus genereux & les moins interessez qui n'agissent que pour l'honneur, pour le seruice du Roy & de la Patrie, reçoiuent à belles mains les faueurs de sa Majesté, quoy qu'ils ne les ayent pas pretenduës; elles en sont plus glorieuses, d'auoir elles-mémes cherché ce digne sujet, où leur iustice parût auec plus d'éclat.

Hé pourquoy veut-on raualer le courage d'vn Gentil-homme si bas, de dire qu'il vient en Cour à dessein d'y faire fortune; s'il n'a point d'autre pretention, & s'il espere son auancement plus de la fortune que de son merite, il doit se rendre Commis au bureau de la poste, ou d'vn Partisan, facteur d'vn marchand, & prendre la plume plûtôt que l'épée: Car la Prouidence permet que les profits y sont rares, afin qu'on ne prophane pas céte condition purement d'honneur & de courage par vne fin mercenaire, & que des desseins ainsi conceus si souuent trompez, n'en donnassent pas vn iuste dégoût.

Si vous dites que vous entendez qu'vn Gentil-homme fasse fortune par des actions de vertu, vous tombez dans vn abus pareil à celuy des Epicuriens, qui mettant le souuerain bien de l'homme dans le plaisir, disoient qu'ils n'entendoient parler que du plaisir qui procede de la vertu ; & neanmoins sans en venir à céte distinction, il se forma bien-tôt vne secte qui fit sa beatitude du plaisir des sens, plus familier & plus amy de la nature. Supposez céte maxime qu'on vient à la Cour pour faire fortune, sans specifier les moyens qu'on y employe, tous y seront vniuersellement receus, les plus méchans, les plus infames y seront le plus en pratique, s'ils apportent plus de profit : on n'entrera pas seulement dans les plaisirs du Prince quoy qu'illegitimes; on ne le flatera pas seulement dans ces mauuaises inclinations, qui font sa ruine & celle de son Etat, pour entrer dans sa faueur : Mais ie ne voy point de crime, de trahisons, de perfidie, qui ne trouue sa défense dans céte pernicieuse maxime, qu'on vient à la Cour pour y faire sa fortune. Le chemin de la vertu est le plus long, le plus difficile, le plus combatu, parce qu'il n'est point couuert, & qu'on y auance auec vne genereuse franchise ; mais les mauuaises pratiques sont honteuses, ainsi elles font leurs coups & leurs auancemens en secret, auec des promptitudes qui suiuent celles des passions ; au moins elles amassent insensiblement des matieres, dont il se fait en peu de temps vn grand éclat, comme celuy des Cometes d'vn mauuais presage : Ne faut-il pas craindre que la nature ambitieuse, qui cherche ses commoditez & la gloire; qui fuït le trauail, qui se sert de la tromperie au lieu de la force, de tous les moyens pour faire fortune, ne choisisse les plus contraires à la vertu, parce qu'elle les trouue les plus prompts, les plus auantageux, les plus faciles. D'vn Gentil-homme né pour le bien public, elle n'en fera qu'vn idolâtre du propre interét, de ce demon ennemy de la societé des hommes qui prophane les choses sacrées, & qui porte aux plus grands crimes d'Etat. Ainsi les bons courages ne se proposeront iamais céte basse & dangereuse fin d'entrer en la Cour pour y faire leur fortune; mais ils pretendent auoir des intentions legitimes & genereuses comme d'y acquerir de l'honeur, il en faut examiner les sentimens.

CHAPITRE III.

De l'honneur.

LA vertu est vne habitude; c'est à dire, vne ferme resolution de la volonté, & vne conduite reguliere de la vie selon les regles de la raison, de céte premiere verité grauée naturellement dans nos ames, qui est vne copie viuante de la diuine. Celuy qui compasse tous ses projets & toutes ses actions par céte idée, en reçoit des satisfactions indicibles en luy-méme; son ame est comme dans vne solemnité continuelle, où il luy semble receuoir les applaudissemens de toutes les creatures, conduites par la méme eternelle verité. Plusieurs Saints ne desirant rien plus en ce monde que ces consolations interieures, qu'ils receuoient auec de tres-humbles actions de grace comme venantes du Ciel, & celles que les creatures leur presentoient leur étant suspectes, se retirerent dans les deserts, pour n'être redeuables de leur felicité qu'à Dieu seul. Mais leur vertu cachée de la sorte, jetta ses rayons iusques dans les Villes, dans les Cours des Princes, dans les regions plus éloignées, où leurs noms furent celebres, & leurs merites en veneration. Il falloit des ames fort pures, & conduites par vne grace bien particuliere pour ne point ressentir de contentement en ces rencontres, qui leur donnoient céte grande estime, que l'Apôtre méme souhaitoit, afin de prêcher les mysteres de la foy auec plus de fruit.

Saint Augustin se voyant éleu & consacré Euéque, auec vn applaudissement vniuersel des Eglises, se trouue empêché comment il receuroit ces loüanges : Ie n'en voudrois point absolument, dit-il, & *ser. de die suæ conf.*

ie les refuserois auec indignation, si elles m'étoient offertes par des personnes de mauuaises vies : mais quand elles me viennent de ceux dont l'integrité est connuë de tous, si ie dis que ie n'en veux point, ie ne de dis pas vray ; si ie les reçois auec plaisir, i'ay peur que mes sentimens ne soient trop humains : Ie veux donc & ne veux pas à demy, pour me tenir toûjours en crainte, & pour laisser les autres dans la liberté d'agir comme il leur plaira.

In q. diff. de pecc. q. 8. a. 2.
Saint Thomas n'est pas si délicat en ce point ; il dit, que le desir de l'honneur, selon les graces qu'on a receuës de Dieu auec céte moderation, est vn acte de generosité, comme se seroit vne bassesse, & vne lâcheté de cœur de le refuser entierement ; & vne superbe de le trop aymer. Or comme les Gentils-hommes font vne profession particuliere de la vertu, qui semble leur étre propre, parce qu'elle

leur est hereditaire, & que c'est céte illustre qualité qui les distingue du peuple; il s'ensuit qu'ils peuuent & doiuent desirer l'honneur, parce qu'il en est le soûtien, & qu'il la rend immortelle. Ceux donc qui excellent à supporter les accidens, à soûtenir & à vaincre les ennemis en la prudence, au gouuernement, en la temperance, en la iustice, ces vrays nobles de naissance & de condition meritent plus que les autres, les grands honneurs.

Ils ne sont ordinairement qu'en beaux titres, en armes, en coliers de Cheualerie, en dênominations & choses semblables, qui n'ajoûtent rien de réel au sujet, qui ne font que le declarer digne d'vn plus grand respect que les autres, & qui n'ayant rien ou peu de l'vtil, ne ressentent point le mercenaire: Ainsi les vassaux qui tiennent des terres de grand reuenu de leurs Seigneurs, ne leur en paye pas des pensions, comme on feroit d'vne ferme, mais ils s'aquitent de leurs hommages, par des ceremonies d'action ou de paroles, ou par de petites redeuances qui reconnoissent leur obligation, & renouuellent leur serment de fidelité. L'épargne ne suffiroit pas aux recompenses de la vertu, & il faudroit dépoüiller l'vn pour reuétir l'autre, si elles consistoient toutes en profit, & si vne qualité, vne préseance, vne parole d'estime, vne caresse du Prince, n'étoient plus à vn Gentil-homme, qu'vne grande liberalité qui ne seroit pas faite en consideration du merite.

Ce sentiment de l'honneur plus vif en la Noblesse, est neanmoins commun à tous les hommes; & c'est le plus doux, le plus efficace motif qui oblige les enfans d'apprendre ce qu'ils sont honteux de ne pas sçauoir, & par émulation d'emporter le prix sur leurs semblables: C'est ce qui échauffe l'esprit & la main des ouuriers, pour exceller chacun en son art ; c'est ce point d'honneur qui entretient les disputes entre les sçauans, dans les liures & dans les écoles : Vn orateur ne formeroit pas son discours auec tant d'étude, ses mouuemens en la prononciation ne seroient pas si fort animez, s'il n'en attendoit les applaudissemens d'vne celebre audience. Ce n'est pas sa fin, neanmoins la nature ne laisse pas d'en ressentir vne ioye secrete, qui luy donne cête vigueur, tout autre qu'il n'auroit dans vn entretien particulier. Au reste de nos actions nous sommes rauis, quand nôtre iugement se trouue conforme à celuy des autres, que leur approbation confirme la nôtre, & qu'vne voix publique de loüange nous asseure que l'amour propre ne nous a point trompez en nôtre estime.

L'honneur est vne iustice, que le sentiment commun rend à la vertu, où tous ceux qui l'ayment, qui la reuerent, qui ont pour elle des pretentions, prennent interêt, comme en vn droit public, dont le particulier n'a pas vne libre disposition. Seneque rapporte sur ce sujet vn fait remarquable: Dans le concours de plusieurs personnes qui combatirent en des jeux publics, on iugea qu'vn pere & son fils auoient le mieux fait de tous, sans déterminer encore auquel des deux le prix seroit adjugé. Le pere dit à son fils, vous tenez la vie, ainsi les forces de moy, vous rapporterez l'effet à sa cause, quand vous me cederez icy l'auantage; car me le contester, c'est agir contre ce que vous me deuez de respect: Mon pere, dit le fils, ie sçay ce que ie vous dois, aussi mon dessein étoit de preuenir vôtre demande par mes offres; mais vn grand nombre des ieunes hommes sont venus en foule me dire tous d'vne voix, qu'il ne s'agissoit pas tant

Lib.10. cont.2.

tant icy des personnes que de l'âge, que ce leur seroit vne honte que la vieillesse auec moins de forces, & par consequent plus de courage l'emportât sur la ieunesse. Ie vous confesse, mon pere, que i'ayme la gloire; si c'est vn crime, ie le tiens de vous, vous en étes cause, & mon garend, ne soyez pas ma partie : ce qu'on me rend d'honeur reuient sur vous, mais on veut que se soit par reflexion; ils disent que l'état prend interêt de connoître & de couroner les merites où ils se trouuent. Alphonse 29. Roy d'Espagne, se trouua dans les mêmes difficultez étant élcu Empereur, il laisse son Royaume à son fils Sanctius, & se porte au gouuernement de l'Empire; en ayant goûté, & n'y trouuant pas les choses au point qu'il souhaitoit, il est persuadé de le laisser à vn autre sous certaines conditions, & reprendre le sceptre d'Espagne, ayant apris en chemin, que

Munster geog.l.2. de hispa.

O

son fils n'étoit pas en resolution de luy quiter la couronne pour des considerations publiques, il en mourut de regret ; Ne semble-t'il pas que l'honneur, comme les sublimes dignitez doit émanciper vn fils de la puissance paternelle, & que ces hauts titres ne doiuent pas être changeans, comme les volontez humaines?

Quand l'honneur est pris de la sorte, pour vne estime que la voix commune donne aux belles & grandes actions, le motif n'en est point mauuais, selon saint Thomas, qui dit, que quand vn Prince ne pretend que d'acquerir de la gloire, céte fin n'a pas veritablement tout ce qui seroit necessaire pour la rendre legitime ; neanmoins elle est tolerable, dautât qu'elle l'oblige à se porter à la vertu, au moins en apparence, & que par effet, elle le détourne de beaucoup d'excez, où les Tyrans qui n'ont aucun sentiment d'honneur comme fût Neron, se font vne

*de regi-
mine prin-
cipis c.7.*

pernicieuse coûtume. La plus grande part des Courtisans ne se proposent que céte fin, d'auoir de l'honneur, sans trauailler à l'acquisition de la vertu dont il est le fruit: C'est pour cela qu'ils paroissent magnifiques, qu'ils font tant de dépenses en habits, en galenteries, en équipages, qu'ils souffrent les seruitudes de la Cour, qu'ils s'exposent aux perils de la guerre, qu'ils digerent tant de rebus & d'esperances trompées. Quoy qu'en cela leurs intentions ne soient pas si pures, c'est vn bien en ce qu'il empéche beaucoup de mal, & qu'ils se tiennent dans les mémes moderations, qu'on pourroit atendre d'vne essentielle probité. Mais dautant que selon les loix de la morale & de l'Euangile, il faut éuiter le mal & faire le bien; le méme Docteur conclud, qu'vn Prince ne se doit pas proposer l'honneur pour l'vnique & derniere fin de ses actions ; mais la vertu & la beatitude que Dieu luy promet au Ciel ; car cét honneur qui dépend de l'opinion changeante des hommes est trop inconstant, & n'a pas la fermeté necessaire pour seruir de fondement à la police ; il rendroit le Prince trop sujet à la flaterie, enfin, à troubler le monde par des guerres continuelles, pour acquerir la gloire de conquerant, comme firent les Alexandres & les Cesars.

Le desordre n'est extréme, que quand d'vne fausse opinion l'on en fait le point d'honneur, d'vn vice vne Idole, parce qu'il est commun en vn païs, où l'on ne passe pas pour galant homme si l'on n'y excelle ; comme en la fourberie, où nous auons dit qu'elle est le plus en vsage : en l'yurognerie, chez les peuples qui en font des combas, & qui en estiment les victoires signalées : en des visites trop frequentes de voisins qui s'incommodent, qui se ruinent en cela, qui se contraignent à perdre les profits, les plaisirs, les libertez de la campagne, à s'enfermer dans les Villes, entre mille objets desagreables, pour éuiter ces dépenses & ces importunitez. Les anciens Gentils-hommes d'vne Prouince ne peuuent ils pas s'accorder ensemble d'exemple & de parole pour établir vne coûtume contraire, qui retranche ces ciuilitez onereuses ; de sorte qu'vne absence ou vne froide reception, ne soit pas vn iuste sujet de reproche.

L'opinion est incomparablement plus pernicieuse & plus criminelle, qui des duëls en a fait vn point d'honneur. Si vous étes bien asseuré de vôtre adresse, de vôtre courage, & que dans la rencontre vous ferez tout ce qu'on doit attendre d'vn homme de cœur pour vôtre défense ; prenez céte ferme resolution, de ne vous porter iamais sur le pré comme nous dirons plus bas, & vous rēdre criminel de-

O iij

uant Dieu & deuant le Roy, afin qu'vn tas de petits mutins vous publie vaillant.

CHAPITRE IV.

Les perils de la Cour.

LEs plantes sont pâles & languissantes à l'ombre, & parce que la nature qui les attache à la terre par autant de chaînes qu'elles ont de racines, leur refuse le mouuement local pour se mettre dans le rayon du Soleil, elles panchent la tête de ce côté là, autant que la tige le leur permet. L'esprit de l'homme a de plus fortes inclinations de se produire, il se confond, il se perd dans la solitude, il s'y éteint comme le feu renfermé s'étouffe de ses fumées, & n'a toute sa vigueur, que quand il est dans vne pleine liberté de déployer ses puissances. Ne vous étonnez donc pas, si les plus grands genies du Royaume viennent à la Cour, pour voir & pour être veus; pour être spectateurs & combatans, à dessein de remporter le prix de la faueur, entre vn grand nombre de concourans, qui font à Paris des jeux olympiques perpetuels: Mais comme des meilleures choses la corruption en est plus mauuaise, de ces esprits épurez il faut craindre des malices plus efficaces en la poursuite de leurs passions, & des adresses inuisibles, dont il est difficile de se défendre.

Nous voyons qu'entre les bêtes de compagnie, entre les poules, les pigeons, les chiens, les cheuaux, le dernier venu est poursuiuy de tous les autres, qui se liguent & luy donnent fortement la chasse, iusques à ce que le temps l'ayt rendu plus familier. Les mêmes inclinations regnent à la Cour, mais sous des apparences directement opposées. Ce ne sont que complimens, que courtoisies, qu'offres de seruice, que témoignages d'affection & de ioye qu'on rend au nouueau venu, tout cela pour reconnoître ce qu'il a dans l'ame, & du moindre petit défaut en tirer des consequences desauantageuses. La premiere épreuue qu'on tâche de faire, c'est de son esprit & de son courage, par des paroles à double entente, des railleries qui le piquent petit à petit plus fort, iusques à ce qu'il en témoigne du ressentiment. Ce sont de perilleuses experiences qui engagent les plus tranquilles humeurs aux querelles, souuent aux combats dont les issuës peuuent être lamétables. Pour éuiter ces mal heureuses occasions, & faire qu'vn homme ne parût en Cour, que quand sa reputation seroit toute acquise, les Gots auoient coûtume d'enuoyer leur ieunesse porter les armes dans les guerres étrangeres, d'où chacun aportoit certificat des seruices qu'il

Olaus Magn. l.8. c.6. & 8.

auoit rendus, & des belles actions qu'il auoit faites: Le Roy méme ne receuoit pas son fils à sa table, sans vn témoignage autentique du Prince sous lequel il auoit porté les armes. Sans aller si loin pour auoir des preuues d'vn courage, dont les pointillans voudroient encore s'éclaircir, il semble qu'il seroit meilleur deuant que prendre ses habitudes à la Cour, d'aller à l'armée, d'y paroître dans les occasions auec les plus genereux, leur connoissance familiere seroit vne puissante caution d'vne vaillance, que des petits temeraires n'oseroient pas attaquer, sans blâme & sans auoir sujet de s'en repentir.

D'autres viennent sonder ce nouueau venu, si sa bourse est bien garnie, s'il auoit en cela la vanité de paroître, il s'exposeroit à de grands perils par les empruns qui l'épuiseroient, ou par des refus qui luy feroient des querelles. Les plus

O v

sages se disent incommodez, & chargez de debtes pour ne point tomber dans cette disgrace si ordinaire, qui d'vn amy fait vn ennemy quand il faut rendre. D'autres vous portent au jeu, & vous mettent entre des mains assez adroites, pour n'attendre pas tout le gain de la fortune. C'est le moyen de consommer en peu de temps ce qu'on destinoit à l'entretien de deux & trois années: c'est s'exposer à mille inquietudes, mille engagemens qui se terminent enfin à vne honteuse retraite, au point même où l'on voyoit plus d'ouuerture dans la faueur. I'ay déja dit qu'il est fort difficile de s'arrêter, quand on s'engage dans ce torrent, il emporte les plus sages, & en vn iour il les fait passer d'vne extremité à l'autre, des richesses à la pauureté & au desespoir de ses affaires, outre les juremens, les blasphémes, les querelles, les combats qui sont les symptomes de déte fureur : C'est pourquoy ie pense que c'est vne prudente resolution pour vn Gentil-homme de ne sçauoir point le jeu, pour auoir toûjours sujet de s'en excuser ; les pertes & les ruines des autres, luy feront tenir ses libertez bien plus cheres, & que toutes ses lumieres lui sont moins vtiles que céte ignorance.

Le grand peril est en la conuersation de personnes, qui tâchent de tirer vos sentimens sur des affaires, où les esprits & les interéts sont partagez : quelque moderation que vous aportiez à iuger des choses, on vous dénoncera comme ennemy couuert de la personne, dont vous ne prenez pas ouuertement le party ; de sorte que vous trouuerez des refroidissemens, des trauerses inesperées, qui sont des maladies inéuitables & contagieuses dont on se trouue frappé, sans en connoître la cause ny le remede. Le preseruatif general est, comme nous auons dit, de parler peu, toûjours à l'auantage des autres, neanmoins auec des retenuës, qui n'irritent point leurs ennemis, & ne vous fassent pas prendre pour en suiure le party. Céte prudente conduite doit necessairement être éclairée par la science experimentale de la Cour, qui consiste à bien connoître les alliances, les partis, les amitiez, les domestiques, les Agens des Princes & des Seigneurs, autrement l'on feroit des fautes insignes, & l'on s'adresseroit aux personnes interessées pour leur dire ce qui leur doit être caché : on jetteroit le feu dans la poudre, au lieu de le mettre dans la cheminée ; on allumeroit des passions qu'on vouloit éteindre; & l'on verroit des effets directement contraires à ses desseins sans céte particuliere connoissance.

Quelques circonspections qu'on y apporte, les personnes & les affaires sont pesle-mêlées de sorte, qu'on se fait tort d'vn côté, quand on profite de l'autre ; & qu'il faut marcher à la Cour comme dans vne terre d'ennemis, toûjours sur ses gardes & en défiance. On en a tres-grand sujet, puisque la plusparty viennent, comme nous auons dit, non pas par vn sentiment d'honeur & de vertu, mais pour établir leur fortune par quelques moyens que ce soit, par adresses, par corruptions, par fourbes, par violence. L'ambition n'épargne aucun crime, quand il faut auoir vne charge, ny la vengeance quand il faut se défaire d'vn ennemy. Entrez dans les interêts de l'vn, vous serez persecuté de l'autre ; soyez neutre, vous encourez l'indignation des deux, & de quelque côté que soit la victoire, vôtre perte est ineuitable. Ie veux qu'il y ayt quantité de bonnes ames agreables à Dieu, & cachées aux yeux des hommes : cependant la vertu n'estelle pas dans vn grand peril parmy ces exemples publics de vanitez & de crimes, qui immolent tous les iours les fortunes & les vies des hommes aux demons, quoy qu'ils n'ayent plus entre les Chrétiens, d'idoles ny de temples.

CHAPITRE V.

Preparation d'esprit aux disgraces comme à la faueur.

C'Est vn spectacle digne de merueille, dont vn œil & vn esprit curieux ne se lasse point, de voir vn vaisseau bien équippé sortir du port pour vne longue nauigation, auec l'éclat de ses banderoles, le fanfare de ses trompetes, le bruit de ses canons, & vne fourmiliere d'hommes, qui d'habits, de gestes & de voix, donnent tous les témoignages possibles de leur allegresse. Ils sçauent bien qu'ils vont s'exposer à cet élement, qui fut autresfois le tombeau du monde, qui l'est tous les iours des plus belles flotes; qu'ils se mettent à la mercy de l'inconstance & de la furie des vents; que dans le plus beau calme de l'air & de l'eau, les Pirates les peuuent couler à fonds par des surcharges de foudres, & neanmoins leurs cœurs, leurs bouches & leurs visages n'ont que de la ioye. Elle vient de ce qu'ils ont preueu tous ces accidens, qu'ils ont le courage auec toutes les munitions necessaires pour s'en défendre; qu'ils ont l'experience ou les relations d'vne infinité de vieils matelots, pour asseurance qu'on en peut sortir. Il est certain que les perils de la Cour ne sont pas moindres que ceux de la mer : mais si grands, si ordinaires, qu'on les peut dire extrémes & continuels. On n'y parle que de fauoris disgraciez, que de puissans rendus criminels, que de riches priuez de leurs biens, que de personnes d'illuftre naiffance traitées auec mépris, que de nobles reduis à la paureté.

Toutes ces chofes font vrayes; & fi elles ne l'étoient pas, vn homme de bien n'iroit pas en Cour, parce qu'elle ne feroit qu'vne confufion, où les fraudes & les vioces feroient en regne, au lieu de la bonne foy & de la iuftice. Demandez-vous d'où vient la difgrace des fauoris, c'eft qu'étant éleuez d'vn bas étage, ils paffent iufques à l'infolence de fe vouloir égaler à leur maître, de n'en prendre plus les ordres, d'agir à leur fantaifie, donner les grands emplois par leurs mains; enfin s'approcher fi prés du Roy, comme les planetes du Soleil, qu'ils en font brûlez, & tombent dans vne entiere fufpenfion de forces. Voulez vous fçauoir pourquoy les perfonnes d'illuftre naiffance n'ont pas toûjours les plus belles charges; c'eft ou qu'elles n'en ont pas le merite, ou que l'on craint de donner à l'ambition auec la puiffance l'audace de fe porter à des entreprifes defauantageufes à l'Etat, & d'allumer ces matieres qu'il ne feroit pas facile d'éteindre. D'où vient dites-vous, que certains de baffe naiffance ont de fublimes emplois? On vous répond, qu'on en trouue leur efprit auffi capable que d'autres, mais plus docile, plus fidele, moins fujet d'être corrompu ; ils font des inftrumens qu'on peut & prendre & laiffer à difcretion fans aucun peril. Ainfi quand toutes ces chofes particulieres feront bien examinées à la rigueur, il fe trouuera que les difpofitions en font équitables, & que la Cour n'eft pas, comme on l'a dit, le theatre de l'inconftance, mais vn trône de la iuftice.

Ce n'eft pas que la fageffe du Prince puiffe empécher en fon Etat tous les effets de la bonne & de la mauuaife fortune, ny faire qu'vn Gentil-homme aprés vne profusion de ses biens, aprés beaucoup de disgraces qui les luy ont rauy, ne se voye reduit à la pauureté : on donne des pensions selon les merites, mais l'épargne ne suffiroit pas, si le Roy vouloit rétablir toutes les familles, dans les moyens qu'elles auoient deuant leurs disgraces. Vn homme de mauuaise mine, d'vn esprit farouche, qui n'a rien en son visage, en sa parole, en son port que de rebutant, quoy que Gentil-homme, s'il est exclu de l'employ, qu'il n'en accuse que sa mauuaise naissance qui le condamne à la retraite, & non pas la Cour, qui ayant le choix des personnes, se feroit injustice à elle-mesme de ne pas preferer les plus propres & les plus capables.

Enfin considerez la Cour, comme toutes les autres conditions, mêlée de bien & de mal, d'occasions plaisantes & desagreables :

ainsi pour y viure, il faut se soûmettre à ce droit commun, qui veut que celuy-là porte les dommages & les seruitudes de la chose, dont il reçoit les profits & les commoditez. Vn Gentil-homme ne se propose pas pour fin, d'emporter les grands emplois par preference sur beaucoup de concourans, il n'a pas céte grande estime de luy-méme, il en laisse le iugement à son Prince; mais il fera son possible pour aquerir toutes les bōnes qualitez qui peuuent le rendre cōsiderable, & en état de rendre seruice quand il sera commandé. S'il est mis en charge, il employera toutes les lumieres de son esprit, pour reconnoître ce qu'on y peut faire de bien, & toutes ses forces pour le mettre en execution, sans épargner ses interéts, ny ceux de tous ses amis, en ce qui regarde l'auancement d'vn bien publique; il peut bien étre prodigue de ses soins & de ses commoditez, puis qu'il le seroit de sa propre vie pour ce grand sujet.

Que si les inclinations du Prince portent ailleurs ; si l'enuie, la médisance, les pratiques de ses ennemis trauersent ses pretentions, & ruinent ce qu'il édifie pour l'auancement de ses desseins ; enfin, si les occasions, les personnes, les affaires ne luy sont pas fauorables ; il se donnera la iouïssance de luy-méme, si le public la luy refuse; il sera iuge des affaires, s'il n'y est point receu comme partie ; & cependant il acquerera plus de lumieres & d'experiences par les perils des autres, pour s'en seruir auec auantage s'il y est mis. Il s'y presente sans y faire beaucoup de presse; s'il n'est pas choisi, il se retire auec tranquillité, comme cét ancien qui n'ayant pû auoir les suffrages necessaires pour son élection, fût rauy de ioye que la République eût à son seruice, tant de personnes plus capables qu'il ne pouuoit être. Enfin, vous venez en Cour pour y receuoir la loy, & non pas pour la donner: Si le Roy met fin à vos emplois, il ne la met pas à vos bonnes volontez, qui ont tout leur merite deuant Dieu, & qui trouuent toûjours quelques occasions de seruir par leurs bons conseils, comme vn vieil soldat que les playes ont mis hors le combat, ne laisse pas de voix & de geste d'y animer tous les autres. Il faut auoir ces veuës & ces resolutions generales, deuant que vous engager dans les negoces de la Cour, afin qu'en ayant preueu les changemens, ils vous soient beaucoup moins sensibles, & qu'ils ne fassent aucune impression sur vôtre courage toûjours en état du seruice, ou de la retraite selon les ordres secrets de la Prouidence. Vous verrez par les histoires & par vos propres experiences, que toutes les choses humaines sont dans vne perpetuelle circulation, & qu'elles ne font que passer, pour aussi-tôt disparoître quand elles arriuent.

CHAPITRE VI.

Le choix d'vn amy.

JE suppose qu'vn Gentil-homme vient à la Cour parfaitement instruit du bien & du mal qui s'y fait; mais auec vne ferme resolution d'y viure dans vne inuincible probité; & que toutes les considerations humaines, tous les interêts de la fortune ne l'obligeront iamais à faire la moindre chose contre les loix de la conscience : Il sçait que la vertu a des attraits qui la font aymer de tous les esprits raisonables; & quoy qu'elle ne soit pas si vniuersellement suiuie, elle est toûjours consideree auec respect en ceux qui la pratiquent: son exemple pourra méme faire quelque impression sur tant d'ames persuadées interieurement de la verité; & s'il a cête qualité de la lumiere, de ne se point salir parmy les ordures, il leur communiquera les autres qui les peuuent perfectionner. Peut-être qu'il souffrira quelques contradictions de ceux qui ne luy sont pas semblables. Mais ses generositez ne feront que prendre de nouuelles forces par ces resistances & ces ardeurs comme celles d'vn grand feu croîtront par vn vent qui éteindroit vne chandelle. Il se propose donc deux choses dans la conuersation de la Cour, la premiere de ne se point abandonner à ses desordres; & puis d'en retirer quelques-vns, qu'il trouuera mieux disposez à faire le bien.

Pour ce grand projet il luy faudroit vn second, vn fidele amy, qui eût les mêmes resolutions, le même zele pour les pratiques de la vertu, pour l'étendre & la communiquer autant qu'il se peut aux autres : son cœur le desire, ses pensées, ses yeux le cherchent par tout, si la rencontre d'vne conuersation le luy offre, il la cherit & l'embrasse comme vne insigne faueur de la Prouidence. Il ne faut point de longues épreuues, ny de grands discours pour établir l'amitié entre des personnes, qui ont Dieu seul pour principe : Elles se connoissent, se sentent, se penetrent, s'vnissent en vn instant comme deux lumieres, par la plus forte de toutes les sympaties, parce qu'elle procede de la souueraine vnité. En peu de temps ils se découurent auec vne naïue simplicité, leurs pratiques, leurs pretentions, les plus secretes de leurs pensées : & comme elles se trouuent semblables en tout, il ne leur reste rien à souhaiter, sinon qu'à se maintenir dans vne entiere, solide, mais secrete intelligence.

Car l'vn des premiers articles de leur conuention sera, de ne se point

point engager dans côte multitude d'amis, qui ne partagent pas seulement le cœur, mais qui le brisent & le fracaſſent en tant de pieces, qu'il n'eſt plus vn, qu'il n'a plus d'amis pour en trop auoir, comme vn miroir puluerifé qui ne repreſente plus rien. Les defirs de tant de perſonnes paſſeroient enfin de la diuerfité dans la contradiction, qu'il ne feroit pas poſſible de concilier : on fe mettroit dans l'impuiſſance de rendre feruice, & la faueur qu'vn receuroit, en desobligeroit beaucoup d'autres. Il n'y auroit plus de fecret, car ce feroit le publier, de le dire à tous ceux qui pretendent y auoir également part, ou ils fe tiendroient offenſez, fi l'on auoit en cela des preferences & des retenuës.

La veritable amitié n'eſt donc qu'entre deux, d'vne pareille & méme vertu, qui fe découurent fans crainte toutes leurs penſées, parce qu'elles ne tendent qu'au bien, & qu'ils n'auroient pas crainte de les dire à ceux même qu'ils sçauroient deuoir être vn iour leurs ennemis. Les rencontres de deux lignes sur vn plan, forment des angles toûjours inégaux: celuy seul qui se fait de deux lignes droites, & qui en porte le nom, est toûjours égal à luy-même, quoy que les lignes soient grandes ou petites, & qu'on en reïtere plusieurs fois les operations : ainsi toutes les amitiez humaines sont sujetes au changement, si elles n'ont la rectitude de la vertu, qui les rapporte droit à Dieu pour regle. Toutes les conferences de ces deux amis les engagent de plus en plus à la probité qu'ils se sont promis sans iamais s'en dispenser; de sorte que l'vn tient à l'autre lieu de Censeur, de Directeur, de Conseiller & de Iuge : Ils se communiquent leurs lumieres & leurs ardeurs en la poursuite d'vn bon dessein, ce que l'vn donne à l'autre reuient sur luy , & luy profite plus par céte reflexion, que s'il l'auoit de luy-même, auec les attaches & les défiances de l'amour propre ; comme l'aymant reçoit vn furcroît notable de vertu, étant ioint au même fer qui l'auoit peu auparauant receuë de luy.

Deux bons efprits s'affinent & s'éclairciffent merueilleufement dans la conference, où fans enuie, & par vne ardente affection de s'ayder pour obtenir vne bonne fin par de bons moyens , ils fe donnent reciproquement des ouuertures , pourfuiuent leurs pointes auec des efforts , qui hors de là ne leur étoient nullement poffibles. C'eſt vne douce confolation d'auoir ce priué Confeil , où l'on puiffe prendre les ordres pour la conduite de quelque affaire importante au bien de l'Etat , pour diuertir vn orage, pour calmer vne paffion, pour gagner vn temps qui changera les objets & les volontez, pour déliberer fur ce que l'on doit dire & taire, & fur les diuerses iſſuës d'vne tentatiue, comment l'on doit ménager les ouuertures qu'on a dans la faueur, comment foulager vn pauure par l'afcendant que l'on a pris fur vn eſprit, comment rompre de mauuais deſſeins par de belles eſperances, apaifer vne querelle par l'entremife des puiſſances, & par vn fentiment d'honneur, où l'auarice méme trouue fes interéts en des œuures de charité. Ces petits conſeils de guerre, ces conferences d'eſprits & de cœurs font auantageufes en toutes rencontres, mais neceſſaires dans vne difgrace, où les plus fortes ames fe trouuent trop foibles pour digerer feules leurs penſées, fi elles ne trouuent vn fein aſſez confident pour s'en décharger, pour en receuoir ce que l'état prefent permet de remedes, & ce que la vertu peut donner de confolations.

Ce choix d'vn parfait amy, est plus facile en tout autre lieu qu'à la Cour, où les esprits sont plus couuerts, les courtoisies, les honétetez, les bons offices plus ordinaires; de sorte que comme au sujet du Palladium de Rome, entre tant de semblables & de contrefaits il est difficile de reconnoître le vray. Si l'on n'est pas assez heureux pour en faire le discernement, au moins il faut éuiter l'amitié de ceux qu'on void notablement sujets aux passions, de l'amour, du jeu, de la colere, de la vengeance; car l'amitié n'a rien de solide en des humeurs sujetes à des transports si violens, qui ne les laissent pas vn demy iour semblables à elles-mémes. Leur affection vous seroit fort onereuse, premierement en ce qu'elle vous engageroit auec eux dans le desordre & dans le crime, par le support que vous y donneriez, & par des seruices qui se termineroient

de part & d'autre en des repen-
tirs : Vous vous verriez contraint
à des prets, des dépenses excessiues, des combas ; & ne pouuant
ny faire ny continuer ce qu'on de-
mandroit de vous, d'vn importun
vous auriez vn mécontent, &
peut-étre vn ennemy sur les bras.
Il vaudroit mieux n'auoir que des
amitiez à la mode, qui consistent
en courtoisies, en ciuilitez communes, que de lier celles-là qu'on
void si contraires aux tranquillitez
de la vie, & aux loix de la conscience.

CHAPITRE VII.

Resolutions de viure content parmy ce qui pourra blesser ses inclinations.

NOus sommes au milieu de qualitez contraires, non seulement desagreables à nos sens, mais qui leur sont importunes, nuisibles & offençantes: le froid & le chaud nous incommodent, au lieu de la beauté que nous cherissons, vne longue suite de vilains visages, de postures conrrefaites, de saletez, d'immondices se presentent à nos yeux & les blessent, deuant que les paupieres les ayent fermez. Nous ne sommes pas seulement inuestis, mais nous sommes composez de forces ennemies, elles nous rendent malades, tristes, langoureux, ardens; & quoy que la nature ayt la vigueur de s'en déliurer ; elles ne fortent point de nôtre corps, qu'elles ne nous offenfent. Ie croy que Dieu nous donne ces exercices de patience fi ordinaires, & ces rencontres neceffaires de chofes defagreables, afin de nous les rendre familieres, que l'vfage nous en ôtât le fentiment, que nous y fuffions endurcis; & qu'à force de nous offenfer, elles ne nous offençaffent plus. La nature eft fi prompte à nous foulager, que comme elle met l'antidote auec le venin dans le fcorpion & la vipere, ainfi dans le cours ordinaire de la vie, elle nous ôte le fentiment du mal par luy-méme.

Dans Paris allant à pied par les ruës, mes oreilles font contraintes de receuoir des cris & des bruits confus; mes yeux de voir des bouës, des laideurs, des miseres: j'efquiue le choc des perfonnes, des cheuaux, des caroffes pour n'en être point bleffé, ie laiffe aller

CHRETIEN. 345
chacun comme il luy plaît, cependant que ie pourſuis mon chemin, que ie donne les attentions de mon eſprit à vne affaire, & mon cœur à la ioye qu'elle luy aporte. Il faut prendre la méme reſolution dans le commerce de la vie : chacun a ſes humeurs plus differentes que le viſage ; chacun a ſes deſſeins particuliers qu'il pourſuit avec des paſſions, à qui l'on donne des noms communs, quoy que les tranſports en ſoient fort bijares, & qu'ils ayent fort peu de rapport: Vous verrez des complexions noires, penſiues, cachées, rapportantes à vn ciel chargé de nuages, preſt à fondre en pluye ; d'autres ardentes, coleriques, dans les menaces, dans la violence, leurs paroles ſont des éclairs, des tonnerres, des foudres, mais foibles qui ne percent point, qui noirciſſent ordinairement plus qu'ils ne bleſſent : d'autres enjoüez, folàtres, & qui de toutes les occaſions ſe font

des sujets de rire, pour entretenir leur ioye : D'autres vous abordent auec vn soufris étudié, des yeux clignotans, qui vous font connoître que la parole ne s'accorde pas auec le cœur, qui se montre & qui se cache pour vous surprendre. Que pouuez-vous faire dans ces rencontres, sinon de souffrir ce que vous ne pouuez changer: mais sans rien souffrir, laissez-les dans la liberté de leur naturel, comme les ours, les lions, les singes, les renards: Vous les connoissez, vous leur pouuez jetter quelque complaisance de parole ou d'effet, sans neanmoins vous en approcher si prés, que vous puissiez en être offensé. Ne penetrez point dans leurs affaires, & ne leur donnez aucune entrée dans les vôtres; vne bienseance, vne courtoisie commune, suffit pour leur laisser quelque estime de vôtre personne, & sortir de leur conuersation auec franchise, comme pressé, sans leur

CHRETIEN. 347
donner le temps de vous déduire
leurs interéts , pour n'auoir aucun sujet, ny de refus ny d'engagement.

N'entreprenez pas aussi de leur
donner des auis , sur ce qui blesse vôtre raison , c'est trop entreprendre sur ce qui n'est pas de vôtre ressort ; peut-être celuy que
vous abordez met sa perfection en
ce qui vous paroît vn défaut , ou
s'il en a la connoissance, il ne veut
pas que vous paroissiez l'auoir, &
que vous portiez la main sur vne
partie qu'il a douloureuse. S'il vous
consultoit sur sa conduite , vous
auriez sujet de luy en dire vos sentimens , auec toutes les circonspections & tous les lenitifs necessaires ; mais de donner de bons auis à
toute la Cour, c'est ce que vous ne
pouuez faire que par vos exemples , & en ne parlant que par action : Soyez donc interieurement
témoin & iuge, non pas censeur de
céte diuersité d'humeurs , & afin
P vj

qu'elles offensent moins la vôtre, vous les deuez regarder comme Appelles peignoit Antigonus, du côté que son visage étoit moins difforme.

Puisque la souueraine Sagesse, compose le monde ciuil de cette diuersité, elle y est sans doute necessaire : les vns sont propres dans les conseils à réuer sur les expediens, & à garder le secret ; les autres à la promptitude de l'execution ; d'autres à moderer les trop grandes défiances, & passer genereusement sur de legeres considerations : enfin, d'autres dans les affaires où il faut allonger la peau du lion, y consant celle du renard. Il se fait en la police vn agreable concert de ces humeurs, comme en la musique, des basses, des superius & des tailles ; & des beautez comme en la peinture, des ombres & des coloris mornes ou éclatans. L'hyuer qui fait germer nos moissons, ne nous est pas moins necesfaire, que l'Eté qui les meurit ; les montagnes qui font des inégalitez sur la terre, incommodes aux voyageurs, nous causent des biens, qu'il ne faut pas attendre des plaines: Vous n'étes qu'vne petite partie dans le monde & naturel & ciuil ; vous le ruinez, si vous voulés reduire toutes les autres à vôtre temperament particulier. Quand vous seriez le plus sage, & qu'en ce corps moral vous tiendriez la place de l'œil, ce ne seroit plus vn corps organique, si vous en ôtez tous les autres sens & les autres membres, sans lesquels il ne vous seroit pas méme possible de subsister. Viuez donc auec vne grande tranquillité d'esprit entre des humeurs antipatiques, sans peine & sans plaintes ; de sorte que comme il s'en fait vne harmonie dans l'Etat, elles vous soient vn sujet de tenir tous vos mouuemens dans vne grande moderation.

CHAPITRE VIII.

De la moderation dans les modes & en toutes choses.

ON se plaint de ce que l'on ayme & de ce que l'on cherche, quand on reproche à la Cour d'être sujete à trop de vicissitudes; & que sans repos, sans ordre, elle est comme l'Ocean dans vne agitation perpetuelle : Car les morts, les naissances, l'alternatiue des officiers, les libres dispositions du Prince, ses faueurs & ses disgraces, les coups de fortune n'y font pas assez de changemens, la demangeaison des esprits encherit sur toutes ces diuersitez par celles des modes. Vne voix commune charge les François, d'être en cela plus inconstans que les autres peuples, qui gardent la forme de leur habit comme de leur peau, toûjours la méme ; & qui comme les corbeaux, quoy qu'ils se renouuellent en leurs muës, sont toûjours noirs. Ie ne croy pas que les hommes soient dignes de blâme de se conformer à la nature, qui par les mouuemens du Ciel, de l'air, des eaux, des choses inferieures, des quatre saisons de l'année, fait que le monde est dans vne continuelle diuersité, afin que passant par cette multitude sans bornes, il ayt vn plus grand rapport à l'infinité de son principe. C'est peut-être pour cela méme que les étoiles sont posées au Ciel, que les eaux découurent la terre, que les flots se poussent, que les animaux se meuuent auec tant d'inégalitez, qu'elles ne peuuent être reduites à certains nombres, methodes, ny figures.

Frothée fut vn Roy d'Egypte, qui pour suiure l'esprit vniuersel selon la science du païs, changeoit tous les iours d'habit, & portoit en Diod.sicul.rer.antiq.l.1.par.2 c.2.

tête tantôt la figure d'vn lion, puis d'vn taureau, d'vn aigle, d'vn serpent, ou d'autres : par des changemens que le peuple regardoit comme mysterieux, & qui ont fait dire, qu'il prenoit souuent de nouuelles formes. Les esprits de feü demandent leurs libertez toutes entieres ; s'ils prennent les modes d'vn peuple & puis de l'autre, c'est comme les flâmes qui se portent sur plusieurs matieres pour en faire les essais, & qui enueloppent celles qu'elles veulent conuertir en soy. Ce seroit étre étranger en son païs, & villageois à la Cour, de ne suiure pas la mode qu'elle a receuë : on doit céte déference aux yeux de tant d'illustres, qui vont les premiers afin que vous les suiuiez, qui vous demandent ce qu'ils vous donnent d'agréement, & que vous ne pretendiez pas l'exemption d'vne loy, qu'vn consentement commun a rendu publique.

CHRETIEN. 353

Cela se peut faire auec vne moderation, qui n'aille point à vn excez trop affecté, de sorte qu'il soit ridicule, & qu'il passe de beaucoup la mode qu'on ne doit que suiure. Il est facile de la garder aux habits, quand il ne s'agit que de la forme ; mais quand la mode se fait des matieres precieuses, comme de porter la soye, les clinquans, les draps d'or, les broderies : Ie tiens vn Gentil-homme bien sage, qui ne s'engage point en ces extrémes dépenses, soit qu'il ne puisse ou qu'il ne vüeille pas les supporter. L'histoire remarque, que Loüis onziéme défendit à tous les marchands de préter ces étoffes precieuses aux Gentils-hommes, sous peine de perdre leurs debtes ; il preuit ce qui arriua sous François premier, où la Noblesse se ruina de sorte en céte vanité d'habits, qu'elle se trouua dans l'impuissance de s'éleuer aux charges de la Iustice, ny aux autres grands em-

Duplex l'an 1486.

Le méme l'an 1515.

plois qu'il faut commencer par quelque auance, dautant que le commerce auoit fait tomber tout l'argent entre les mains du simple peuple, dont les nobles furent contrains de rechercher les alliances honteuses, comme nous auons dit, & qui leur furent necessaires. C'est vne foiblesse de n'oser pas dire franchement, qu'on a besoin de sa bourse en des sujets plus pressans, & que pour paroître on ne fait pas état de s'incommoder : le visage, l'action, le port fait que l'on distingue assez vn Gentil-homme, quoy que sous vn habit commun.

Céte vanité d'habits regne dangereusement entre les Caualiers qui vont à l'armée, s'ils ayment mieux auoir vn bel habit, que de bonnes armes & vn bon cheual. C'est vne profusion d'exposer ces riches etoffes aux fatigues de la guerre, c'est vne lâcheté de ne s'y pas mettre pour les épargner. Ces casaques de clinquant & de broderie, ne pareront pas les coups de mousquet, elles ne feront qu'animer les ennemis au butin. Vous vous parez, dites-vous, parce que vous allez gayement au combat, comme à la nopce : Il faut icy voir le reuers de la médaille ; vn soldat tiroit vanité d'vne playe qu'il auoit sur le visage, comme s'il l'eût receuë faisant téte aux ennemis: Camarade, luy dit l'autre en fuyant, n'auez-vous point regardé derriere vous ? On pourroit dire à ces vaillans si bien ajustez, n'étes-vous point parez de la sorte, afin que l'ennemy vous prenant pour vn grand Seigneur, vous épargne dans l'esperance d'vne considerable rançon. Les soldats ont été si souuent trompez par cét éclat, qu'ils ne s'y arrétent plus, & que le mot méme se donne, tire au plus beau. Il vaudroit bien mieux que l'armée fut éclatante de cuirasses que de clinquans.

On ménage les forces de son cheual, necessaires pour vn long voyage: si de méme vous auez dessein de faire vn bon établissement à la Cour, c'est vne prudence d'y commencer par vn train de vie qui se puisse facilement entretenir, & que peu de temps ne vous oblige pas de quiter ou de décheoir; ainsi faire vne dépense moderée en la table, & en la suite. Ce grand vol que quelques-vns prennent dés l'entrée pour se mettre en vne plus grande estime, donne de l'admiration, & à plusieurs la curiosité de s'informer des particularitez plus cachées d'vne famille; ils iugent par la quantité de la matiere, combien ce grand feu pourra durer; ils l'attisent & le soufflent pour en auancer la fin, & cependant en tirer ce qu'ils pourront de commoditez : les compagnies, les loüanges, les entretiens agreables ne manquent pas, non plus que les esperances de la faueur, & d'vne toison d'or qui sera la recompense de ces menus frais; ainsi la table & les suiuans consomment bien-tôt vn homme en dépenses, quand elles ne se mesurent pas aux reuenus. Vous voulez paroître en vn point où vous serez surmonté par les Princes, par les Seigneurs, par quantité de vôtre volée, mais de plus grands moyens : n'ayez point céte ambition, & ce défaut ne vous sera point sensible. Il ne s'agit que des richesses qui ne donnent pas le titre de la vaillance, de la vertu, ny de la noblesse, puis qu'elles se trouuent plus grandes chez les partisans. Si lors que vous entrez à la Cour vous paroissez peu, l'équipage que vous aurez en suite plus beau sera consideré, comme vne sensible demonstration de vôtre merite, qui vous donnera l'entrée dans la faueur d'vn plus puissant.

CHAPITRE IX.

Se mettre sous la protection d'vn plus puissant.

LE Soleil exerce vne souueraine puissance dans le Ciel, par vne vertu vniuerselle qui concourt à toutes les generations, & qui anime toutes les puissances de la nature, par vne source inépuisable de lumieres, qui se communiquent à tous les sujets capables de les receuoir, & qui tirant les corps des tenebres, leur rendent leurs figures, leurs couleurs, leurs beautez propres, par vne tres-équitable distribution de iustice. Ce Prince du Ciel marche auec magnificence au milieu des sept planetes, qu'il éclaire de ses rayons, & qu'il honore chacun d'vn petit empire sur certaines choses, sur les climas de la terre, sur les parties de nôtre corps, sur les especes des bêtes, des plantes, des pierreries; de sorte que chaque partie de l'Vniuers grande ou petite, est sous le domaine particulier de son Astre. Cét œil, céte ame du monde, ne represente-t'il pas au naturel la personne sacrée du Roy, plus éclatante que tous les Princes & les Seigneurs, qui l'accompagnent, qui reçoiuent vn surcroît d'honneur par les approches de sa Majesté, par les rayons, les droits, les authoritez qu'ils tiennent de sa souueraine puissance.

Cesar en ses Commentaires rapporte, que la police de nos anciens Gaulois se forma sur celle du Ciel, peut-être par le conseil des Druides grands Astrologues : Que sous vn Monarque dont la puissance étoit souueraine, les Nobles & les peuples étoient diuisez en partis, dont chacun auoit pour chef vn grand Seigneur, qui les auoüoit pour siens, qui les obligeoit de sa

De bello gall. c. l. 6. & 7.

faueur & de sa protection en toutes rencontres. Le Roy tenoit ainsi toutes les personnes de son Royaume attachées à son seruice par le moyen de ces Chefs, dont la fidelité luy étoit connuë, & qui prenoient separément céte conduite particuliere : Car vne grande multitude ne peut être ny connuë ny gouuernée sans vne subordination : on diuise les fagots d'vne forét, les gerbes d'vne campagne, par cent & par milliers; tous les soldats d'vne armée, par escoüades, par Compagnies, par Regimens, & par diuers corps : les fontaines, les ruisseaux, les riuieres se ioignent aux plus grandes, pour se venir rendre dans la mer; le Danube le plus grand fleuue de l'Europe, prend son origine des extremitez de l'Allemagne, & s'étant grossi par l'abord de soixante grosses riuieres, vient se décharger dans la mer au-dessus de Constantinople : le Gange le plus grand

grand des Indes s'enfle de trente autres qu'il porte dans l'Ocean. Ainsi les personnes nobles & populaires se mettent par bandes sous la protection de diuers Seigneurs, qui leur donnent de l'employ selon leur merite, & ménagent leurs affections pour le seruice du Roy.

C'est la gloire de ces Seigneurs d'auoir vne suite florissante de personnes qui suiuent leurs inclinations, qui soient les objets, les témoins, les panegyristes de leur bonté; d'auoir vne petite Cour, où ils reçoiuent des deuoirs approchans de ceux que l'on rend au Roy, afin de couurir & de soulager ce que leur état non souuerain a de sujetion : mais c'est vn grand auantage pour vn Gentil-homme quand il vient en Cour, d'auoir vne personne illustre qui l'honore de son amitié, qui le porte, qui l'auance par sa faueur, qui luy donne sa protection contre ce qu'il a

Q

sujet de craindre en ce nouueau monde, qui le rende comme vne perle plus belle & plus éclatante dans vn plus grand iour. Les plantes foibles d'elles-mêmes, qui n'ont pas la force de se soûtenir, comme les volubilis, les vignes, les lierres, s'attachent aux corps solides qu'elles peuuent approcher; ainsi les Gentils-hommes qui n'ont encore que des merites sans reputation, la cherchent auprés de ceux dont elle est parfaitement établie.

Mais comme nous auons dit, qu'vn Seigneur doit exactement connoître la probité de ceux qu'il reçoit en sa familiarité, au secret & en la conduite de ses affaires; il est fort important à ceux qui s'engagent en céte condition, de sçauoir les qualitez de celuy qu'ils prennent pour maître, parce qu'elles feront le mal-heur ou les felicitez de leur vie. S'il est pointillant, il vous engagera tous les iours dans ſes querelles ; s'il eſt joüeur, aprés qu'il vous aura miſerablement épuiſé , & receu vos longs ſeruices ſans recompenſe, vous le deſobligerez de n'être pas continuellement importun à vos amis pour en faire ſes creanciers; s'il eſt ſujet au vin , il s'épargnera pour vous expoſer à cét infame combat à coups de verre, où on ne laiſſe pas de mourir ; car on nous fait rapport d'vn païs , où les Seigneurs menent dãs les feſtins pour leurs ſuiuans de grands beuueurs, qui en attaquent d'autres iuſques à tomber yvres & étouffez ſous la table; s'il eſt laſcif,vous ne pouuez être dans ſes bonnes graces, qu'en proſtituant vôtre conſcience & vôtre reputation auec la pudicité des Dames : Enfin,s'il eſt remüant & ſeditieux, il vous engagera dans de mal-heureux partis , dans des intrigues,des negotiations, des intelligences auec les ennemis, qui ne manqueront pas d'être décou-

Q ij

uertes ; & quelques issuës que prennent ces broüilleries, la dignité sauuera peut-être vôtre maître, vous y perirez par les mains, ou de la iustice, ou de celuy qui craint vôtre conscience.

Si les mal-heurs sont ineuitables auec ces maîtres mal-conditionez, il faut esperer tout ce qui se peut d'auantage, de ceux qu'on connoît fideles à Dieu & au Roy. La pieté, la vertu qui se rencontre dans l'ame du Seigneur, & dans celle de son suiuant, les vnit par vn lien plus fort que celuy de toutes les sympaties, parce que les causes en sont diuines, les mêmes qui entretiennent la charité des Anges & des Bien-heureux. Le maître souffre interieurement de voir dans vne moindre condition que la sienne, celuy qu'il iuge digne d'vne meilleure, & n'épargne aucuns bons offices, aucunes recommendations pour recompenser cette inégalité de fortune. Le sujet pretenu par tant de faueurs, redouble ses affections pour son bien-faiteur, donne toutes ses pensées & toutes ses forces à son seruice, d'où se forme vn cercle sans fin de faueurs & de reconnoissances. Voila comment tout reüssit à l'auantage de ceux qui mettent la gloire de Dieu deuant toutes choses.

CHAPITRE X.

L'inuiolable fidelité que l'on doit au Roy.

ENtre les disgraces contraires aux contentemens de céte vie, celles-là me semblent les moins supportables, qui outre les incommoditez qu'elles causent, trompent nos plus belles esperances, & nous viennent de la part, d'où nous pensions receuoir de plus grands secours. L'ancienne police comme nous auons veu, donnoit aux grands Seigneurs des droits illustres de conduite & de protection, sur les nobles & sur les peuples, pour en faciliter le gouuernement, pour le rendre plus doux & plus asseuré, par tant de mains qui le mettent en celles du Prince. Il semble que rien ne puisse leur échapper, ny à tant d'yeux ouuerts sur la conduite generale & particuliere du Royaume, & que ces courages heroïques n'ont de la puissance que pour établir parfaitement celle du Monarque dont elle releue : neanmoins c'est aujourd'huy le sujet de nos difficultez & de nos plaintes.

Nous voyons que les plus grands globes des Cieux, sont les plus prompts à suiure le mouuement du premier mobile ; que les mers & non pas les fleuues accompagnent celuy de la Lune qui domine sur les eaux, dont elle nous montre la couleur, les ondes, les inégalitez par celles de sa lumiere & de sa face. Quoy qu'en ces vastes corps, ce mouuement d'obeyssance, soit beaucoup plus fort & plus viste que le naturel, il n'est pas tenu par les Philosophes pour violent, à cause des dispositions passiues qu'ont toutes les creatures particulierement les plus nobles, de receuoir les impressions d'vn principe superieur pour vn bien vniuersel. Selon cét ordre les plus puissans d'vn Royaume, doiuent être les plus affectionez à porter les interéts de l'Etat, les volontez du Roy, les sentimens & les Arréts de son Conseil.

Dieu se tiendroit offensé par les mépris qu'on feroit de ces personnes sacrées, qu'il destine pour tenir sa place au gouuernement des hommes; & ses loix commandent de leur obeïr, dans les choses méme qui blessent nos iugemens & nos interéts, parce que l'vn & l'autre se doit immoler à vn bien public. Les mers agitées comme elles font, entreprendroient de regler le Ciel en ses mouuemens, les malades feroient l'office du medecin, les parties de iuge, la matiere auroit l'empire sur sa forme, le corps sur son ame, si le peuple se rendoit censeur & arbitre de son Prince. Hé comment iuger de ce qu'il ignore, & de ce qu'il est important qu'il ne sçache pas? Car les raisons d'Etat sont des mysteres cachez dans le cœur d'vne, ou de deux personnes qui craignent le iour, afin que rien ne s'oppose à leur execution. Le Roy guerit ses peuples, comme le medecin ses malades, par des surprises obligeantes, qui leur épargnent beaucoup d'inquietudes, & leur fait voir l'effet, sans qu'ils ayent eu l'apprehension du remede: si l'operation en est rude, elle est courte, & nous la connoîtrions necessaire, s'il nous étoit permis de la comparer auec le passé & l'auenir. La Prouidence l'ordonne pour vn châtiment, ou vn preseruatif de nos excez : c'est vn orage qui passe, dont on ne se sauue que par la retraite & la patience, iusques à ce que le Ciel nous rende le calme; la fertilité d'vne année recompense les sterilitez de l'autre, & le bon-heur d'vn prochain gouuernement reparera toutes les ruines du mauuais qui l'a precedé.

Rendez vos obeyssances aux Princes, quand méme ils seroient mauuais, dit l'Apôtre : il ne faut pas desesperer de la santé, par vn accez de fiévre vn peu violent ; c'est lors qu'on ne doit donner ny remedes ny nourriture. Quoy, pour s'affranchir de trop de tailles, faut-il renuerser tout vn Etat, y allumer le feu des guerres ciuiles ? céte fureur qui le déchire de ses propres mains, qui met tous les desordres, tous les crimes en liberté, toutes les loix, & la Iustice dans l'impuissance; enfin, qui ayant épuisé toutes ses forces contre luy-méme, l'expose à la mercy de ses enne-mis ? Voila ce que produisent les seditions, & l'ambition d'vn particulier qui les allume, quand il se rend chef de party, pour être nommé dans l'histoire, quoy que comme autheur du plus grand de tous les mal-heurs.

Neanmoins ces parricides de leur patrie, trouuent des plumes assez temeraires pour iustifier leur conduite, & soûtenir qu'vn Gentil-homme mis Lieutenant dans vne place par vn Seigneur reuolté, ne la doit pas rendre au Roy, mais à celuy même qui luy a donné cette charge. Si-tôt que cette opinion parut dans vn petit Liure imprimé, ie la combatis dans vn traité que ie compofois lors; & que ie vous supplie, mon Lecteur, de voir. Ie m'étonne qu'on n'a point fait les reflexions necessaires sur céte maxime que ie tiens tres-pernicieuse, & vne source de reuoltes qui obligeroient enfin le Roy

Agent de Dieu par. a. c. 14.

de ne donner aucun gouuernement, sans y mettre vn Lieutenant de sa part. Il semble que le Gentil-homme qui a composé ce liure, ne connoissoit pas assez le merite de sa naissance, d'assujetir à vn particulier celuy qui est, comme nous auons dit, de la suite & comme domestique du Roy, qui en reçoit les priuileges de la noblesse comme ses gages, & qui ne paroît en Cour, que pour faire les protestations de ses seruices à sa Majesté.

Ce Lieutenant doit donc considerer qu'étant Gentil-homme, ses parens l'ont offert à Dieu par le Baptéme pour la défense de l'Eglise, & au Roy, pour celle de ses interêts & de son Etat: Il a confirmé ce dernier vœu par les exercices qu'il a fait de Gentil-homme, dés-lors qu'il a mis l'épée à son côté. Ce sont des obligations personelles, qui selon les Iurisconsultes, sont inseparables de la personne, comme les ombres de leurs corps: Vous n'êtes donc plus à vous, vous êtes au Prince & à son Etat ; tellement qu'à son prejudice vous donner à d'autres, c'est commettre le crime du stellionat, ou rapportant à celuy d'vn deserteur de la milice, d'vn métier, d'vn labourage, où quelqu'vn étoit personnellement obligé.

Si vous êtes redeuable à vn Seigneur des faueurs qu'il vous a faites, le payement ne s'en doit pas prendre sur les droits du Roy ; & c'est vn crime de leze-Majesté, de vous retirer de son seruice, pour passer en celuy d'vn autre qui luy fait la guerre, & se declare son ennemy. Trouuerez-vous qu'vn soldat doiue plûtôt obeïr à son Sergent qu'à son Capitaine; à son Capitaine, qu'au Maistre de camp; au Maistre de camp, qu'au General de l'armée ? Les obligations d'vn Gentil-homme à sa Majesté sont premieres, elles sont pour vn interêt public, elles sont iustes, commandées par les loix diuines & humaines ; ainsi preferables par toutes sortes de droits aux engagemens, que vous pouuez auoir auec ce rebelle vôtre bienfaicteur. Il ne l'est plus, si vous sçauez bien iuger des choses, si-tôt qu'il vous attire dans vn party criminel, qu'il vous veut rendre le ministre & l'instrument de sa perfidie, qu'il trafique de la fidelité que vous deuez au Roy, la fait venale, & croit l'auoir bien payée par ses faueurs. D'vn crime vous en faites deux, si vous tenez la parole que vous luy auez iurée, de luy être en cela fidele, par vne infidelité. Croyez-vous que deux valets soient obligez les vns aux autres, de voler ensemble ou assassiner leur maître; qu'vn receleur soit tenu de rendre aux voleurs ce qu'il leur garde, quand le proprietaire le redemande par les voyes de la Iustice ? Quoy vous conseruerez cette place à vn rebelle qui tient la campagne, qui la pille, qui la defole, qui débauche les fujets, afin qu'il ayt fa retraite quand il luy plaira ? cependant que le Roy qui en est proprement le maître, vous preffe de la luy rendre? vous le refufez, ie ne voy rien de plus iniufte, de plus feditieux, de plus criminel, & d'vne confequence plus dangereufe.

CHAPITRE XI.

Rendre au Prince la gloire de tous les fauorables fuccez.

LE Ciel qui domine au monde auec ce grand éclat de lumieres : la tête qui eft enrichie par la nature de tous les fens, qui eft le fiege de la raifon, le thrône de la beauté, & qui reçoit de nos mains, les ornemens, les couronnes, les thiares pour marque des dignitez, parce qu'elle reprefente toute la personne, montrent assez ce que nous deuons d'honneur au Prince, qui est en l'état ce qu'est le Ciel au monde, & la tête au corps. Les loix luy donnent vn ample domaine, de magnifiques Palais, des armées pour garde, afin de conseruer sa Majesté, l'épée & les balances, c'est à dire, les deux droits de la Iustice, sur les personnes & les biens, & toutes ces choses ne sont que les marques exterieures, de ce que ses sujets luy doiuent, & de ce qu'il en attend d'honneur. L'honneur est la seule digne offrande que l'homme peut rendre à Dieu; quoy qu'il soit infiniment satisfait en la ioüissance de ses perfections dans vne bien-heureuse eternité; quoy que la nature ne côtienne rien qui ne publie hautement sa gloire, il nous a fait libres, afin que nous puissions produire de nouueaux actes d'amour & de respect qui le preferent à toutes choses, & que ce nouueau monde intellectuel luy rende sans cesse des hommages. Du feu, où les Sacrificateurs consumoient anciennement les victimes qu'on luy offroit, les fumées seules montoient & se dissipoient en l'air, parce qu'il n'a que faire de nos biens, il ne demande que nos respects, qui s'exhalent si le cœur ne les reitere toûjours pour en faire vne continuité. Le Prince laisse à ses Sujets la liberté de leurs biens, de leur commerce, de leurs actions : il les conserue contre les violences étrangeres par ses armes, contre les vsurpations par sa iustice ; il regle, il maintient tout, & n'en tireroit aucune chose comme Dieu, si sa puissance n'étoit point sujete aux necessitez humaines : faites vos profits sous ses ordres, & dans ce qu'il vous donne d'emplois ; mais rendez luy l'honneur qui luy est deu, ce n'est qu'vne fumée qui ne diminuë rien de vos auantages, au contraire elle les augmente par vne plus libre entrée, que vous auez par ce moyen dans la faueur.

Il vous témoigne en cela ses inclinations, & vous instruit de vôtre deuoir, quand il veut que la monoye porte son visage ou ses armes, comme s'il étoit l'autheur de tout le commerce ; quand tous les actes publics portent son nom, parce qu'ils se passent selon ses loix & sous son authorité ; quand on le graue sur les édifices publics, comme s'ils étoient fais par ses ordres & à ses dépens. D'autres y ont mis leurs industries, leur argent, leurs mains : mais comme le Soleil est toûjours sur nôtre horizon, quand les corps sont éclairez de sa lumiere ; le Roy doit être consideré comme present, en ce qui se fait selon ses volontez par ceux qui luy doiuent l'obeyssance. Ainsi les Empereurs Romains se donnoient la gloire des victoires remportées par leurs Capitaines,

& prenoient le surnom des peuples qu'ils auoient vaincus, quoy qu'ils ne fussent pas en personne dans leurs armées. Ils auoient aussi coûtume d'enuoyer leurs images dans les principales Villes de l'Empire, que les peuples & les Ecclesiastiques méme receuoient auec de magnifiques ceremonies.

Baro. an. 603.

Quelques adresses, quelques soins que les Ministres ayent apporté pour l'heureux succez des affaires; s'ils ont été sages, ils en ont toûjours donné la gloire à leur Prince : Ioab ayant mis le siege à quelque ville, & la voyant en état d'être renduë, en donnoit l'auis à Dauid, afin qu'il eût l'honneur de la victoire. Les François rendirent le méme respect à Loüis le Debonaire au siege de Barcelone. Tacite rapporte que les Allemans auoient cette coûtume, que tous les ans ils confirmoient par vn iurement solemnel : Et dit encore que

l. de mor. sermano.

CHRETIEN. 379

Germanicus neueu de Tibere, ayant en ce païs-là remporté vne celebre victoire, fit éleuer vn trophée, où sans se nommer, l'inscription portoit seulement que l'armée de Tibere auoit été la victorieuse. Le feu n'éclaire point en sa region, parce qu'il y est trop subtil, & par vn effet de la Prouidence qui luy refuse en cét étage la lumiere, dautant qu'elle nous eût ôté la veuë & la distinction des étoiles. Le feu leur défere, parce qu'elles luy tiennent lieu de principe, & qu'elles sont plus nobles que luy, comme elles se couurent & ne paroissent point deuant le Soleil, mais elles mélent & perdent insensiblement leur lumiere dans la sienne.

<small>Albert. Ma. tr. 2 de propr. elem. c. 11</small>

Ceux qui sans dessein ou par vanité se sont trouuez dans des honneurs, que le Prince pretendoit luy appartenir, en ont receu de tresmauuais traitemens, & les coups funestes d'vne enuie qui les a perfecutez iufques à la fin. Le pauure Dauid combatit genereufement les Philiftins ; mais fa victoire fût le fujet de fa difgrace, parce qu'à fon retour à l'entrée de Ierufalem, les filles faifant des chœurs de mufique vinrent au deuant de luy, & chantoient, Saül a tué mille des ennemis, & Dauid dix mille: Comment, dit le Roy, on me fait victorieux de mille, & luy de dix mille, que luy refte-t'il plus que la couronne ? cét honneur quoy qu'il ne fût pas recherché l'offenfa fi fort, que iamais il ne peut luy en donner le pardon. Il arriua quelque chofe de femblable à Conftantinople, où les murs étant tombez par

Niceph.l. vn violent, & long tremblement de
14.c. 46. terre, l'Empereur Theodofe fit trauailler aux reparations ; mais Cyrus Prefet de la ville, entreprit d'en rétablir vne notable partie à fes dépens, ce qu'il fit auec tant de diligence, que les habitans en étant rauis, en témoignerent leur

ioye par cette publique acclamation, Constantin a bâty les murs, Cyrus les a rétablis. Theodose fût si piqué de cela, que sous-pretexte que cét homme n'étoit pas dans des sentimens assez purs de religion, il le démit de sa charge, confisqua ses biens, & iamais ne peut souffrir sa presence. Vn Roy des Assyriens étant à la chasse manqua son coup sur vn lion, & puis sur vn ours, vn ieune Seigneur qui l'accompagnoit fils de Gabrias grand Capitaine, tua ces deux bêtes ; le Roy eût tant de honte & de dépit, de voir vne adresse qui passoit la sienne, qu'à l'instant par vn transport furieux, il perça ce braue de son iauelot. Toutes les histoires sont pleines de semblables accidens qui ont puny les sujets d'auoir, ou souffert ou recherché quelque gloire, qui fit ombre à celle du Prince.

_{Xenoph. l.4. Cyropediæ.}

Quand il met quelqu'vn dans la faueur ou dans le maniement de ses affaires, c'est auec cette condition, que l'on impose ordinairement aux édifices, de ne se point éleuer de sorte, qu'ils empêchent aux autres la liberté de la veuë ; & semblable à celle dont on chargeoit les esclaues émancipez, de n'être point plus riches que leur maître. C'est par cette raison, qu'on ne rend pas les gouuernemens perpetuels ; que Rome ne donnoit pas celuy de l'Egypte aux Senateurs déja trop puissans : On craint que la partie ne se rende plus considerable que son tout ; on craint la disgrace de tant de Prouinces perduës par de trop grandes forces, qu'elles auoient appellées à leur secours. Ezechias brisa le serpent d'airain, qui auoit fait tant de merueilles dans le desert, quand il deuint vn sujet d'abus pour le peuple. Les Astres sont les ministres & les instrumens de la Prouidence, dit saint Thomas; mais l'idolatrie s'introduisit quand les hommes leurs presenterent les encens & les sacrifices, qui ne sont deus qu'à vn seul Dieu : ce fût l'extremité du desordre, dont les Prophetes tâcherent de purger le monde par la mort de ceux qui l'entretenoient; & c'est la ruine des Etats, quand le ministre vsurpe les droits de son Prince, & que de sujet il paroît comme son égal.

Haly nous represente cela par la comparaison du Soleil, qui de iour en autre donne plus de lumiere à la Lune, à mesure que par respect elle s'éloigne de luy : mais quand elle luy deuient directement opposée, il affoiblit petit à petit sa lumiere, iusques à ce qu'il l'en priue entierement, quand elle vient en conionction. La police ne garde pas ordinairement cét ordre, parce qu'il ne seroit pas sans peril; & quoy qu'elle auance vn fauory par degrez, elle s'en défait par vn precipice. C'est pourquoy dans les emplois vn homme de Cour, ne doit pas feulement rapporter la gloire des plus celebres actions à fon Prince, en paroles, mais par effet, par vne maniere de vie moderée, par vne conduite qui ne foit point trop altiere, qui n'affecte point l'indépendance, qui n'approche point l'égalité, & qui ne donne pas toutes les voiles à vn vent, quoy que fauorable, qui pourroit le faire perir. La medecine met entre les remedes propres à fortifier le cœur, non feulement ceux dont les qualitez ardentes l'échaufent: mais auffi les rafraîchiffans qui le temperent, comme font les rofes, les violetes, les perles: Vous voulez plaire aux yeux du Roy, & vous les offenfez par ce grand éclat qu'il ne fçauroit fupporter, fans défiance & fans ialoufie. Quand vos intentions feroient extrémement pures, le bien que vous penfez faire auec tant d'éclat, deuient la ruine de vôtre fortune,

s'il

s'il offense la Majesté à qui vous deuez d'extrémes respects.

Celuy qui s'attache à la personne d'vn Prince, & qui luy rend tous les témoignages possibles de ses affections à son seruice, peut bien esperer de luy quelques loüanges & quelque estime auantageuse pour l'établissement de sa fortune: Car ce Seigneur sera sans doute bien aise de payer ses obligations par les liberalitez d'vn autre: mais vn Agent, vn Secretaire, ne doit pas attendre que la bouche de son maître luy donne ce qu'il merite d'estime; car il se l'ôteroit à luy-méme s'il la luy donnoit, comme s'il luy étoit redeuable de toute l'heureuse conduite de ses affaires; étant son domestique, s'il y reüssit, il est payé pour cela: mais le secret & la modestie luy sont necessaires, s'il ne veut perdre le fruit de tous ses trauaux.

R

CHAPITRE XII.

Comment la verité se peut dire au Prince, & n'en n'être point flateur.

IL est difficile qu'vn homme qui a quelque estime, & de l'amour pour soy-méme, ne ressente vne secrete douleur, quand vn autre le reprend de ses défauts, parce que cette correction accuse son iugement d'être corrompu, & son amour trop interessé. Il s'entretenoit dans cette agreable pensée, que sa conduite meritoit vne publique approbation; & que s'il s'y rencontroit quelque tache, elle étoit couuerte par tant d'artifice, que les yeux ne la pourroient reconnoître, ny la raison la condamner. L'abord n'est-il donc pas fort desagreable de celuy qui entre dans vos intentions, qui vous vient dire qu'il connoît ce que vous pensiez être caché, que vos adresses sont inutiles pour luy, que les plaintes de vos desordres deuiennent publiques, si vous n'y donnez remede: hé quelle authorité, dites-vous, prend cét homme dessus moy, de me traiter comme vn maître feroit son écolier ou son valet ? Il se croit bien iuste, & libre des fautes dont il m'accuse ; il n'agit pas en cela par affection, car comment aymer celuy, dont il conçoit vne si basse & si mauuaise estime ? On suppose donc en luy quelques passions de haine, de vanité, d'indiscretion, qui sont des reproches à ses remonstrances.

Quoy donc que la verité soit l'vnique regle du gouuernement, si precieuse que le Prince en achete la connoissance, par les millions qu'il employe à l'entretien des officiers de son Conseil, de la iustice, des espions, des intelligences chez les ennemis : neanmoins il s'en offense beaucoup plus qu'vn particulier quand on la luy dit, & qu'on le reprend de quelques défauts, ou de quelques excez assez ordinaires dans vne grande puissance. Darius se voyant attaqué par Alexandre, fit la reueuë de son armée deuant Charidemus grand Capitaine Athenien, & luy demanda son sentiment, s'il iugeoit que ces grandes & lestes trouppes fussent capables de repousser Alexandre. Cét homme sincere luy dit auec franchise, Grand Prince, vos troupes me semblent plus belles que fortes, plus chargées d'or que de fer, moins endurcies aux fatigues de la guerre que celles de vôtre ennemy, ainsi ie ne crois pas qu'elles ayent l'auantage : Le Roy fâché de ce sentiment, commande qu'on ôte du monde ce mauuais augure, mais ce genereux continuant dans ses libertez, ajoûta; vous vengerez vous-méme ma mort & le mépris de mon conseil,

Q.Curt. l.3.

CHRETIEN. 389
par vos regrets, par vôtre ruine,& par l'exemple que vous laisserez à la posterité, qu'vn esprit qui s'abandonne à la fortune, perd ses libertez & la raison. En l'année 1385. Henry Roy d'Hongrie fût d'vne humeur extrémement fiere, qui attira sur luy l'auersion du peuple & de la noblesse : vn Seigneur crut vn iour étre obligé de luy en donner auis auec tous les respects possibles. Ce Prince altier s'en sentit si fort offensé, qu'à l'instant il luy décharge vn grand soufflet, le Gentil-homme suiuant de ce Seigneur qui étoit derriere, tire son épée, fend en deux la téte du Roy, & le jette mort à ses pieds. Voila vn Roy qui meurt pour n'auoir pû souffrir la verité ; & d'autres ont fait mourir les Philosophes, les Prophetes, les Saints, les Martyrs qui la leur disoient, & qui reprenoient les desordres de leur vie.

Crantius Vādaliæ l.9.c.13.

Il est donc tres perilleux d'aprocher les grands pour leur dire la verité ; cependant, c'est l'vnique bien, le plus important, le plus necessaire qui leur manque dans l'abondance de toutes les autres choses. Le pouuoir que le Prophete Nathan auoit sur Dauid, & les docilitez qu'il connoissoit en son esprit, iointes au commandement de Dieu, luy donnerent le courage de luy aller faire les reproches de son peché : Encore ce fut par l'adresse d'vne parabole qui tira sa condemnation de sa propre bouche. Ioab se seruit du méme artifice par l'entremise d'vne vefue, qui feignit auoir eu deux fils, qui étant entrez en querelle, l'vn auoit tué l'autre; elle demandoit misericorde, afin que céte éteincelle luy restât pour conseruer le nom & la memoire de son mary, qui sans cela demeuroit éteinte ; il vouloit induire Dauid à rappeler Absalon de son exil, & sçauoit bien qu'il intercedoit deuant vn Pere, dont l'affection naturelle plaidoit interieurement pour son fils.

En d'autres rencontres, le plus seur seroit d'atendre que le Prince vous interrogeât, iusques à vous presser par beaucoup d'instances, aprés mille excuses de dire vos sentimens, quoy que vous fussiez gros & passioné de les declarer. Cela se doit toûjours faire auec beaucoup de respect, s'il se peut sous le voile d'vne parabole, en termes couuerts, en tierce personne, qu'vne histoire dite bien à propos fera parler. L'étude seroit tres-vtile des bons mots, des rencontres agreables, des histoires particulierement du temps qui châtient les vices, & qui par la subtilité des paroles, laissent à l'esprit de l'auditeur le plaisir d'en trouuer le sens, de voir le mal d'vne action des-honéte, s'il n'en veut pas prononcer la condemnation. Comme la calomnie se sert auantageusement de ces pointes, pour porter ses coups plus auant dans les esprits, & y faire des impressions que le plaisir de la rencontre renouuellera toûjours ; la verité les peut employer de même pour établir de bons sentimens,& guerir les desordres de la vie par ces remedes delicieux : mais il en faut faire des troupes de reserue pour les bonnes occasions, car les redites importunes leur feroient perdre auec leur agréement, ce qu'elles auroient de forces, étant appliquées auec iustesse. Ceux qui ne peuuent pas exprimer les choses auec céte bonne grace, feroiêt mieux d'étoufer dans le silence des pensées, dont ils ne pourroient tirer au lieu de profit, que du mépris & de l'indignation.

C'est prendre l'autre extremité d'éuiter non seulement les veritez qui offensent, mais se faire vn art de la flaterie, qui de geste, d'humeur, de parole, suit les mouuemens du Prince, & fait état de gagner ses affections par céte entiere complaisance. Ce n'est qu'vn respect officieux, quand elle demeure dans les termes de l'honnêteté, & qu'il ne s'agit que de se conformer à des actions d'elles-mêmes indifferentes, témoigner des inclinations pour ce qui contente les siennes, & par ces ressemblances affectées, prendre autant d'empire sur son cœur, que la nature en pourroit donner, par les plus étroites & veritables sympathies: mais quand on en vient à ces impostures, contre lesquelles les Prophetes fulminent leurs imprecations, à ces faussetez abominables, qui des vices en font des vertus, qui donnent aux profusions le titre de magnificence, qui font passer la cruauté pour vne iustice, les adulteres pour des galenteries & les effets de la plus douce complexion naturelle, l'auarice pour la preuoyance, la vanité, la superbe, pour les éleuations d'vn esprit de feu: N'eſt ce pas deïfier les crimes, & replonger le monde dans ſon ancienne idolâtrie ? Vn Prince ſe ſeroit corrigé de ſes défauts par les remords de ſa conſcience, par les liures, par les ſermons, par les bons auis d'vn Directeur : & ce libertin vient paſſer l'éponge ſur ces premiers traits de pieté, les rend ridicules, & contraires aux tranquillitez de la vie preferable à toutes choſes : Pour flatér ſon humeur auaré, il luy repreſentera les gemiſſemens d'vn pauure peuple opprimé, comme les cris d'vn malade que le Chirurgien penſe, ſans pour cela quiter l'operation qui le doit guerir. Otez le ſentiment de Dieu, le zele de la vertu, & la clemence d'vn eſprit qui tient le gouuernement, quelles en peuuent étre les conduites & les iſſuës, que ſemblables aux agitations d'vn vaiſſeau ſans bouſſole & ſans gouuernail emporté des vens, qui ſe va briſer contre les rochers?

Tous les Princes ne sont pas credules, iusques à prendre tout ce qu'on leur dit pour des veritez, ils sçauent bien qu'on les flate pour auoir quelque morceau. Les plus sages font en cela le discernement des esprits, & ne donnent aucune creance, ne se fient nullement à ceux qu'ils voyent dans ces lâches & seruiles dissimulations : Ils s'en font quelquesfois vn jeu comme des caresses d'vn chien, & ne les chassent pas seulement quand ils deuiennent importuns, mais ils s'offensent d'vn temeraire qui par interest les trompe, & les croit si peu iudicieux qu'ils ne s'en apperçoiuent pas. Auidius Cassius condamnoit ces sortes de gens à mourir, n'ayant à respirer qu'vne épaisse & noire fumée, dont ils auoient été les mauuais marchands. M. Antoine les traita auec moins de rigueur pour en tirer vn plus grand profit ; ie ne sçay pour quelles raisons il se plaisoit d'être appellé Dionyfius, mais arriuant vn iour en Athéne, les Magiftrats de la ville en luy faifant leur harangue luy donnerent céte qualité, & luy propoferent de fe marier auec leur Minerue; il accepta cét offre, mais en fuite il leur demanda pour dot mille talens qu'il les obligea de payer: Vne flaterie fi manifefte qui le faifoit paffer pour ridicule, meritoit bien ce châtiment : Qu'vn homme ne s'emporte donc iamais à ces lâchetez honteufes, & prefque toûjours criminelles, fes paroles ne trahiront iamais la vertu ny la pieté; il fçaura bien taire fes fentimens, quand il les croira inutils aux autres, & pour foy peut-être defauantageux; s'il eft contraint de les dire, ce fera toûjours auec refpect, auec les retenuës & les adreffes que la prudence luy marquera.

CHAPITRE XIII.

De la faueur.

ON peut se representer le Roy, comme s'il étoit toûjours sur le thrône de la Iustice, pour de là considerer la conduite de tous ses Sujets, leurs trauaux, leurs industries, leurs fidelitez, & faire vne équitable distribution des recompenses selon les merites. Son sceptre porte vn œil toûjours veillant pour tout connoître, sa main est toûjours ouuerte pour des liberalitez qui remplissent quelques familles de biens, qui les honorent de titres, dont vne longue posterité conseruera la memoire, & que ces éleuations sont les effets d'vne magnificence royale. Cela se fait par vn droit commun, & par les ordres de céte vertu generale, qui met toutes les actions à la balance, qui peſe méme l'air & le feu, c'eſt à dire la pureté des intentions, & l'ardeur des volontez, pour leur donner ce qu'elles meritent de preference, qui ne permet pas de monter aux grandes charges, que par les degrez des moindres, & qui demande les experiences pour caution de ce qu'on y doit de fidelitez.

La faueur eſt vn priuilege de ce droit commun, car ſans ces longueurs & ces remiſes, en vn inſtant elle éleue vne perſonne d'vne moyenne condition, en vne ſublime qui paſſe les autres, parce que le Prince y met ſon cœur, qu'il en fait vne partie de luy méme, vn rayon de ſa Majeſté, que tous admirent, reuerent, & ſont obligez de ſuiure pour s'en approcher. Te- rentius Cheualier Romain diſoit sur ce ſujet à Tibere; vous tenez du Ciel, Empereur, vne ſouueraine puiſſance, qui peut mettre celuy qu'il vous plaira ſur nos tétes, ſans

Tacit. 6. annal.

qu'il nous soit permis d'en examiner la cause; vôtre volonté fait nôtre destin, & nôtre gloire ne consiste qu'à luy rendre nos tres-humbles obeyssances.

Céte soûmission d'vn sujet, n'empéche pas que la curiosité des esprits ne tâche de découurir les causes d'vne si prompte & si sublime éleuation: L'attribuer à ce que l'on appelle bonne fortune du fauory, il faudroit sçauoir d'où elle procede, ainsi c'est multiplier la question non pas la resoudre : Dire aussi qu'il se trouue en céte heureuse posture par le méme coup de hazart, qui a mis vne petite partie de la terre en son centre, de sorte qu'elle l'occupe à l'exclusion de toutes les autres ; c'est réuer, car c'est vne éleuation non pas vne cheute, c'est vn choix & vne preference qui procede d'vne libre volonté : Les Astrologues pensent en trouuer les veritables causes dans les rapports de la naissance du sujet, auec celle de son Prince qui prefere l'inclination au merite, comme l'aimant attire le fer par sympathie, & méprise l'or. Ne semble-t'il pas qu'il ne faut point chercher d'autre cause de l'amour que luy-même, il est libre, il est souuerain; & quand le Prince consacre sa personne au seruice de l'Etat, il peut bien en choisir vne autre qui le seconde, qui soit dépositaire de ses soins, de ses déplaisirs, & dont la fidelité luy soit vn soulagement. Ce sont toutes confidences qui ne souffrent point la pluralité, & qui se terminent en vne seule personne; si elle n'est pas éleuée par son merite particulier, elle l'est par celuy du Prince, plus grand & plus considerable que celuy des plus illustres familles, comme l'ame raisonnable faite à la ressemblance de Dieu, quoy qu'immediatement tirée du rien, est sans comparaison bien plus noble, que le corps fait du plus fertile des élemens.

Aprés toutes ces considerations, il en faut venir dans les sentimens du Sage, qui dit, que Dieu tient le cœur des Roys en sa main, & leur donne telles inclinations qu'il luy plaît : Il rendit ainsi Ioseph le fauory de Pharaon en Egypte, Daniel de Nabucodonosor en Babylone, Mardochée d'Assuerus en Syrie, Esdras & Nehemias de Xerxes en Perse. Si ce fauory se reconnoît mis de la main de Dieu en ce sublime état, il doit tenir pour vne chose infaillible, qu'il ne s'y peut conseruer sans vne protection particuliere de sa grace, s'il ne banit toutes les idoles de son cœur, s'il ne le dispose par vne grande integrité & par toutes les bonnes œuures possibles à profiter de ces secours surnaturels. Dieu vous a mis dans les bonnes graces de vôtre Prince, faites en reconnoissance, que vôtre Prince soit dans les bonnes graces de Dieu, rendez-luy le Prince qu'il vous a donné; mais tâchez par vos serui-ces, par vos bons auis, par le pouuoir que vous auez sur son cœur qu'il luy soit plus agreable que iamais : étouffez, au moins moderez les plus violentes de ses passions, & sauuez tout le Royaume en sa personne.

Ne craignez point dans l'occasion de quelque conference familiere, de luy declarer vos pratiques, vos souhaits pour auancer la gloire de Dieu, par les exercices de la Religion Chrétienne; car elle porte son authorité dans les consciences, où elle fait mourir toutes les mauuaises volontez; ainsi peut infiniment plus que la seuerité des loix, & la vigilance des Magistrats pour la reforme des moeurs. Faites-luy voir qu'établissant la pieté dans le peuple, il banit le luxe, la mauuaise foy, les vengeances, les seditions, les reuoltes, & le met en cét état de iustice qui peut se passer des loix, parce que sans en venir aux contraintes, elle se porte d'elle-même au bien. O que les occasions sont belles de faire facilement vne infinité de biens, quand vous pouuez en peu de paroles donner de bons auis, qui empêchent les longueurs, les concussions de la iustice, les monopoles des marchands, le trafic des benefices, & conferer auec les plus intelligens pour la reforme de tout vn Etat, qui quelquesfois dépend de peu de personnes employées au ministere, comme la droite route d'vn vaisseau, d'vn coup de main donné sur le gouuernail.

Les grandes offres d'honeur & de profits que l'on vous fait, vous doiuent toûjours être suspectes, elles tentent vôtre modestie & vos fidelitez, de paroître mercenaires: Si vous en croyez la vanité, vous n'aurez iamais assez d'honneurs ny de biens ; si la raison, vous en auez déja trop, pour être moins sujet à l'enuie de vos competiteurs, & ne donner aucun ombrage à la ialousie de vôtre Prince. Les Saints que Dieu mit de sa main auprés des Monarques, ménagerent le repos & la felicité de leurs peuples, Ioseph sauua les Iuifs auprés de Pharaon, Mardochée auprés d'Assuerus; Esdras en obtint le retour en leur pays, auec le libre exercice de leur Religion du Roy de Perse. Soyez de méme l'Ange tutelaire de la France ; conseruez entre le Prince & le peuple vn regne de paix & d'amour, qui est le plus seur, le plus heureux, le plus puissant, parce que le Roy étant le maître des cœurs, l'est sans contrainte, des biens & de la vie.

Au reste, ne soyez pas si délicas au sentiment de l'honneur, que vous fassiez vn grand crime de quelques legeres plaintes qui échappent à la misere, & à des esperances depuis si long-temps trompées. Vôtre moderation en ce point, & en autres choses semblables, changera ces petits bruits en loüanges par toutes les bouches de la renomée : Vos pratiques, vos exemples de probité, preuiendront tous les artifices de vos ennemis, toutes les demandes, toutes les sollicitations importunes contre la iustice : vous leur donnerez de loin le refus, & vous leur ôterez l'audace de se presenter deuant vous, crainte que la seule proposition des choses iniustes ne les rende criminels. Ayez la probité, le silence, la modestie, vôtre état aura de solides fondemens, vôtre fortune sera de diamant & non pas de verre.

CHAPITRE XIV.

De la generosité.

LA force ou la generosité est vne vertu moyenne entre les deux extremitez de la crainte & de la temerité, deux vices opposez, qui font entre les hommes autant de differences que nous en voyons en la nature, entre les poules & les aigles, les lievres & les lions. La crainte grossit & change les objets, elle se les figure plus horribles, plus violens, que par effet ils ne sont, & les trauaux insupportables au-dessus des forces ; elle géle ainsi le cœur, & reduit l'homme à chercher ses seuretez par la fuite dans les antres ou dans les tenebres. La temerité tout au contraire par vne fureur plus qu'animale, se precipite dans le peril sans reconnoître, se perd & s'abyme sous vn pretexte de vengeance ou de vanité. La nature a veritablement ioint la force irafcible à la concupifcence, afin que par l'ardeur du fang & des efprits, les courages s'échaufaffent à vaincre les difficultez qui fe rencontrent, pour s'acquerir ou fe conferuer vn bien qu'on defire. Mais elle nous a donné des yeux & des fentimens, qui mefurent auec affez de iufteffe nos forces aux perils, afin de ceder quand on void qu'on ne peut vaincre. Hé qui ne fe fauueroit d'vne inondation, d'vne incendie, d'vne embufcade d'ennemis ou de voleurs. Le lion méme preffé par vne grande troupe de chaffeurs prend la fuite, & les plus vaillans Capitaines, fouuent ont acquis autant d'honneur par de prudentes retraites, que par des combas fanglans & victorieux.

Neanmoins la generofité eft fi propre à la nobleffe, la gloire qui luy en reuient a tant d'éclat, qu'aujourd'huy l'on n'y trouue point d'excez, & les courages les plus emportez, qu'ils perissent ou qu'ils échappent, sont tenus les plus genereux. La façon qu'on a maintenant de faire la guerre oblige à cela : car lors qu'vn Capitaine est commandé d'attaquer vne demy-lune, où il void les canons pointez droit sur luy, vne compagnie de mousquetaires, qui l'attendent & le mirent; c'est vn peril imminent, vne mort presque inéuitable, sans vne protection particuliere de Dieu : neanmoins il faut auancer, perdre la vie ou l'honneur, & en cette pressante occasion le raisonement seroit ridicule.

Les dangers sont bien plus grands sur la mer, où il faut combatre les ennemis & les élemens: neanmoins les Danois, les Suedois, & les autres peuples du Nord, anciennement pour éuiter l'oysiueté, lors qu'ils n'étoient point en guerre, donnoient de l'exercice à leur

Crantzius Noruer. l. 1. c. 8.

cou-

courage en piratant sur les mers. Ils disoient que la fortune exposoit les biens sur cét élement qui est son domaine, & qui n'appartient à aucun particulier, afin que le plus fort les emportât, & qu'on ne l'accusât plus d'être aueugle, iniuste, inconstante, puis qu'elle les donne non pas par caprice, mais selon le droit naturel, à la force, aux merites, à la vertu. C'étoit vn rude métier, où souuent l'on perissoit en l'aprentissage; cependant on s'y trouuoit comme obligé par la coûtume, depuis qu'elle en eût fait vn point d'honeur & vn exercice de generosité.

Mais en quelle conscience ? Car §.1. & 4 supposé que la mer ne soit dans le inst.de domaine particulier d'aucune per- acq.rer. sonne, plus commune que les grands chemins, les ruës & les places d'vne ville; sera-t'il permis d'y commetre des vols & des meurtres ? Si la nature & la police ont rendu ces lieux publics, pour la

S

liberté du paſſage & du commerce, quel droit auez-vous de l'empécher, en ce lieu même où vous auoüez n'auoir point de droit. Si la fortune a quelque empire dans la mer, c'eſt pour les vagues qui ſe choquent, & les poiſſons qui ſe mangent par des rencontres hazardeuſes, non pas pour les hommes qui ſont deſſus dans l'air, qui la domptent, qui s'en ſeruent pour aller où ils pretendent, & non pas où elle les porte, qui doiuent agir en tout par vne raiſon & par vne iuſtice naturelle grauée dans leurs cœurs, & par vne obligation aux loix diuines & humaines, inſeparable de leurs perſonnes en quelque lieu qu'ils ſe trouuent. Vn homme eſt maître de l'argent qu'il a dans ſa bourſe, étant dans les ruës, ou ſur des mers qui ne ſont pas ſiennes, & dans les terres méme étrangeres; car ce n'eſt pas du lieu, mais d'vne iuſte acquiſition qu'il tient ce droit, que perſonne ne luy peut ôter sans vne extréme violence. Aussi les loix punissent les vols des grands chemins, & sur les mers auec plus de rigueur que les autres, parce qu'ils offensent la foy & la liberté publique, & que cette furieuse resolution de prendre tout ce qui se presentera, comprend vne infinité de crimes & de massacres. L'art de la nauigation est vne des plus vtiles lumieres, dont nous soyons redeuables à la Prouidence, parce qu'vn climat a par ce moyen, tout ce que les autres portent de fauorable aux commoditez de la vie, ce commerce des choses sensibles entretient celuy des loix diuines & humaines, & l'alliance que la nature a mis entre tous les peuples : Combien de crimes en vn seul d'empécher ces biens communs, les Républiques n'ont-elles pas eu de tout temps grand sujet de s'armer contre ces ennemis du genre humain, contre ces monstres qui rauissent plus de

S iij

vaisseaux, & ruinent plus le commerce que les vens auec leurs tempestes, & les mers auec leurs abymes: N'est-ce donc pas l'extremité de la fureur d'étre pyrate, afin de paroître genereux?

Le courage est proprement vn feu, qui pour s'entretenir cherche par tout de la matiere; & quand il la trouue, il s'y attache de toutes ses forces, quand il deuroit perir en la consumant. Seneque nous represente vn bon soldat, qui aprés auoir fait trois celebres actions à la guerre, auoit selon la loy l'exemption de la milice: neanmoins il ne peut viure s'il n'y retourne, le repos luy est vne peine: son pere luy fait toutes les instances possibles, afin de le retenir au logis pour sa consolation, & à ses prieres inutiles, il ioint les menasses de l'exhereder: Mon pere, dit ce genereux, en céte rencontre, ie ne suis pas maître de moy-même: comme mon cheual bondit quand

l.1.contr. 8.

il entend la trompete, mon cœur
treſſaille de méme, & ſe trouue
dans vn état violent quand il eſt
hors de l'armée; la maiſon m'eſt vn
élement étranger que ie ne ſçau-
rois ſouffrir : La Republique ne
m'eſt nullement obligée de mes
ſeruices, & ie ne merite point les
recompenſes qu'elle me donne; car
iamais ie n'ay combatu que d'inclination.

Elle eſt ſi violente en quelques-
vns, que ſi leur courage ne trouue
point ſujet de ſe déployer dans les
armées, il le cherche à rendre
combat contre les bêtes, comme
nous auons dit, parlant de la chaſ-
ſe; ils ne craignent rien, ainſi toutes les occaſions leur ſont indifferentes pourueu qu'ils agiſſent,
comme vne eau qui bout, eſt contrainte de ſe répandre, quand ce
ſeroit ſur la braize, qu'elle éteint
en ſe conſumant. Pepin s'aperceut
vn iour que les Chefs de ſon ar- Duplex
mée, le regardoient auec quelque an. 756.

forte de mépris, comme s'ils eussent mesuré son courage à la petitesse de son corps, qui n'étoit haut que de quatre pieds. Il deliberá secretement en luy-méme de les détromper dans la premiere rencontre: elle se presenta lors qu'ayant fait combatre vn lion contre vn taureau, & voyant que le lion l'ayant abatu commençoit à le déchirer, il dit tout haut, n'y a-t'il personne qui secoure cette pauure bête? vne voix luy répondit, hé qui est l'homme si hardy? luy part à l'instant de sa place, l'épée à la main, tranche la tête du lyon & le jette à mort: Il reuient à la compagnie, où il entend, hé qui seroit l'homme de si peu de iugement, qui ne se tiendroit heureux de vous auoir pour son Prince? Edoüard troisiéme Roy d'Angleterre, cherit beaucoup vn Henry surnommé de fer, à cause de son courage qui domptoit tout, comme le fer tous les métaux: Vn iour il

Crant.l.9 Saxon.c. 24.

en fit l'épreuue, voyāt par des barreaux vn lyon couché dans vne petite cour, il dit aux Gentils-hommes de sa compagnie, Messieurs, qui de vous osera faire comme moy ; ouure la porte, va d'vn pas ferme droit au lyon, luy met sa peruque sur la téte, & se retire de méme qu'il étoit venu, le lyon restant immobile, comme s'il eût été surpris d'étonnement. Si l'on condamna Hanno Carthaginois, qui le premier sceut appriuoiser vn lyon, parce qu'on se défioit de cette adresse capable de tout entreprendre ; quel iugement pouuoit-on porter de ce courage, qui se fit vn jeu & vne galenterie d'affronter la cruauté de cette bête, iusques à la rendre stupide ? Voila des exemples de quelques vns, qui librement se sont exposez à ce peril, pour donner vne preuue qu'ils étoient sans crainte : d'autres y sont entrez & en sont genereusement sortis, par des rencontres

Plin. l. 8. c. 16.

qui les y obligerent.

Crant. Sueuiæ l. 5.c.2.

Regnier Roy de Danemarc, recherchoit en mariage la fille du Roy de Suede d'vne incomparable beauté : le pere qui n'auoit point d'inclination pour ce Prince, & qu'il n'osoit neanmoins desobliger d'vn refus, crainte d'attirer sur soy vne dangereuse guerre, mit à ce mariage des conditions si rudes, que cét amant les refusât de luy-mêmes : elles furent, qu'aucun n'auroit sa fille pour femme qu'il n'eût donné les preuues de sa valeur en combatant vn lyon. Regnier qui ne peut souffrir qu'on luy reproche vn défaut ou d'amour ou de courage, accepte la condition, combat, tuë la béte, & obtient ce qu'il pretendoit: le concours de deux violentes passions, de l'amour & de l'honneur, l'engagea dans ce peril, & luy en fit vne espece de necessité. Elle fût entiere à Lysima-

Pauf. in atticis.

chus soldat, qu'Alexandre condamna d'étre jetté au lyon; il s'en deffendit si bien qu'il le tua, ce Prince l'eût depuis en tres-grande estime, luy donna les plus grands emplois de son armée, & aprés sa mort, la principauté de Thrase.

Ces coups meritent bien les affections & les recompenses d'vn Prince vaillant, parce qu'ils supposent vne fermeté de courage, qui dans le peril de la mort se conserue la liberté de l'esprit, & toutes les forces du corps pour le combat, sans que la crainte trouble l'vn & affoiblisse l'autre, par le tremblement des membres vuides de sang & d'esprits, que le cœur a retirez à soy. Les occasions sont rares de rendre semblables combas contre les bétes; & c'est en cela méme qu'elles sont des espreuues plus asseurées d'vn courage, que la nouueauté d'vn peril ne peut ébranler : Comme dans les Academies on fait mille tours de piques qui ne sont pas necessaires dans le combat ; dans les Ecoles on agite mille subtilitez inutiles à l'éclaircissement de la verité, mais seulement pour donner de l'exercice au corps & à l'esprit, afin qu'étant capables de ces excez, ils trouuent de grandes facilitez en l'acquit des actions necessaires : mais dans les salles on fait assaut auec le fleuret, non pas auec l'épée; on ne se rend pas heretique, pour en representer les difficultez dans vne dispute : ainsi ce seroit vne homicide vanité qui exposeroit la vie, pour montrer qu'on a le courage de la deffendre. Elle est trauersée par tant de disgraces, qu'il suffit ce semble aux bons courages de se conseruer des resolutions & des forces pour les soûtenir, quand elles les viennent attaquer. On peut ne les pas craindre ; mais les desirer, même les chercher, c'est vne vanité si folle qu'elle se contredit, & ne s'accorde pas auec elle-même ny auec la nature; Car on veut le mal quand on le desire, & qu'on le cherche ; on ne le veut pas quand selon l'inclination naturelle, on employe toutes ses industries & toutes ses forces pour s'en deffendre. Il n'appartient qu'aux grenoüilles de témoigner par leur chant la ioye que leur donne le présentiment qu'elles ont des tempêtes, parce que l'instint & l'experience les asseure qu'elles ne feront que grossir & troubler les eaux, où elles viuent & se cachent. Mais quelle certitude peut auoir l'homme de l'auenir, qu'il ne perira point dans le combat où il se porte afin de paroître, que le cœur, l'adresse, les forces ne luy manqueront point, que ce qu'il entreprend pour acquerir de l'honneur, ne luy causera point vne mort honteuse, & ne noircira point sa memoire d'vne eternelle infamie ; c'est vne des solides pensées qui doit diuertir les Gentils-hommes des duels.

CHAPITRE XV.

Euiter les querelles & les duels.

LA santé du corps est vn bien exterieur, sans lequel tous les autres sont inutils, comme les belles peintures à celuy qui n'auroit point d'yeux pour les voir ; ils se trouuent méme nuisibles, en ce que les douleurs des maladies redoublent par la presence des objets delicieux, dont elles causent la priuation. Cette fauorable habitude qui nous ôte le sentiment du mal & qui nous donne celuy du plaisir, n'est pas l'effet d'vne iournée; mais elle ne s'entretient dans les naissances méme les plus fauorables, que par vn regime temperé tel que la nature le demande. Ie considere la paix de l'esprit en vn Gentil-homme qui vient à la Cour, aussi necessaire que la santé du corps pour en goûter les délices, & ie ne l'en crois non plus capable, si ses pensées s'occupent à pourfuiure vne querelle, que s'il étoit trauaillé d'vne groſſe fiévre.

Comme la cauſe de ce mal procede de loin, pour n'y point tomber, il faut s'être ſeruy des preparatifs dont nous auons touché quelque choſe; être extrémement retenu dans ſes diſcours, de ſorte qu'ils ne bleſſent & qu'ils n'offenſent perſonne, ſans que la malice les puiſſe tirer à quelque ſens desauantageux. Il faut que ce Gentil-homme faſſe offre de ſes ſeruices à quelque Seigneur qui le mette ſous ſa protection, qui porte ſes intereſts, & témoigne de les deffendre comme les ſiens propres. Il prendra ce qu'il luy ſera poſſible de familiaritez auec les braues, que la generoſité & que les beaux emplois dans les armées font conſiderer à la Cour, leur reputation mettra la sienne à couuert de mille petites querelles, que la malice n'aura pas l'audace de luy susciter.

Pour se conseruer cét éclat & ce credit, il doit éuiter autant qu'il sera possible la troupe de ceux qui n'ont rien de recommandable que le priuilege de leur naissance, & qui par leurs mauuaises qualitez font vne populace dans la noblesse : sur tout qu'il fuye la conuersation de ces pointillans temeraires, mutins, querelleurs ; car ils l'embarrasseront infailliblement dans les mal-heurs de leur mauuaise conduite, & les personnes amies de l'honneur craindront son abord, le voyant venir de ces compagnies contagieuses.

Aprés toutes ces precautions, si l'enuie, si la malignité jettent quelques paroles, ou traitent en secret quelques negoces qui vous offensent, il n'en faut pas venir si-tôt à

CHRÉTIEN. 423

l'éclaircissement, d'où vn mauuais esprit prendroit sujet de former vne querelle en apparence plus iuste, comme aprés vn examen plus diligent de la cause. Vn homme sage sçaura bien dissimuler en ces rencontres, le profit qu'il en peut tirer sera de reconnoître ses ennemis, leurs desseins, leurs mauuaises volontez, d'être sur ses gardes si bien qu'il éuite leur rencontre, & qu'il ne puisse en être offensé. Il est rare que ces insolences ne soient concertées, & que celuy qui a porté la parole ne soit soûtenu de tous ceux de son complot. Si vous en témoignez du ressentiment, il faut craindre que pour vn seul que vous pensiez auoir sur les bras, vous ne vous voyiez accablé d'vne multitude, qui sans doute fera contre vous vne voix publique. Ces petites maliguitez n'ont ordinairement rien de solide, elles ne procedent que de l'inconstance des esprits ; laissez-les dans la liberté de leurs cours, elles s'écoulent, elles disparoissent, comme des eaux qui n'ont point de source; les arréter, c'est les accroître tellement, qu'en suite elles débordent auec plus de violence. S'ils sont plus puissans que vous, il ne vous reste que la patience pour les adoucir, autrement s'il vous voyent dans de mauuaises volontez, craignez qu'ils ne vous fassent perir, pour ne vous plus craindre; s'ils sont vos égaux, les voyes d'accommodement sont plus faciles à la puissance qui aura la bonté de s'y employer; s'ils sont vos inferieurs, ils ne sont pas en état de vous nuire, & vous l'êtes par vos amis, à les obliger de venir aux satisfactions faciles, obligeantes, & telles qu'elles fortifient les amitiez au lieu de les affoiblir. Ie suis certain que si l'on aportoit autant d'artifice pour terminer les querelles, que les mauuais esprits en employent pour les faire naître & les nourrir, qu'elles feroient toutes appaisées en peu de temps par l'entremise des amis & des puissances. La nature s'y trouue toute disposée ; car elle se lasse bien-tôt de la douleur, des inquietudes, des pensées noires, confuses, souuent criminelles, dont les inimitiez remplissent l'esprit, & en souhaite la fin par vn bon accord. Sortir par ce moyen d'vne querelle, c'est sortir d'vne affaire tres-importune, & de quelque façon qu'on la prenne, tres-mauuaise.

Quelque cours qu'elle puisse prendre, soyez resolu de n'en venir iamais au duel, de ne vous point emporter à cét abus, dont les Etrangers nous accusent comme de la derniere extrauagance, pour vous venger d'vn tort que vous auez receu en vos biens, en vôtre honneur, de vôtre ennemy, le mettre en état de punir vos ressentimens & vos plaintes, vous ôtant la vie. Vous ne commettez pas seulement vne notable iniustice, d'égaler ainsi le coupable à l'innocent ; mais en ce que vous contreuenez aux loix diuines & humaines, à celles de Dieu qui vous défend l'homicide, double en cette action, de vôtre ennemy par vos mains, & de vous-même par les siennes: Vous violez les ordonnances de vôtre Prince, qui ont été tant de fois reïterées sur ce sujet. Quoy pour vn petit mécontentement commetre vn crime public, vous attribuer le droit du glaiue, que Dieu, & que les loix donnent au Prince à l'exclusion des particuliers?

l.ç. Cod. ad l. Iul. de vi publ.

Rentrez en vous-même, iugez s'il est iuste d'exposer & vôtre vie, & celle de vôtre ennemy, c'est à dire, les interests de deux puissantes familles, & les mettre dans des inimitiez immortelles pour vne pointillerie, vn soûris, vne petite passion de colere ou de ialousie:

Vous n'êtes pas vôtre, vous êtes à Dieu qui vous a mis en cette vie comme en vne faction, d'où il ne vous est pas permis de sortir, s'il ne vous en releue: Vous êtes à l'Etat, vous êtes au Prince, qui a protegé vôtre naissance, vôtre éducation, vos biens, vos droits contre la violence & l'iniustice: Vous êtes à vôtre famille, à vos pere & mere, si vous n'êtes point marié; si vous l'êtes, vous appartenez de plus à vne femme, auec laquelle vous ne deuez faire qu'vn corps, & comment exposez-vous à cette cruelle mort cette innocente partie de vous-même? où est vôtre amour pour elle? où est celuy que vous deuez à vos enfans, que vous laissez orphelins, & chargez d'vne querelle hereditaire, qui les destine au même mal-heur?

Si donc l'on vous presse d'en venir à ce combat contre les loix de la nature, de la conscience, du Prince & de Dieu; dites frâchement que vous ne le ferez point, & que quiconque aura l'audace de vous attaquer, verra que vous sçauez vous deffendre. Mais, répondez-vous, que dira-t'on de moy ? on dira que vous étes homme de bien, hé ne perdez pas cette precieuse qualité pour acquerir celle de Gladiateur, dont les Laquais s'acquitent si parfaitement : Quoy n'étes-vous vaillant, que parce que vous étes craintif ? vôtre courage dépend-il de la crainte que vous auez qu'on ne vous croye pas vaillant ? Vn cœur genereux qui se sent, qui sçait ce qu'il vaut, & ce qu'il peut, est satisfait de luy-même, n'attend pas son iugement d'vne opinion qu'il estime folle & fautiue.

Aprés tout, deuant que vous abandonner aux tentations de ce Demon meridien & sanguinaire, de cette homicide vanité, considerez que vous y pouuez mourir, qu'vn instant vous fera passer de cette vie dans vne autre, où ces qualitez de noble, de Prince ne seront plus, sinon qu'elles seront pesées comme des faueurs que vous teniez de Dieu, qui demandoient de vous de plus grandes reconnoissances, & dont l'ingratitude merite de plus rigoureuses peines. Si vous mourez en cét état, helas que peut deuenir vôtre ame, chargée de tant de crimes contre Dieu, & contre les hommes? Si les Saints aprés de longues penitences, aprés auoir pardonné ce qu'on leur auoit fait d'iniures, aprés les exactes restitutions du bien d'autruy, aprés les Sacremens de l'Eglise, aprés les larmes de contrition & de pieté, craignent encore les iugemens de Dieu ; comment oserez-vous paroître deuant son thrône, l'ame pleine de vengeance, de rage, de blasphéme, les mains sanglantes d'vn double homicide? hé comment esperer misericorde, auec vne volonté resoluë à ne la point accorder.

Ne vous flatez point de ce qu'ordinairement on ne meurt point sur le pré, & qu'on a loisir de se reconnoître: car n'est-ce pas vous rendre indigne de la misericorde, de commettre de sang froid des crimes, en veuë & dans l'asseurance qu'elle vous doit être accordée: vous la faites non pas libre, non pas volontaire ny amoureuse, mais necessitante en Dieu, comme s'il n'avoit point de iustice, & que cette perfection ne fût pas inseparable de son essence. Au reste vous faites bien peu de cas de vôtre salut eternel de l'hazarder de la sorte, & d'en remettre les soins en vn temps, où les douleurs du corps, les cruelles operations de la Chirurgie, les passions de la haine, du regret, de la honte, du desespoir agitent l'ame auec tant de violence, qu'elle est fort peu raisonnable.

Si vous sortez du combat auec

assez de force & de bon-heur pour échapper les mains de la iustice, vous voila de victorieux criminel; vôtre crime vous est vne chaîne que vous traînez, & qui vous arrétera lors que vous y penserez le moins. Cependant voyez la crainte qui par tout vous donne la gesne, voyez l'état de vos biens saisis, pillez, à la mercy de vos ennemis & de la iustice; passez les mers, de là vous entendrez les reproches de vos parens à qui vous donnez la mort; vous entendrez les gemissemens de vôtre pauure famille desolée, qui meurt tous les iours de crainte que vous ne soyez pris & puny, auec l'eternelle infamie de vôtre famille. O Dieu de misericorde, déliurez la France de ce demon sanguinaire, qui rend les Gentils-hommes, soit comme autheurs de la querelle, ou comme seconds, de pire condition que les anciens esclaues Gladiateurs, toûjours prêts d'entrer au combat, quand il leur seroit commandé; car aujourd'huy l'on fait que l'honeur tient lieu de comite.

CHAPITRE XVI.

De la guerre.

SI vous considerez les Monarchies & les Republiques, qui tiennent aujourd'huy le gouuernement des hommes dans les diuers climas de la terre ; il se trouuera qu'elles s'y sont établies par le droit des armes, & qu'il seroit difficile de trouuer des peuples, dont l'origine ancienne fût du méme lieu qu'ils habitent. Les regions plus peuplées, comme celles du Septentrion ontdepuis long-temps disperfé leurs colonies, de méme que les mouches à miel jettent leurs essains, quand les ruches sont trop petites pour les loger. D'autres ayant goûté les délices d'vn païs

païs plus fertile que le leur, l'ont conquis : D'autres s'estimant plus éclairez & plus prudens, ont crû que cette qualité leur donnoit le droit d'assujetir les moins instruis à leur empire, afin de former leur vie sauuage par de bonnes mœurs. Enfin, vous verrez par tout vne transplantation, comme de plantes & d'arbres dans vn jardin; ainsi des peuples dans le monde, selon des ordres diuins & secrets, qui entretiennent ainsi sa perfection par ces diuersitez & ces mélanges, dont nous verrons les beautez au Ciel, & tout cela par la guerre.

Arist.çà polit.

Elle doit donc être consideree comme l'origine, le principe, le fondement des Etats : Aussi Romulus grand Augure & grand Guerrier, voulut que l'année commençât par le mois de Mars, comme l'obseruent encore aujourd'huy les Astrologues, parce que le monde fût creé, le planete Mars étant en l'Aries, sa maison, l'Equinoxe du

T

434 LE GENTIL-HOMME
Printemps, au milieu du Ciel qui signifie les Empires, & que Rome fut bâtie, quand le monde par la suite des grandes années, chacune de trois cens soixante ans, reuint à ce premier point du Zodiaque. Il faut, dit l'Empereur Iustinien, que la Majesté de l'Empire, ne se rende pas seulement illustre par les armes, mais qu'elle soit fortifiée par de bonnes loix, afin que le gouuernement en soit heureux en temps de paix & de guerre, & que sa puissance ne soit pas moins redoutable à ses ennemis, que triomphante & glorieuse parmy ses peuples : Il parle des armes & puis des loix, parce qu'il faut que le gouuernement soit étably deuant qu'être policé, & comme il dit en termes exprés en vne autre loy : Il faut premierement donner ordre aux affaires de la guerre, & puis à celles de la iustice, selon le procedé de la nature qui pouruoit aux choses de necessité, deuant celles de bien-

Fatū vniuersi pag. 27.

1. postliminiū §. filius ff. de captiuus naturale l. 2. lege 2.

seance : elle forme en nôtre corps le foye, le cœur, le cerueau, comme les principes de la vie, deuant que trauailler à la conformation des autres parties qui font sa beauté; on sert à table les viandes solides deuant les delicates du dessert; on tire vn homme de la seruitude, deuant que l'éleuer aux dignitez. C'est ce que fait la discipline militaire dans vn état, elle le met en liberté, hors les violences & les craintes de ses ennemis domestiques ou étrangers, elle établit auec le commerce l'abondance de toutes choses, elle presente des forces aux loix & aux Magistrats pour être obeïs, & par ce moyen elle met les crimes & les mauuaises volontez dans l'impuissance de troubler le repos public : Elle a fait les premieres acquisitions, elle les accroît par de nouuelles conquêtes, elle les affermit par ses victoires, & les étend par des esperances qui ne souffrent point d'autres bornes que celles de la iustice.

Plutar. in Lycurgo. Ces necessitez & ces auantages obligerent la Republique de Lacedemone, de ne donner à sa ieunesse pour employ que l'exercice des armes, qui étoit l'vnique moyen de l'endurcir au trauail, sans luy permettre ny l'oysiueté, ny les delices, où les courages deuiennent bien-tôt languissans. Or afin que leur adresse ne se terminât pas en des montres & en des jeux, ils entretenoient vne guerre continuelle, où l'honneur obligeoit le Roy, parce qu'en autre temps il n'auoit pas vne puissance souueraine de vie & de mort sur ses sujets. Les autres étoient attirez par vne dispense des loix rigoureuses au viure & au vétir, de sorte qu'ils étoient seuls entre tous les peuples, qui trouuoient leurs libertez & leur repos en la guerre. Les Turcs gardent aujourd'huy la méme police, & n'ont pour employ que le commerce & la guerre par vne nombreuse milice continuellement entretenuë ; parce que les feudataires & les Prouinces sont obligées tous les ans de la fournir, au lieu d'vn plus grand tribut:le cours en est continuel,comme celuy d'vn fleuue dans son lit, les soldats sont aguerris, & acquierent par habitude le courage que la chaleur de leur climat leur donne moindre qu'aux peuples du Nort.

Pour connoître les necessitez & les bons effets de la guerre dans vn état, il ne faut que considerer ceux de la bile dans nôtre corps; elle nourrit les parties chaudes & seiches, elle purifie, elle subtilise le sang, elle en empêche la corruption par son acrimonie comme de sel, elle consomme la pituite, elle vuide les superfluitez de la nourriture, elle nous rend plus ardens à l'action,& à vaincre ce qu'il y a de difficultez. La plus seuere police est empêchée de retenir les courages, en sorte qu'ils ne trou-

438 LE GENTIL'HOMME
blent point le repos public par leurs combats & leurs violences, & voila la guerre qui leur presente l'occasion de les exercer sans crainte & auec gloire dessus l'ennemy. Les genereux y trouuent dequoy contenter leurs inclinations & faire fortune. Les moins hardis qu'on y enuoye se voyent contrains de changer leurs lâchetez en courages, de perir ou de s'aquiter de leur deuoir : Ainsi l'état profite au double & de ses victoires, & de ce qu'il est déliuré des personnes inutiles qui l'opprimoient. On remarque qu'en l'année 1141. la guerre qu'on entreprit contre le Turc, déliura toute l'Allemagne des voleurs qui tenoient les grands chemins, & qui étant allez à cette expedition, n'en reuinrent point. Charles-Quint s'entretenant vn iour auec François premier, sur ce que ses Etats n'étant pas vnis sembloient plus sujets à la reuolte, & moins faciles

Crant. Metrop. l.c.19.

d'être secourus, dit que cét éloignement luy étoit vn auantage, en
ce qu'il enuoyoit les esprits plus
difficiles dans les Prouinces étrangeres auec d'honêtes emplois, de
sorte qu'étant disperfez & contens,
ils ne pouuoient causer de troubles
en Espagne. Que tous ayment
donc la paix comme elle le merite,
puis qu'elle est veritablement la
mere de tous les auantages du
corps & de l'esprit, du commerce,
des sciences & des vertus : que les
peuples en fassent leur souuerain
bien, elle peut auoir cette qualité,
puisque la guerre même se la propose pour fin : neanmoins il faut
auoüer que ce sont les armes qui
l'établissent, & qu'elles ont sujet de
la prétendre comme le fruit de leur
trauail, quand elles y ont reduit les
mauuais courages.

La guerre est vne iustice publique, & la veritable science du Roy,
parce qu'elle luy est glorieuse &
necessaire, tant pour se maintenir

dans cette souueraineté qui ne releue que de Dieu, que pour la protection de son peuple qu'il a solemnellement promise le iour de son sacre. Aussi l'Euéque qui en fait la ceremonie, luy donne l'épée qu'il a pris de dessus l'Autel, pour l'auertir par cette action, que Dieu luy met les armes en main pour deffendre ses interéts & les siens, qui seront toûjours inuincibles, tant qu'ils seront inseparables.

Duplex an 791. Lors que Charles-Magne fit Loüis son fils Roy d'Aquitaine, ce fut auec cette ceremonie de luy mettre l'épée au côté : Le declarant Roy, il luy donna l'exercice d'vn Gentil-homme, & honora les Gentils-hommes d'auoir cét exercice commun auec le Roy : comme ils suiuent en cela sa Majesté, & puisque les armes, dont ils font vne particuliere profession, ont donné le commencement à l'Etat, puis qu'elles le conseruent, elles leur donnent sans doute le pas

CHRETIEN. 441
& l'auantage sur les sciences, par vn droit semblable à celuy qu'à la cause dessus ses effets. Ils sont les seconds de sa Majesté en cette principale action du gouuernement, l'exemple de leurs ancétres, la generosité de leur courage, les priuileges qu'ils en reçoiuent, les titres honorables qu'ils ont sujet d'y pretendre les appellent à ces occasions qui auroient moins de gloire, s'il y auoit moins de peril. Ils y commandent les compagnies, les Regimens, les diuers corps, afin qu'ils ayent deuant les hommes tout l'honneur, deuant Dieu tout le merite du bien qui s'y fait : Si le Roy des Roys se dit le Dieu des armées, que les Gentils-hommes soient ses Anges, & qu'ils s'y comportent auec autant de courage que s'ils étoient immortels, qu'ils soient Saints pour empécher auec vne vigoureuse seuerité tous les desordres du soldat, & dans ces horribles fracas se conseruer la

Chassan. in catal. gloriæ, parte 9, consf.r.

T v

la veuë de Dieu, par de frequentes reflexions sur eux-mêmes.

CHAPITRE XVII.

Reflexions sur les effets de la guerre.

IL faut bien que les Gentils-hommes soient fortement perſuadez de la iuſtice & de la neceſſité de la guerre, puis qu'ils y viennent auec tant d'allegreſſe & auec vn appareil, qui ſous les armes ne laiſſe pas de porter toutes les apparences de la ioye : elle peut venir de la ſatisfaction que chacun reſſent de ſe trouuer dans vne illuſtre compagnie de braues, qui ne ſe ſont veus de long-temps, qui s'aſſemblent à même deſſein, qui s'y animent, qui ſe fortifient dans leurs eſperances, qui ſe diſpoſent tous à faire merueilles deuant des yeux parfaitement doctes, pour bien iuger des merites. Nous ne laiſſons pas de recueillir les delices du Printemps, de voir la beauté des fleurs, d'entendre la muſique des oyſeaux, quoy que ces agreables commencemens de l'année ſoient ordinairement ſuiuis de greſles, de foudres, d'orages, de ces grands ſujets de crainte & de douleur. De même à l'ouuerture d'vne campagne, chacun reçoit de grandes ſatisfactions en la rencontre de ſes ſemblables, de ſes anciens amis, en la ionction des forces, où les inimitiez particulieres doiuent être reconciliées; le cœur ſe dilate & s'emplit de toutes ces ioyes, comme pour ſe fortifier contre tout ce qu'il preuoit de peines.

Car aprés ces premiers tranſports de ciuilitez, quelqu'vn ne peut-il pas faire ces reflexions, quel est le ſujet qui nous arme & qui nous aſſemble? qui nous oblige à quitter le repos de nos familles, & la neceſſité de nos affaires?

T vj

c'est la volonté du Roy, qui nous appelle à céte guerre, pour soûtenir ses droits contre l'effort de ses ennemis. Si ce passe-droit vous semble peu raisonable, que les Princes les plus délicats de tous les hommes en leurs sentimens, soient iuges & parties en leur propre cause : Considerez que la iustice tient la balance d'vne main, l'épée de l'autre, comme Minerue le liure & la lance ; qu'vn maître de luth forme les accords de la gauche sur les touches, les acheue & les exprime de la droite sur les cordes: vn méme Iuge rend sa sentence, & a droit de l'executer ; pourquoy les Princes qui sont les Lieutenans de la souueraine puissance de Dieu au gouuernement des hommes, ne pourront ils pas resoudre & deffendre leurs interéts, & employer les nobles, comme sa diuine Majesté les Anges pour l'execution de leurs volontez ? Ce n'est pas qu'il ne s'y puisse commettre de l'in-

l fin. ff. de off eius qui ma.

iuftice, fi la même plus grande puiffance qui a fait le tort, le continuë iufques à le iuftifier par le droit des armes; mais céte caufe ne fera pas decidée par les fujets, qui en ces rencontres ne doiuent que l'obeïffance.

La Tofcane vit autrefois deux de fes montagnes, qui dans vn grand tremblement de terre fe choquerent auec vn fracas étrange, & par ces efforts donnerent entr'elles paffage à des torrens, dont les hommes, les bétes, les villages d'alentour furent defolez. Voila ce que font deux Princes animez l'vn contre l'autre, & comment leur grande puiffance qui deuoit étre la protection de leurs peuples en eft la ruine. Certes, les Arabes qui adoroient Mars eurent grand fujet, pour faire connoître fes qualitez, de le reprefenter par vne groffe pierre noire & quarrée fur vne baze d'or, fans figure aucune, d'aftre, d'homme, ny d'animal; par-

Plin. l. 2. c. 83.

Suidas in voce Siof Apes.

ce qu'il est tres difficile de reconnoître les veritables motifs d'vne guerre, quoy que les pretextes en soient ordinairement specieux, elle peut naître des plus ardentes, comme des plus lâches & des plus honteuses passions; les ames y sont noires, cachées, opiniâtres en leurs desseins, sans être touchées de raison ny de misericorde, pourueu que les finances ne leur manquent point. Ce sont des tenebres pour les esprits, des confusions bien ordonnées pour les ruines, parce que la discipline militaire ne se garde auec rigueur, que pour violer auec plus d'effort & sans resistance toutes les loix naturelles, diuines, & humaines.

Sans aller plus loin, l'armée ne commence pas plûtôt sa marche, qu'on void la ruine, la déroute des villages, le dégât des biens sur ses propres terres, qu'on étoit obligé de proteger. C'est vn torrent qui sans distinction abat, emporte, fait le rauage par tout où il prend son cours; mais il est de souffre, de feu & de flâme, quand il passe par les terres des ennemis:Ce ne sont que ruines, qu'incendies, que meurtres des personnes les plus innocentes, de sorte qu'on se fait soy-même vn desert d'vn bon pays, en le dépeuplant de ceux qui pourroient donner quelque soulagement à l'armée. Anciennement on pardonnoit aux laboureurs,parce que sans attache,sans interét, ils secondent les bontez de la nature, & trauaillent pour vn bien commun.Quand Alexandre entra dans l'Asie, il défendit les ruines & les dégats; car disoit-il à ses Capitaines, vous agissez contre vous-même de ruiner ce que vous étes venu conquerir :voulez-vous paroître impuissans de le conseruer, & par céte foiblesse vous resoudre à ce que vôtre ennemy auroit fait s'il luy eût été possible, par enuie & par desespoir.L'armée ne subsiste que par

cap.2.de treuga & pace.

Iustin.li. 11.

la petite guerre qui desole tout le voisinage: quelle plus grande misere que de se faire vne necessité des vols & des dégats, qu'on rend non seulement impunis, mais glorieux, parce qu'ils sont extrémes & publics?

Quand on inuestit vne place, qu'on forme vn siege, que les tranchées ouuertes sont gardées & attaquées iour & nuit de part & d'autre, que les canons foudroyent sans relâche, que les mousquets font vn feu continuel ; c'est où vous verrez que l'artifice passe la nature en ses violences, puis qu'il fait en vn même temps, ce qu'elle ne cause que rarement en peu de lieux, aprés le repos de beaucoup d'années. Vous pouuez voir en vn iour les tristes effets de l'Eté & de l'Hyuer, les foudres de l'artillerie, les incendies par les bombes, les inondations par les écluses, les tremblemens & les abymes de terre par les mines : les infortunes y dominent continuellement, toutes les iournées, toutes les heures y sont funestes, vne seule ne se passe guerre sans la nouuelle de quelque illustre mort ou blessé, à peine luy donnez-vous vn helas de compassion, qu'vn autre bruit vient effacer ce sentiment: & comme entre les flots de la mer l'vn couure l'autre, iusques à ce que tous disparoissent quand l'occasion vous appelle vous-méme au combat.

Est-ce viure en homme d'auoir l'esprit toûjours plein de ces funestes idées, de saccagemens, de ruines, d'incendies, de meurtres, d'en chercher les occasions, de commettre d'effet ou de volonté tous les maux contraires aux biens, que la charité Chrétienne nous fait desirer aux autres? quelle fureur de se plaire à verser le sang humain? d'auoir plus de contentement de tuër vn homme qu'vn loup? de marcher auec delice comme faisoit Hannibal, entre les corps morts des ennemis, en aymer les infections plus que les parfums; quoy que les animaux s'effarouchent auec horreur quand ils voyent ou sentent les cadavres de leur espece? Il faut auoüer que la guerre fait vn changement étrange dans les ames, puis qu'elle y efface les sentimens de l'amour, de la compassion que la nature nous donne pour nos semblables: Ils ne se réueillent que par la qualité des personnes, comme par la mort d'vn fils vnique, qui étoit toute l'esperance d'vne tres-illustre maison, & qui aprés auoir receu toutes les belles instructions qui peuuent perfectionner vn bon naturel, aprés tant de soins & tant de frais, aprés les études, les academies, les voyages, les amitiez acquises à la Cour, est tué d'vn coup de mousquet, ou emporté d'vn canon à la premiere campagne. Representez-vous tant de braues qui ne sont plus: hier dans leur con-

Tus natur. l. 5. lege 17.

uersation vous admiriez leur bonne grace, leurs desseins, leur courage, leurs esperances ; aujourd'huy les voila morts, leurs charges aussitôt données, les pertes des vns font la ioye des autres.

Ce que l'Etat peut pretendre de ces combas, c'est vne victoire, mais elle est toûjours fort incertaine & souuent si mal-heureuse, qu'elle demande plus de larmes que de ioyes & que de triomphes, si l'ennemy nous quite le champ de bataille, plus couuert de nos morts que des siens, & de nos morts illustres, qui nous affoiblissent plus que la perte d'vne Prouince: Aprés les combas, les campagnes se trouuent desertes, les peuples épuisez par trop de subsides, les deux partis languissans, enfin contrains à faire la paix, qu'ils se pouuoient conseruer dans vne heureuse abondance deuant que venir aux armes : Quoy ne sommes nous capables du bien, qu'y étant reduis par necessité? N'y a-t'il point d'autre iustice que la guerre ? Est-ce donc la condition d'vn Gentil-homme d'étre dans vn peril continuel de la vie, dont le simple peuple ioüit auec moins d'éclat, mais plus de repos, plus de seureté ? Les places sont prises & reprises, elles reuiennent auec le temps à leur premier maître ; mais les vies qui se perdent en les attaquant ne reuiennent point, la mort de tant de genereux est sans retour : le cours, direz-vous, la méme fortune dans la méme condition, i'échappe auiourd'huy, demain sera peut-étre mon dernier iour ; quand il n'y auroit que cette vie, ie n'en sortirois pas sans regret par vne mort si violente & precipitée : Mais mon ame sent bien interieurement qu'elle est immortelle, & qu'il luy faut paroître deuant le thrône de Dieu, pour luy rendre compte des biens qu'elle en a receu. Aprés toutes les considerations qui décrient la guerre, qui flatent vne nature timide, vn esprit lâche, dont les veuës ne portent pas plus loin que le temps & que la terre; il est certain que dans cét employ tres-perilleux, vn Gentil-homme n'y donne pas proprement sa vie, qui en naissant porte son arrét de mort; il ne fait qu'en auancer l'execution pour vn peu de temps, si court, qu'à toute heure méme mille coups d'hazart sont capables de le preuenir. Si le Ciel luy accorde vn plus long terme, ce sera peut-étre pour le reseruer aux supplices de la pierre, de la goute, d'vne gangrene, aux afflictions de l'esprit incomparablement plus sensibles que celles du corps, & à vne suite de mal-heurs, pour qui la mort souuent desirée ne vient que trop tard : Quand vne forte disposition pourroit étendre la vie iusques à cent ans, ce qui est bien rare, il en faut donner plus de vingt aux incommoditez, aux douleurs, aux mauuaises conditions de la vieillesse : hé quel auantage pour vn fruit de ne tomber de son arbre qu'en pourriture ? C'est perdre le merite de nôtre raison & de nôtre liberté de ne pas employer vne vie mortelle, pour des sujets qui luy donnent l'immortalité deuant Dieu & deuant les hommes : Elle n'étoit que pour vne subsistance personnelle, or dans vne iuste guerre on la fait seruir à vn bien public, à la protection des Autels & de la patrie, à la paix, à la tranquillité des peuples, qui ne se peut établir que par la guerre contre les vsurpations & les cruautez d'vn ennemy. Vne vie que l'on immole en ces iustes occasions, en conserue, en produit vne infinité d'autres qui periroient sous vn victorieux inhumain, comme quasi toute la Grece est dépeuplée de ses propres habitans sous la tyranie du Turc, & la Chine sous le Tartare. Que les peuples se contentent de passer leur vie, iusques à ce qu'elle se consume de vieillesse, d'être comme ces eaux dormantes & marécageuses, qui se couurent d'immondices & produisent leur corruption. Le courage ne permet pas au Gentilhomme de languir dans ces emplois bas & mercenaires, il court à sa fin comme les eaux de fontaine belles & claires à la mer. Il ne veut pas que la défaillance de la nature, mais que la plus genereuse des vertus termine sa vie; & si sa condition qui est de porter les armes l'abrege, ce luy est vn auis continuel, d'en ménager auec beaucoup de soin tous les momens par des exercices de pieté.

CHAPITRE XVIII.

La pieté dans les armées.

CEtte inclination nous eſt naturelle, de leuer les mains & l'eſprit au Ciel pour en receuoir du ſecours, quand nôtre vie ſe void menaſſée d'vn grand peril; & c'eſt vne des preuues plus ſenſibles que nous ayons d'vne Diuinité ſouuerainement ſage, bonne, toupuiſſante, toûjours prête à ſoulager nos infirmitez. Les peuples craignent ce danger, & en éuitent autant qu'ils peuuent les occaſions, ainſi les cauſes ſont rares qui les obligent à rechercher ces aſſiſtances ſurnaturelles, & à les receuoir en les demandant. Mais vn Gentil-homme fait profeſſion d'vne heroïque vertu, qui affronte, qui défie tous les accidens du monde, la mort même, puiſque ſans s'arréter

ter par tout ce qu'elle montre de violent & d'horrible dans les armées, il y va genereusement soûtenir les interêts de son Prince & de l'Etat. Il sçait que les forces du cœur humain ne portent pas plus loin que la vie ; c'est ce qui l'oblige de mettre toutes ses confiances en Dieu, & d'attendre de céte premiere cause vniuerselle, des forces pour reüssir en céte occasion importante au bien public. Il vse si familierement de son secours, qu'il se le promet non seulement dans les exercices de vertu que sa Prouidence luy enuoye, mais dans toutes les perilleuses occasions où son courage le porte : or comment peut-il meriter vn secours si puissant, si continuel, que par vne integrité d'intentions, de vie, de conduite qui le rende plus conforme, ainsi plus agreable à sa diuine Majesté.

C'est de là que tous les peuples conduits par vn instint naturel , dans tous les pays, dans toutes les Religions, ont presenté des sacrifices, & fait des expiations à leur mode, deuant que d'entreprendre vne guerre, comme si la victoire ne leur pouuoit venir que du Ciel, & que les crimes en fussent vn empéchement. Ainsi l'Empereur Iustinien pour gratifier ses soldats, & leur promettre l'auantage sur leurs ennemis, les appelle genereux & saints, vaillans & deuots : Hé que doit craindre, & que ne doit esperer vn Gentilhomme, qui est le ministre de Dieu, quand il l'est du Prince que Dieu luy donne pour luy obeïr en sa place? quand il expose sa vie pour vne cause qu'il doit supposer tres-iuste & necessaire au bien public ? n'est-ce pas luy presenter vn sacrifice de iustice, & vn parfait holocauste de luy-même ? Il pense renaître & receuoir de nouueau sa vie des bontez de Dieu, toutes les fois qu'il sort d'vne sanglante mélée : celuy

l. tā collatoresC. de re milit.

est donc vn sujet d'être plus saint, & en reconnoissance des faueurs receuës, & pour se mettre dans vne meilleure disposition à receuoir celles qu'il s'en promet : S'il meurt immolant à Dieu auec sa vie, tous les contentemens qu'il y pouuoit receuoir selon le cours ordinaire de la nature ; ce qu'il souffre pour luy obeïr ne luy peut être desauantageux, & l'ame qui donnoit icy-bas vne vie mortelle à son corps, en reçoit de luy vne meilleure, à sçauoir vne bien-heureuse pour l'eternité. Vn libertin qui sent sa conscience criminelle, ne va pas auec ce franc courage au combat, il craint la mort du corps & de l'ame auec des horreurs que luy seul peut exprimer ; auec des desespoirs, dont on void d'étranges symptomes aux approches de sa fin. Ce seroit donc vne pratique sainte & necessaire, que chaque Regiment eût ses Aumôniers, afin d'entretenir les consciéces des soldats en bon état, cela releueroit leurs courages & empécheroit vne infinité de maux, les defertions, les reuoltes, les cruautez, & changeroit les mauuaifes violences en pures generofitez.

Le grand Conftantin qui auoit receu l'empire du Ciel, par le figne miraculeux de la Croix, la fit grauer fur les armes de fes foldats, afin que cét objet leur fût vn motif continuel de pieté dans le combat, & que de cœur ils fe donnaffent à Dieu, de qui feul ils deuoient attendre la victoire. Il auoit en fon quartier vne Eglife portatiue comme étoit anciennement l'Arche, la tente étoit affez fpacieufe pour y celebrer tous les iours la Meffe, & toutes les Heures Canoniales auec autant de ceremonies, que dans la Chapelle de fon Palais. Saint Loüis étant en guerre, ne manquoit auffi iamais d'entendre tous les iours la Meffe, & de dire fes Heures Canoniales; il fortoit de la

CHRETIEN. 461
priere auec des lumieres d'Ange, & vn courage de lion, dont on peut voir les effets prodigieux en son histoire. Lothaire Empereur étant à l'armée, assistoit tous les iours dés le matin à trois Messes, l'vne pour les morts, l'autre pour son armée, la troisiéme du iour. On rapporte que Theodoric Roy des Gots, se voyant assiegé dans Tholoze par l'armée Romaine, passoit les iours entiers en priere couuert de la haire; & que sortant de l'oraison, il s'engageoit dans le combat auec vne extréme confiance en Dieu, dont il obtint la victoire. Au temps que Huniades Roy d'Hongrie soûtenoit le siege de Bellegrade contre le Turc, Iean Capistran Religieux de saint François, prêcha la Croisade par l'Allemagne & les Prouinces voisines, auec tant de ferueur & de succez, qu'il assembla iusques à soixante mille hommes qui le suiuoient, & luy rendoient l'obeyssance comme

Duplex 1216.

Le même 1270.

Æneas Sylu. hist. Boë. c. 65

V iij

au Lieutenant de Iesus Christ:chaque Regiment auoit ses Aumôniers qui tous les iours disoient la Messe, où les soldats libres de faction assistoient,tous frequentoient les Sacremens; on n'entendoit entr'eux ny querelles ny iuremens, ny paroles lasciues,tous leurs jeux étoient militaires; ils combatirent auec tant d'ardeur qu'ils obligerent le Turc à la retraite, & ces troupes qui n'auoient pour general qu'vn pauure, mais saint Religieux, pour principale conduite que la pieté,partagerent l'honneur de céte victoire auec le plus genereux Prince de l'Europe.

Iean d'Autriche qui emporta céte celebre victoire Nauale de l'Epante sur le Turc, n'alla iamais au combat qu'aprés vne exacte confession de ses pechez, & par son exemple persuadoit à toutes les personnes de son armée, de mettre leurs consciences en bon état, pour être plus susceptibles

CHRETIEN. 463
des faueurs de Dieu. Tous ces grands Guerriers crûrent que le temps n'étoit pas mieux employé aux conseils de guerre, que dans les exercices de deuotion. Tous furent dans le sentiment de Iosué, que les meilleures trouppes sont foibles, qu'elles sont sujetes aux terreurs & aux déroutes, sans pouuoir emporter la victoire sur les ennemis, qu'après auoir expié les fautes qui les rendoient criminelles deuant Dieu.

Céte deuotion interieure des Chefs n'est pas entiere, si elle ne s'étend sur vne seuere conduite des soldats, qui les oblige à garder exactement les trois regles que saint Iean Baptiste leur donna, Luc. 3 quand ils luy demanderent les moyens de se sauuer. La premiere fut, n'exigez rien par violence du peuple : La seconde, ne calomniez personne pour prendre sujet de l'opprimer : la troisiéme, soyez contens de vôtre solde. L'Empereur Aurelian prit de là ce qu'il écrit aux Chefs de son armée : Si vous voulez auoir le commandement & la vie, faites en sorte que vous arrétiez tellement la main du soldat, qu'aucun ne soit si hardy de prendre la moindre chose, non pas même vn poulet sur nos terres, qu'ils soient contens de leur paye, & que le butin qu'ils gagneront sur les ennemis fournisse au reste de leurs necessitez.

La milice s'accorde parfaitement bien auec la pieté Chrétienne, parce que toutes deux professent vne vertu, qui n'a rien de mol, de lâche, de delicieux pour les sens; mais qui est austere, genereuse, qui fait gloire des souffrances, parce qu'vn même courage les surmonte & défait les ennemis : qu'ainsi la victoire qu'il emporte est double. Vn sentiment interieur de deuotion adoucit merueilleusement les fatigues de la guerre, & les bonnes intentions leur peuuent donner vn surcroît notable de merites : Elles temperent les courages pour ne rien faire que dans l'ordre, elles arrêtent les paſſions dans la chaleur même du combat & de la victoire, pour épargner la pudicité des femmes, le ſang humain, les ruines, les incendies, les ſacrileges, & ne pas commettre de nouueaux crimes, au temps où l'on luy doit rendre les actions de graces, & des ſacrifices de loüanges à Dieu pour la victoire qu'il vient de donner. Pour voir la pieté dans les armes, il ſuffit de conſiderer les ſoldats Chrétiens, qui ſous les Empereurs Diocletian & Maximian l'an 298. aprés la défaite des ennemis ne voulant point ſacrifier aux idoles, furent les vns decimez, les autres taillez en piece, d'autres faits eſclaues & condamnez au trauail des mines. Dans ce genereux employ où leur vie étoit continuellement en peril, ils crûrent gagner beaucoup de l'offrir pour la déſfense de Iesus-Christ, & dans céte preparation d'esprit à l'acte le plus éminent de la charité, sans doute ils n'auoient garde de tomber dans les excés qui luy sont contraires.

Quelques retenuës qu'on apporte dans les guerres, les passions échappent souuent à la raison, & la colere comme le feu ne s'éteint difficilement, que quand elle a consumé toute sa matiere. C'est pourquoy chez tous les peuples aprés les guerres, on a fait des expiations auec beaucoup de ceremonies, comme pour appaiser le Ciel tres-iustement irrité contre les hommes, qui s'ôtent cruellement la vie, & offensent la nature pour se conseruer vn petit interêt d'opinion. Cela se pratiqua méme dans l'ancienne loy; Dauid qui auoit versé tant de sang humain, ne fut pas iugé digne de bâtir le Temple; & l'Empereur Theodose aprés vne celebre victoire emportée sur ses ennemis, s'abstint quelque temps des Sacremens de l'Eglise. La pieté est donc le correctif de la guerre, comme d'vn remede tres-violent, qu'elle peut beaucoup adoucir en son commencement, en son progrez & en sa fin.

Bar. ann. 394.

CHAPITRE XIX.

Des Cheualiers de Malthe.

LA chaleur se trouue en vn different degré dans tous les composez de la nature, mais elle est essentielle, auec ses forces entieres dans le feu : tous les climas de la terre la ressentent, à proportion de ce que le Soleil s'en approche ; mais elle est continuelle sous la ligne équinoctiale, où ce bel Astre verse sans cesse & à plomb toutes ses vertus : Ainsi la pieté se peut rencontrer dans tous les Gentils-hommes qui font à la guerre, selon qu'ils seront touchez de ses accidens funestes ou fauorables, & qu'ils se rendent sensibles aux mouuemens sacrez de la grace: mais céte deuotion qui n'est en eux que par accident, me semble propre, essentielle, ainsi constante dans les Cheualiers de Malthe, qui la professent, qui font vn exercice continuel de céte éminente charité toûjours occupée à combatre les ennemis, & soûtenir les interéts de la foy Chrétienne. Le dessein de tous les Gentils-hommes est de seruir le Roy, celuy de ces braues Cheualiers est premierement de seruir Dieu, & puis leur Prince en leurs saintes intentions, & à s'acquiter de ce deuoir qui est l'vn des principaux de la Noblesse.

Il est certain que le plus beau, le plus illustre titre, celuy qui se donne ordinairement seul à nôtre Monarque, parce que son éclat couure celuy de tous les autres, c'est d'étre & nommé le Roy Tres-

Chrétien : Aussi le iour de son sacre receuant l'épée de dessus l'Autel par les mains de l'Archeuéque, il a solemnellement promis de l'employer auec tout le courage possible pour la deffense de la foy Chrétienne, contre les Infidelles & les heretiques qui luy font la guerre. Or comme nous auons representé la noblesse dans les interêts du Roy, iusques à luy seruir d'yeux & de mains pour la conduite & l'effet de ses genereuses entreprises, elle ne veut pas manquer en celles-cy qui sont saintes ; & puis qu'elle fait vne particuliere profession des armes, elle se croit obligée d'accorder icy le zele Religieux auec la puissance Royale, comme au ciel Mars est le Mediateur, entre Iupiter & le Soleil.

C'est de là que les illustres familles des Gentils-hommes & des Princes, où ils se trouuent plusieurs mâles, quelqu'vn d'eux ordinairement est éleué auec beaucoup de soin dans les sciences & dans les armes pour être Cheualier de Malthe, de céte sainte & genereuse Religion, qui est aujourd'huy l'vnique fort de toute la Chrétienté, & où depuis son établissement la langue Françoise, s'est entre les autres signalée par vne infinité de faits heroïques. Le Turc craint la generosité des François, ses oracles le menassent depuis longtemps, que sa ruine doit venir de ce côté-là; que sa Lune aprés son Croissant, doit perdre toute sa lumiere sans plus de retour sous ce Soleil, & les essais qu'il en a veu en nos derniers combats d'Hongrie, le confirment dans cette creance. En attendant que la Prouidence nous donne ce fauorable succez, la noblesse continuë d'en faire les exercices, quand elle consacre ses enfans à Dieu dans cét ordre militaire, & qu'elle accomplit la Prophetie de nôtre Seigneur

Iesus-Christ, qui dit à ses Apôtres, que deux glaiues suffisoient pour la conseruation de son Eglise ; le spirituel, dont saint Pierre se sert par ses mains, & le materiel par celles de ses enfans, comme l'explique saint Bernard.

Epi. 156 & Greg. PP. 1x.

Les ordres de la Prouidence sont admirables, dit saint Augustin, en ce qu'elle employe diuers moyens proportionez à la necessité des siecles, pour l'execution de ses desseins eternels, & que par vne science infaillible, il change ses façons d'agir, comme vn medecin ses ordonnances, selon les accez de son malade : Il donne commencement à son Eglise par les miracles, par la doctrine, par la patience & le sang de ses Martyrs, en vn temps où les forces humaines n'étoient ny possibles ny auantageuses à des veritez, qui venant du Ciel deuoient éclater par elles-mêmes comme la lumiere, & être receuës des hommes auec vne

Epist. 5 ad Marc,

pleine liberté : Mais depuis qu'elles se sont établies parmy les peuples, par vn consentement public comme les loix, la iustice doit employer ce second glaiue materiel contre les rebelles, contre les deserteurs qui l'abandonnent & en détournent les autres.

Les Turcs n'ont point d'oreilles pour les veritez Chrétiennes ; qui les leur préche, les offense, & s'expose à souffrir dés l'instant méme tout ce que la cruauté peut inuenter de supplices. Cependant ils ont vsurpé la Terre-sainte, consacrée par le precieux sang de Iesus-Christ ; ils ont pris, pillé, saccagé les villes, prophané les Temples, massacré les peuples, tous les iours ils font la chasse aux Chrétiens, les prennent esclaues, les traitent en chiens, les vendent comme des cheuaux, font tous les ans quelques nouuelles conquestes, & leur tyranie toûjours croissante, menace toute l'Europe d'vne lamentable seruitude. La honte est extrême pour tous les Princes Chrétiens, d'être si peu sensibles à ces disgraces communes, aux larmes, aux gemissemens de tant de peuples, de tant d'esclaues de toutes les Nations, qui perissent souuent corps & ame sous céte insupportable tyrannie; au lieu de ioindre leurs forces qui seroient capables de le vaincre, ils les consument par des guerres continuelles, où ils combatent pour leur ennemy de quelque côté que soit la victoire, ils se défont, ils se déchirent de leurs propres mains, par vne fureur qu'on ne sçauroit plaindre auec trop de larmes.

Les seuls Cheualiers de Malthe sont tous les iours au combat, pour arrêter autant qu'ils peuuent les courses & les violences de cét impitoyable vsurpateur. Le monde, dit saint Bernard, est plein de Religieux, qui combatent les puissances inuisibles de l'Enfer, par *Ad milites tépli.*

l'aufterité de leur vie, mais puifque le Demon arme maintenant cét Antechrift pour perdre les corps & les ames des Chrétiens, pour de tous les peuples s'en faire des efclaues ou des apoftats, O, dit ce Saint, que céte milice eft genereufe ! qu'elle eft neceffaire, qu'elle eft fainte, qui combat par vne double generofité les vices & la tyranie, qui deffend la liberté des Etats & de la Religion, l'interét des peuples,& celuy de Dieu: C'eft l'acte le plus heroïque de la charité de donner fa vie pour le prochain ; & la donner pour Dieu, n'eft-ce pas vne efpece de martyre ? La raifon nous le perfuade; car fi le martyre, eft comme dit faint Thomas, vn acte de force procedant de la charité, le Chevalier qui combat contre le Turc, & qui meurt, merite céte couronne : C'eft la charité diuine qui luy a fait quiter les biens, les libertez, les contentemens de la vie, les belles esperances de la fortune, par les vœux de la pauureté, de la chasteté, de l'obeïssance, qui le consacrent à Dieu, par sa regle qui l'oblige de deffendre les interéts de la foy, dans le peril & le danger même inéuitable de la vie. On a veu les preuues de céte sainte generosité dans les deux sieges de Rhodes & de Malthe ; en ce dernier, les Cheualiers mis pour la garde du fort saint Elme moururent tous, aprés auoir fait vn si grand massacre des infideles, qu'ils leur firent perdre l'esperance d'emporter la place, & les obligerent à la retraite.

Hist. de Malthe L. 17, c. 1. 6.

Mais dites-vous, les anciens Martyrs ne combatoient point, & ne faisoient que souffrir plûtôt les tourmens & la mort que renoncer à la foy. Ie répons auec saint Thomas, que la vertu de force animée de la charité a deux actes excellens qui luy sont propres, supporter les peines, & entreprendre le bien auec vn inuincible courage: ces deux actes, comme procedans d'vn même principe s'accordent, se secourent, se perfectionnent sans être contraires, ils s'vnissent intimement comme deux lumieres, de sorte que la diuersité n'y est plus sensible: Les Martyrs n'étoient aux premiers temps de l'Eglise qu'en souffrant, nous sommes en vn siecle, où ils peuuent meriter céte couronne en souffrant & en agissant, parce que la malignité des ennemis & les pressantes necessitez de l'Eglise demandent ce double effort, & que la foy periroit soûs la patience, si le glaiue materiel ne venoit au secours du spirituel, dont les coups ne portent pas sur les ennemis du Christianisme, qui ne peuuent être chassez de l'Eglise n'y étant pas. Quand l'Eglise honore comme Martyrs les Prêtres, qui se donnerent au seruice des pestiferez durant cette grande contagion, qui suiuit vne guerre

Mart. Roman. vlt febru.

CHRETIEN. 477
ciuile en Antioche, sous l'Empire de Valerien & Galien, elle honore plus leur action que leur souffrance: Si saint Iustin, si saint Cyprien sont Martyrs, aprés auoir deffendu la foy par leurs Apologies; pourquoy les Cheualiers ne meriteront-ils pas céte palme, mourant pour la deffense de la foy par les armes, contre des ennemis incapables de raisonement, & qui sont comme ces Demons, dont parle Iamblic, dont on ne se fait obeïr que par les menasses & la violence des coniurations? Vn Chrétien qui fuit & se cache durant la persecution, s'il est pris,& qu'il meure ferme dans sa foy, est veritablement Martyr:& pourquoy le Cheualier ne le sera-t'il pas qui meurt pour le sujet même sous les armes, si en céte action vous n'estimez plus la crainte que la generosité?

l. de my-ster.c.31.

Vous dites encore que la mort genereusement soufferte est de l'essence du martyre, selon saint Thomas; & que le Cheualier de Malthe ne veut pas donner sa vie, puis qu'il combat pour ne la point perdre. Ie répons qu'il a formé ce premier dessein, qui luy est vne habitude & vne obligation de regle, de soûtenir la foy par les armes; & s'il est pris, de perdre plûtôt la vie que céte foy: C'est la cause, c'est l'intention qui fait le martyre, dit saint Augustin; s'il meurt, c'est pour Iesus-Christ; s'il réchape d'vn perilleux combat, c'est pour rentrer dans tous les autres qui se presenterout pour Iesus-Christ: il ne combat donc pas pour sauuer sa vie, puisque comme nous auons dit, selon sa regle, il est obligé de l'exposer dans vn peril même ineuitable de la perdre, pour la deffense de la foy. Il combat pour arrêter les courses du Turc, & le torrent de ses tyrannies, pour sauuer les corps & les ames des Chrétiens, de la seruitude & de l'apostasie, pour la protection des biens, des libertez, des droits, des mysteres de la sainte Eglise ; Ie m'en rapporte à son iugement, si ceux qui meurent auec céte pure intention, au reste bien preparez autant que les fragilitez humaines le permettent, ne meritent pas la palme du martyre?

Enfin on nous objecte, que cét ordre est vne décharge des familles où l'on destine les puisnez dés leur naissance, sans que d'eux-mêmes ils en forment le dessein. Il est vray qu'on conserue les aînez dans le droit que la nature & la loy leur donne, d'être les heritiers par preciput de la maison ; & qu'vn Gentil-homme voulant comme nous auons dit, seconder la pieté de son Prince pour la deffense de la foy, n'y destine que l'vn des trois fils qu'il aura : Mais l'engagement ne s'y fait pas sans connoissance de cause ; on explique mille fois à ce courage naissant les perils d'vne guerre la plufpart fur mer, où les combas font doubles, contre les élemens & les ennemis, fans moyens ny efperance de retraite. Il s'en informe en particulier de ceux qui en font venus, & ce qui rebuteroit les foibles ames, eft cela même qui enflâme fa refolution ; il y va non feulement auec vne pleine liberté, mais auec des tranfports de ioye, d'auoir les occafions de déployer fon courage auec beaucoup de merite; il s'y porte auec les mêmes ardeurs d'vne charité diuine, qui engage tous les iours les ieunes hommes dans les cloîtres, au mépris de tous les plaifirs du monde, & fans le confentement même de leurs parens.

Que l'iniure eft infupportable à vn Gentil-homme, de luy dire que la neceffité le contraint de perdre l'amour naturel qu'il a pour fes enfans, & de les mettre hors de fa famille pour la foulager; l'amour qu'il a pour ce puifné eft plus tendre,

CHRETIEN. 481

dre, comme celuy qu'auoit le Patriarche Iacob pour Ioseph & pour Benjamin : il est plus iuste, parce que si l'aînesse emporte vn notable preciput de la succession, le pere doit recompenser les autres par des affections particulieres : les puisnez ont naturellement plus de forces, plus d'adresses, plus de vigueur, selon l'ordre de la creation qui a produit les êtres plus nobles les derniers, & selon le iugement de la police, qui dans les élections a souuent donné la préference aux cadets sur leurs aînez, comme on en peut voir beaucoup de preuues au lieu que ie cite. Qui a plus d'esprit & plus de cœur fait sans doute vne meilleure fortune à la Cour ; tellement qu'vn pere ne mettroit pas hors de sa famille celuy qui en peut être l'appuy, s'il ne consacroit à Dieu auec son cœur, celuy qui en possede la meilleure part : Il peut veritablement auoir des commanderies,

Digesti cap. tot. r. gloria durat. Rep. pri mogeniti posthabi ti.

X

mais ce n'est pas sa fin, qui ne consiste qu'à vaincre les ennemis de la foy : iamais l'on n'a dit que les recompenses que l'ancienne Rome proposoit à la vaillance guerriere en diminuât le merite : si ce braue Cheualier s'éleue en dignitez , s'il fait quelques grandes prises sur le Turc , c'est pour accroître ses forces, & les employer auec plus de succez dans les combas qu'il luy faudra rendre ; son zele, sa charité couure les infirmitez humaines, dont les plus saintes actions ne sont pas exemptes.

CHAPITRE XX.

Des gouuernemens.

LE Roy tient de Dieu la puissance souueraine qu'il exerce dessus ses sujets ; mais il n'a pas son immensité, pour être en même temps en tous les lieux de son Royaume en personne : & les titres, les armes, les monoyes, les tableaux qu'on y voit n'en sont que les mortes representations qui ne peuuent satisfaire, ny aux desirs de sa Majesté, ny aux necessitez de ses sujets. C'est pourquoy, les diuerses occurrences des affaires, où il faut donner promptement les ordres, obligerent les Empereurs d'enuoyer dans les Prouinces des Proconsuls, auec vne authorité presque semblable à celle que donnent aujourd'huy nos Roys aux Gouuerneurs de Prouince, sans preiudice des iurifdictions ordinaires.

Ces prouifions qui fe donnent auec quelque forte de neceffité, & pour fuppléer à vn défaut, ne laiffent pas de porter les marques d'vne puiffance fouueraine, & tellement vniuerfelle qu'elle ne doit pas être vne forme particuliere: Ainfi Dieu qui pouuoit tout faire immediatement par luy-mème, a mis dans les creatures auec l'étre l'image du fien ; des ames les principes des actiuitez & des productions, afin qu'elles euffent encore ce rapport auec la premiere caufe d'étre caufe, & que céte premiere étant abfoluë, ne fût pas reduite à faire partie d'vn compofé. C'eft donc vn des rayons de la Majefté Royale qui gouuerne tout fon Royaume, de faire des Gouuerneurs, d'auoir des Commandans pour fujets, d'être l'Arbitre des puiffances, Iuge des juftices, d'ébaucher les grandes affaires par leur entremife, pour y apporter en fuite la derniere main ; comme Dieu commet les mouuemens du Ciel, la conduite des élemens & des efpeces aux Anges, felon le cours ordinaire de la nature, fans preiudice des effets miraculeux referuez au fecret de fa Prouidence.

C'eſt beaucoup pour vn fujet, c'eſt fon apogée, & le plus haut point de fon éleuation de reprefenter le Roy, d'être l'image viuante de fa perfonne, fon cœur pour en receuoir les affections & les fecrets, fa bouche pour en exprimer les volontez, fon bras pour agir felon fes ordres, comme s'il ne viuoit que de fon ame, & qu'on ne vift en luy que la Majefté du Roy, comme on ne voit que le feu dans vn bois bien embrazé, & que le Soleil dans vn miroir qu'on luy expofe. Céte tranfmigration politique tombe fous les fens, & deuient comme naturelle ; car il fait vn perſonnage, dont le port doit auoir plus de grauité, la conduite plus de retenuë; il faut que ſa conuerſation ſoit plus rare, que ſes entretiens ſoient des enqueſtes pour le dehors, dans le ſilence pour ce qui le touche; que ſon abord ſoit facile à ceux qui viennent traiter d'affaires auec luy, mais qu'il ne paſſe iamais iuſques aux familiaritez, dit la loy, parce qu'elles ſe terminent en vn mépris de la perſonne, & puis de la dignité : étant communes, perſonnes ne s'en tiendra beaucoup redeuable, les bons s'en offenſeront, les mauuais en deuiendront inſolens & temeraires; elles donneront ouuerture à vne infinité de demandes contre la raiſon, dont le refus irriteroit les eſprits : on approcheroit le Gouuerneur, non pas comme iuge, mais comme amy, & les effets ne répondant pas aux eſperances, pourroient cauſer ce qu'on doit craindre des mécontens.

l.19.in f.
ff.de off.
præf.

Le Ciel n'est point d'intelligence auec la terre, & ne luy donne que de foibles coniectures de ce qu'il y doit causer de serenitez ou d'orages, toûjours auec beaucoup de surprises, quoy qu'elle ne soit pas en état de luy resister. Le secret est cause que la conduite du Gouuerneur est consideree du peuple, comme vn mystere que la curiosité n'oze penetrer : Mais la nette connoissance des affaires qu'il donne au Prince, luy en acquiert les affections, il en doit donc consulter perpetuellement les volontez, en receuoir les ordres, luy faire rapport des effets & des issuës, qui donnent sujet à de nouuelles lumieres ; enfin n'agir iamais que de concert, comme le pinceau par la main du peintre. Cela rend au Roy toute la gloire du gouuernement, & met celuy qui le tient à couuert de ce que l'enuie ou la médisance luy pourroit susciter de difficultez : C'est vne asseurance

X iiij

488 LE GENTIL-HOMME
incomparable de ne parler, de n'agir que par l'authorité du Roy, de sorte qu'on puisse iuger de ses volontez par les effets, comme des dispositions du cœur par le batement des arteres.

Nous auons dit qu'vn Gentilhomme est dans vn étage moyen, entre le Prince & le peuple, tellement qu'il doit concilier ces deux extrémes, par le temperament qu'il apporte à la puissance, & le secours qu'il donne à l'infirmité. Cela n'empéche donc pas que le Gouuerneur, auec l'entiere dépendance qu'il a du Roy, ne luy represente les necessitez de sa Prouince, & n'en obtienne du secours pour les habitans: comme l'orifice de l'estomach, qui a vn sentiment exquis de la faim, demande les nourritures necessaires à toutes les parties du corps, qui n'expriment ce qu'elles y souffrent que par vne morne défaillance. Il est l'homme & l'agent du Roy, mais aussi bien de sa misericorde que de sa iustice : les longues épreuues qu'on aura fait de ses fidelitez au bien de l'Etat, donneront vne parfaite créance à ses auis, l'on sçaura bien que s'il épargne lors les forces du peuple, ce n'est que pour les rendre plus vigoureuses en d'autres occasions.

Il semble que Dieu marqua les deuoirs du Prince & du Gouuerneur étably de luy, quand il mit au Ciel le Soleil, comme le grand luminaire pour faire le iour, & la Lune comme le moindre qui reçoit de luy toute sa lumiere pour éclairer la nuit, & y tenir sa place, cependant qu'il est sous l'autre hemisphere. Il faut considerer les qualitez de ces deux Astres, le Soleil est chaud & sec, afin que sa chaleur vitale digere les humiditez superfluës, anime toute la nature, luy donne les ardeurs necessaires à ses grandes actiuitez, aux generations pour l'entretien des especes, à la maturité des fruits, à éleuer les foibles naissances, enfin aux beautez & aux ornemens du monde: si la Lune auoit ces mêmes qualitez, si par son influence les nuits étoient aussi chaudes & seiches que les iours, la terre bordée de montagnes ne seroit qu'vn four, l'air qu'vn embrazement, la mer qu'vne eau boüillante, où l'on verroit perir toutes les vies, dont la substance ne consiste qu'en vne douce humidité ; elles ne pourroient donc ny se produire, ny se conseruer sans ce second luminaire proche de nous, & assez fort pour méler ses humiditez parmy les chaleurs solaires, afin d'en former le temperament necessaire au monde. Le Roy ne veut que le bien de son Etat, & le Gouuerneur fauorise ce dessein quand il adoucit à son possible ce que le pauure peuple a peine de supporter, & que parmy tant d'autres officiers qui sont des ministres de rigueur, il l'est pour vn bien commun, de la clemence & de la misericorde.

Que si au lieu de soulager le peuple de ce que le Prince en tire pour les necessitez de l'Etat, il le surcharge d'autres leuées pour ses interéts, & opprime ceux qu'il étoit obligé de soulager; Ie laisse à faire le iugement de ces violences semblables à celles d'vn tuteur, qui rauiroit les biens & la pudicité de sa pupille: Faire ces leuées, c'est vsurper vn droit de regale: quand il reduit les peuples à vne extréme pauureté, il arréte leur trafic, les rend incapables de porter les taxes du Roy, il ouure la porte à tous les crimes dont l'indigence est la cause; aprés auoir tiré tout le sang d'vne Prouince, il la rend sans force pour resister à ses ennemis; enfin il décrie le gouuernement, & en donne de l'horreur aux peuples, sans cela disposez à s'y soûmettre.

X vj

CHAPITRE XXI.

Souffrir le changement des emplois.

QVoy que la Monarchie soit le plus ancien & le plus noble des gouuernemens; il emprunte neanmoins des deux autres ; ce qu'il y trouue de plus raisonable; de l'Aristocratie, le conseil des plus intelligens ; de la Democratie le changement des offices, pour garder l'égalité entre les personnes de même merite, de même droit,& pour plusieurs autres considerations, à l'égard de ceux qui quitent les charges, des autres qui leur succedent, du Prince & des ennemis de l'Etat. Il est certain,& l'on a veu par experience, que quand les personnes ou les familles ont tenu long-temps les charges, elles les considerent comme si elles leur appartenoient en pro-

pre, sans s'eſtimer beaucoup redeuables à la puiſſance dont elles releuent,&par ce moyen d'vne grace
elles s'en font vn droit. Céte poſ-
ſeſſion libre de crainte & de reſ-
pect ſe relâche facilement à beaucoup d'abus qui croiſſent auec le
temps,& qui deuiennent irreparables, quand le credit de la perſonne s'en eſt fait vne coûtume, &
de la coûtume vne loy. Pretendre
de rétablir les anciens ordres de la
iuſtice, entre ceux qui ſont endurcis en des pratiques contraires, &
qui au lieu de raiſonement n'ont
que la routine ; c'eſt replanter vn
vieil chêne, & diuertir ailleurs
vn torrent dans la force de ſon
cours.

La nature ne ſouffre rien icy de
perpetuel, le Ciel méme ne nous
preſide que par ſemeſtre, & fait
paroître de nouueaux Aſtres ſur
nôtre horizon tous les ſix mois : les
arbres changent tous les ans de
fueilles, les oyſeaux de plume, les

serpens de peau ; & quitant leurs vieilles dépoüilles, reprennent auec la beauté, ce semble, les forces de leur ieunesse. Sans doute l'Etat prend vn nouueau visage, & plus de vigueur sous de nouueaux officiers piquez d'émulation, de s'aquiter mieux que les autres de leur deuoir, & d'vne secrete impatience de reformer des abus, qu'ils condamnent depuis long-temps comme insupportables. L'honeur, les applaudissemens, les esperances enflent le courage d'vn officier pourueu de nouueau, il se plait d'étre consideré, ce qu'il donne & ce qu'il reçoit de satisfactions couure toutes les difficultez d'vn exercice, qu'il voit comme vn premier pas pour monter à d'autres plus releuez : quoy qu'il n'ayt pas vne longue experience, vous ne le verrez pas tomber en de grandes fautes ; car la coûtume étant établie d'auancer les personnes selon leur merite, vn bon courage se sent, & ne manque point d'acquerir toutes les capacitez necessaires, & du peril des autres s'en faire de grandes instructions, pour se rendre considerable deuant qu'être dans l'employ : Si-tôt qu'il est auancé, ses efforts sont extraordinaires pour bien reüssir ; car nôtre nature ne se porte au bien que par vn mouuement de violence plus fort au commencement, & qui s'affoiblit dans le progrez, iusques à ce que les impressions qu'il auoit receuës & qui le portoient étant épuisées, il s'abat par sa pesanteur.

Ceux que l'on dépose furent autresfois possedez de ces premieres feruenrs, que si elles s'alentissent, pourquoy n'en mettra-t'on pas d'autres en leur place, pour soûtenir vne dignité auec ce qu'elle merite d'éclat & de soins. La medecine change de remede selon les accez du mal, & nous deuons croire que la méme Prouidence qui fait naître les antidotes auec les venins, produit au monde de grandes ames proportionées à l'importance des affaires, auec des lumieres & des aptitudes singulieres, que l'étude ny l'experience ne peuuent donner : Ne seroit-ce donc pas refuser les secours du Ciel, de ne pas mettre ces rares genies dans l'employ, par préférence à ces cadavres, qui des-honorent & qui infectent le lieu qu'ils occupent?

Le Prince n'aura-t'il pas au gouuernement de l'Etat, le méme droit qu'a l'artisan de prendre tel instrument qu'il luy plaît, pour acheuer son ouurage? N'aura-t'il pas cette liberté que chacun prend dans sa maison, de faire choix des seruiteurs qui luy sont plus propres & plus agréables ? Hé pourquoy luy faire vne necessité pour l'auenir de sa premiere faueur, de l'attacher à vne personne, ou à vne famille, quand elle & les affaires

CHRETIEN. 497
font changées, & ne font plus ce qu'elles ont été. Il perd la plus ample, la plus riche, & cependant la moins onereufe matiere de fes liberalitez ; il n'a plus ce moyen aifé de recompenfer les feruices, de gagner les affections, s'il n'a pas liberté de donner les charges, comme le Soleil fes rayons, fans qu'aucun fujet fe les puiffe approprier.

Caton reprenoit le Senat de Rome, de ce qu'il auançoit succeffiuement les mémes perfonnes au confulat : Meffieurs, difoit-il, il femble que vous ne faffiez pas affez d'état de céte fublime dignité, de ne vous pas mettre en peine de trouuer ceux qui en peuuent étre plus dignes, ou que vous offenfez la République de ce reproche, qu'elle manque d'hommes capables de la feruir. On ne connoît les efprits que dans l'employ; n'eft-il pas iufte de voir ce qu'ils peuuent dans les moindres charges, *Plut. in Caton.*

pour les auancer par degrez dans les plus hautes, & ne pas souffrir qu'vne ancienne, quoy qu'inutile possession, bouche le passage à ces beaux & si vtiles progrez. La toute-puissante bonté du Roy se fait paroître à couronner les merites, & à les tirer de la poussiere pour les mettre dessus les thrônes, & sa prudence à rompre par ce moyen les desseins de ses ennemis; car ces changemens inesperez confondent leurs veuës, leur ôtent tous les moyens de pratiquer des intelligences, & comme au jeu des échets, il ne faut que remuër la moindre piece pour rendre vn coup de partie, quoy que bien concerté, sans aucun effet. Quand cela se feroit par hazart, la seule créance que c'est auec dessein, suffit pour les tenir en ceruelle, pour les embarasser & les perdre dans le vaste des choses possibles, pour diuiser & affoiblir leurs forces, qui penseroient aller au deuant de toutes ces vaines coniectures. Depuis que la coûtume s'est établie de ces changemens à la discretion seule du Prince, ils ne laissent plus aucune marque d'infamie; &quand le sujet en seroit iuste, l'honneur demeure à couuert, & la médisance la bouche fermée.

Ne faites donc point difficulté de quiter vos charges, quand vous en receuez les ordres, quoy méme que le second employ qu'on vous donne soit moindre que le premier: car il ne s'agit pas icy de vos interéts, mais du seruice de l'Etat, & de l'obeyssance que vous deuez à vôtre Prince, qu'il estimera d'autant plus qu'elle vous sera moins auantageuse. Le nombre des charges n'est pas infiny ; si donc pour faire le changement d'vn officier sans des-honneur, il falloit le mettre dans vn employ semblable, ou plus noble que le premier, n'y en ayant point de vacant, il faudroit changer tous les autres, ou commettre vne iniuſtice pour luy faire place. Le ſang dans les veines monte & décend auec vne égale facilité, parce qu'il eſt plein d'vn eſprit ſans peſanteur : on dit le même de l'eau des fontaines, quand elle eſt dans ſon ſable boüillonant, animée de l'eſprit vniuerſel. Les arbres qui croiſſent naturellement ſur les montagnes, comme le Tamaris, l'orme, le chéne, ne laiſſent pas de profiter dans les valées, même auec vn plus beau fueillage. Les Proconſuls étoient ſouuent enuoyez aux gouuernemens des Prouinces moindres que les Proconſulaires. Le Seraphin qui aſſiſte continuellement deuant la face de Dieu, fut enuoyé pour purger les lévres d'vn Prophete : les autres Anges qui meuuent les Cieux ou qui preſident aux eſpeces, ne font rien indigne de leur nature ſpirituelle, parce que la gloire d'obeïr à Dieu, & d'étre employez pour vn bien vniuerſel, re-

Van Helmon. paradd. 1.

Theoph. hiſt. plan. l.3.c.4.

Cula. obſ. l.4.c.1.

leue le merite de leur action , dit *in q.disp.*
saint Thomas: Que céte considera- *q.3.a.19.*
tion de seruir l'Etat, couure donc
le sentiment que vous auiez de décendre de degré. Vôtre merite a
paru dans le choix qu'on a fait de
vous pour les grandes charges, a-
prés y auoir donné les preuues de
vôtre capacité, vous les donnerez
de vôtre affection dans les secondes : si vous immolez vos biens &
vôtre vie à l'Etat dans les guerres,
pourquoy n'engagerez-vous pas
vos interêts pour méme sujet dans
les offices? Le gouuernement seroit
impossible au Roy, s'il luy falloit
obseruer toutes ces formalitez, &
s'il ne tenoit ses officiers en sa main
comme des jettons d'or, où celuy
qui étoit posé pour dix écus se leue, & n'est plus mis que pour vingt
sols, sans rien perdre de son prix.

CHAPITRE XXII.

De la conuerfation.

TOutes les eaux abordent & fe mélent dans la mer , & les perfonnes de toutes fortes d'humeurs venant à la Cour , fe font vne neceffité de la rencontre, qui a trop de diuerfitez pour être fans quelque plaifir : C'eft donc là qu'il faut faire état de ne pas choifir la conuerfation , au moins pour vn peu de temps , & afin de ne point tomber dans quelqu'vne defagréable , les tenir toutes pour indifferentes. Les yeux y font ouuerts pour tout voir , les oreilles pour tout entendre , l'efprit pour en fecret porter iugement de tout ; cependant que le front eft toûjours ferain, l'œil toûjours riant, la bouche agreable , le port accompagné d'vne bonne grace , & d'vne obligeante ciuilité.

Là, chez les Princes & les grands Seigneurs, les audiences qui ne se donnent pas à toute heure, obligent les Courtisans de s'assembler par petites compagnies, où il se fait vn grand debit de nouuelles, toûjours differentes, rudes ou auantageuses selon les interêts de chacun. En moins d'vn quart-d'heure, les entretiens passent d'vn sujet à d'autres entierement éloignez, par des transitions hazardeuses, neanmoins si naturelles qu'elles sont imperceptibles beaucoup plus, que celles dont les orateurs se sont fait vn art : En ces rencontres où chacun dit ses sentimens, se taire c'est passer pour vne bête ; trop & ne point parler, desoblige également la compagnie, curieuse de vous connoître autant par la parole que par le visage, & en ce petit essay sçauoir la portée de vôtre esprit. Si vôtre silence est opiniâtre on vous pique, pour sçauoir au moins si vous auez la voix comme les animaux pour vous plaindre. Quelque facilité, quelque auantage que vous ayez de parole, ne tenez pas toûjours le tapis par vne indiscrete vanité la moins supportable de toutes, quand elle ôte la liberté naturelle, qu'a chacun de dire ses sentimens sur le sujet qu'on propose, & que les autres méme curieux de le sçauoir ne manqueront pas de vous interrompre comme vn importun.

Ne donnez point le sujet de l'entretien, qui feroit croire que vous y viendriez tout preparé, suiuez celuy que l'occasion presente: dans vn combat de sentimens, ne soyez ny partie ny iuge, la neutralité se peut tolerer dans vne question où vous ne sçauriez vous declarer, sans agir contre l'vn ou l'autre ; la rencontre seroit heureuse de quelque bon mot, ou de quelque petite histoire en peu de paroles qui fauorisât le doute ; si l'on s'échauffe
en

en la dispute auec de violentes alterations, rabatez les coups à vôtre possible, flatez l'vn de l'œil, l'autre de la main, trouuez s'il est possible quelque distinction qui donne le droit à chacun : Hors le Soleil & la Lune qui n'ont chacun qu'vne maison, chacun des autres planetes en a deux de contraires qualitez, comme Iupiter & Mars de feu & d'eau ; Saturne, Venus & Mercure, d'air & de terre, pour signifier qu'il n'y a rien où l'on ne trouue quelque sujet d'accommodement.

Que les discours s'écartent, se répandent, se confondent, suiuez-les sans aucune attache, pour ne point desobliger la compagnie, qui se plaît peut-être à céte diuersité, vous paroîtrez plus accort & plus vniuersel de raisonner sur chaque sujet comme il se presente. C'est de là qu'vn excellent homme croit, que tous les peuples mêmes les plus aguerris, ont fait grand état *Carda. de vtilit. ex adu. c. 4.*

de la musique, non seulement parce que ses accors qui se font en l'air, passent par sympathie iusques à nos esprits aëriens, & nous delectent, en appaisant ce que ces premiers ministres de l'ame souffrent de desordres dans les passions. Mais cét art fut principalement chery, dautant qu'il donne vne habitude de passer en vn clin d'œil d'vn ton en vn autre, même auec des feintes & des soûpirs qui n'en sont que l'ombre selon la note ; & que l'esprit prend cette souplesse de s'accommoder en guerre aux occasions, par tout aux personnes, aux sujets & aux discours si changeans, qu'ils se pressent & s'enueloppent dans les conuersations, comme les ondes sur la mer. On void sur le visage, dans les yeux, en la parole, en la prononciation brusque ou pesante, les notes de la passion qui domine, qu'on fait état d'adoucir non pas d'irriter.

Si le discours offense la reputation d'vn absent, soûtenir directement la negatiue, c'est vous engager dans vne querelle, comme si vous preniez le party de celuy qu'on blesse ; la resistance ne fait qu'aigrir la mauuaise volonté de cét ennemy, qui cherchera d'autres calomnies pour confirmation de la premiere : neanmoins vn puissant à qui ce mauuais entretien déplaît, sans autre ceremonie, commandera le silence; vn égal tâchera de le diuertir, enfin sans décendre au particulier dira franchement, laissons ce discours. Vn sujet fera paroître par son silence, par vn visage sombre & morne, qu'il n'est pas dans ce sentiment.

Si l'on doit cette charité à son prochain, si tous doiuent ce respect à la personne du Prince, de ne permettre pas impunément qu'on l'offense ; cela se doit bien plus à l'égard de Dieu, & en matiere de religion, où certains petits esprits impertinens pensent paroître bien forts, quand ils font des railleries de ce que les plus sages têtes du monde reuerent : Ne laissez point prendre cours à ces libertinages, ils passeront iusques aux sacrileges & aux abominations si l'on les tolere ; & le ris d'vne compagnie qui châtie leur temerité, passe en leur estime pour vn agréement de leur discours. Quelque rang que vous teniez, de superieur, d'égal, ou d'inferieur ; vous ne manquerez point d'auoir les consciences fauorables à la liberté que vous aurez pris de dire, Messieurs, épargnons la Religion, le monde nous fournit toûjours assez de sottises de quoy rire : Si l'on touche les mysteres en particulier, renuoyez les decisions aux Docteurs, & à l'Eglise, comme des choses qui ne sont pas dans le ressort de l'esprit humain : Faites fort sur la morale Chrétienne, la plus pure, la plus sublime, la plus sainte qui fût iamais, & qui met les ames fidelles à la garder dans vne parfaite tranquillité. La Philosophie vous fournira toûjours assez de raisons, pour mettre ces petits impies dans la contradiction, en ce qui est des choses mémes naturelles, où leur ignorance les rendra ridicules: Pour celles qui les surpassent, l'étude ne seroit pas sans fruit, qu'on feroit sur les questions que les libertins ont coûtume de proposer, s'en éclaircir auec les sçauans, qui en peu de mots vous en diroient les raisons fondamentales, que vous possederiez en propre aprés auoir pris le temps de les digerer. Si vn saint Thomas appellé Dydimus, fit en sorte que son amy le vendit comme vn esclaue à vn Prince d'Ethiopie, afin d'auoir l'occasion de gagner les bonnes graces de son maître par ses seruices, en suite de l'instruire à nôtre foy, & par ce moyen beaucoup de peu-

Niceph.
l.2.c.40.

ple, ce qui luy reüssit : Vous pouuez quoy que Caualier, faire quelquesfois plus de profit pour la conuersion des ames qu'vn Predicateur, dont on entend les discours sans en examiner les raisons: Mais les vôtres surprendront les moins credules, quand on vous verra parler non pas d'office, mais de cœur & de sentiment, & que vôtre honéte conduite donnera de l'efficace à vos paroles.

CHAPITRE XXIII.

La conuersation auec les Dames.

ENrichissez les cabinets des plus rares pieces de la peinture, que l'art y employe au lieu de coloris, le verd des émeraudes, le feu des rubis, l'éclat des diamans, le brillant plus ou moins sombre du reste des pierreries pour en composer des fleurs eternelles; que

CHRETIEN.

des filets d'or, d'argent, d'azur forment d'agreables crotesques & enchassent des agates precieuses toutes ces richesses ajustées auec industrie feront vne plus grande beauté ; mais elle sera morte auprés de celle qu'on voit simple, naïue sur vn visage à qui l'âge a donné les derniers traits de perfection. Ces beautez artificielles plaisent à la veuë par le prix de leur matiere , & la noueauté de leur mélange; mais celle d'vn rare visage , où les yeux ont tous les brillans des Astres adoucis & animez, penetre le cœur , passe iusques à l'ame , qu'elle surprend & qu'elle s'assujetit : de ce qu'elle agit en vn instant auec tant de force sur vne substance spirituelle, comme la lumiere sur les corps , les Platoniciens inferent, que c'est vne splendeur diuine qui preuient nôtre raison , parce qu'elle est le terme de ses recherches & l'essay du souuerain bien. Il fauorise en cela l'idée

Y iiij

des Poëtes & des amans, & mettant la raison en interdit, il excuse les extrauagances de l'amour, que tous les sages & que toutes les loix condamnent.

Il semble que cette éminente beauté sur le visage des femmes, ne s'accorde pas auec la conduite ordinaire de la nature, qui en toutes les especes rend les masles beaucoup plus beaux & plus agreables que les femelles, comme on le voit au Pã, au Faisan, au Coq, en tous les autres oyseaux : C'est donc vn effet particulier de la Prouidence, qui par cét attrait oblige l'esprit de l'homme à s'abaisser aux deuoirs du mariage, pour l'interét public de l'espece, & tempere sa puissance pour entretenir la paix dans cette conionction : comme on dit, qu'entre les Astres Venus, corrige la violence de Mars.

Si la beauté des Dames est vne des plus rares productions de la prouidence & de la nature, sans

CHRETIEN. 513
doute elle se trouue à la Cour, qui
est l'élement de toutes les parties
du Royaume, pour y receuoir ce
qu'elles meritent d'estime & de
respects. C'est aussi l'objet sur qui
nôtre Gentil-homme nouuellement arriué jette les yeux, & ce ne
sera pas sans en ressentir des effets d'amour plus violens ou plus
moderez, selon son humeur & les
forces de sa raison. Ses premieres
flâmes éclairent plutôt qu'elles ne
brûlent, elles ne consistent qu'en
des agréemens, des complaisances
qui naissant de la beauté, la repro-
duisent dans les mœurs, les habits,
la bonne grace en toutes les a-
ctions: l'amour échauffe, purifie,
subtilize le sang & les esprits; ainsi
s'est rendu le maître de tous les
Arts, de la Sculpture, de la Peinture, de la Poësie, de l'éloquence,
pour se representer & son objet.
L'auis d'vn vieil Gentil-homme Lud. Vi-
fit, que l'Espagne se seruit vn iour uos l.1.de
auec beaucoup d'auantage de ces fœmina Christ.

Y v

premiers transports innocens pour reformer sa ieune noblesse, dont les mœurs étoient corrompus & dans vne extréme dissolution: on fit en sorte que toutes les beautez de la Cour, ne témoigneroient de l'estime & de l'affection que pour ceux qui feroient sobres, chastes, honétes en tout, comme de ceux qui deuoient étre vn iour les colomnes de l'Etat; qu'au contraire elles chargeroient de blâme, & baniroient de leur presence auec auersion ceux qu'elles sçauroient abandonnez à quelque desordre. La crainte de déplaire à celles dont ils faisoient gloire d'étre aymez, établit entr'eux vne reforme impossible à toute autre authorité qu'à celle de l'amour. Ainsi Platon vouloit que les filles frequentassent les Academies, afin que la passion qu'auroient les ieunes hommes de leur plaire, les rendit plus adroits, & les obligeât de se perfectionner en leurs exercices:

& Xenophon rapporte qu'en Asie, Cyroped. les Capitaines auoient coûtume de l. 4. mener leurs maîtresses à l'armée, & que cela leur fût permis, afin que leur courage fut inuincible, pour la deffense de ce qu'ils estimoient plus que toutes les choses du monde. La Reine Blanche me- Duplex re de saint Loüis, fut d'vne excel- an. 1251. lente & majestueuse beauté, dont elle se seruit tres-auantageusement pour tenir toutes les personnes de la Cour dans le respect, de forte qu'elle gouuerna tres-heureusement la France, cependant que le Roy son fils étoit en guerre contre les Infideles.

Que si les Dames ont d'autres sentimens que ceux de l'honnêteté, & que le desordre soit le prix de ceux qui les recherchent : Informez-vous d'vn vieil Courtisan, à quelles extremitez elles portent ordinairement la ieunesse; il vous dira ce qu'il a veu par ses propres experiences & celles des autres,

Y vj

que le plus grand de tous les malheurs d'vn Gentil-homme, c'est de tomber dans les pieges de l'amour; que c'est vne pure folie de iurer des affections immortelles, de sacrifier tous ses interêts à vne beauté qui se passe infailliblement en peu d'années, & qui par vn accident se peut flétrir en vn iour comme vne fleur; que c'est auoir perdu la raison, de se fier à vn sexe inconstant, volage, susceptible de tous les déreglemens, comme l'air, l'eau, la cire molle, les autres matieres passiues de toutes les impressions, & s'il y trouue de la resistance, malin, cruel, furieux & sanguinaire. Ce sage vous fera voir, que la disgrace est extréme de perdre ce qu'on estime le plus, l'honneur, les biens, la liberté dont cette passion vous dépouille: Celuy qui en est possedé n'est plus sensible aux beaux emplois, dont sa naissance & ses bonnes qualitez le rendoient digne; pour vn petit agréement il fait vne profusion de ses biens, se rend en suite incapable de paroître & de s'auancer: Les esclaues sous leurs chaînes, ont la liberté de l'esprit; mais ce miserable amant ne peut penser qu'à son objet, & ne peut aymer que son supplice. Continuez vos attentions à cét homme d'experience, il vous expliquera que les fables des Syrenes qui attiroient les vaisseaux à faire naufrage, de la Magicienne Circé qui changeoit les hommes en bétes; que les perfidies, les poisons, les assassinats, qui font horreur sur les theatres, sont les histoires veritables des mal-heurs où porte vn amour lascif, qu'on déguise vn peu pour épargner l'honneur d'vn siecle & d'vne famille: enfin, que des femmes & des coulevres, les plus belles sont plus dangereuses.

Quoy donc, direz-vous, vn Gentil-homme se priuera-t'il de la conuersation des Dames, & perdras'il la qualité d'honnête homme, pour éuiter celle de mal-heureux? On vous répond, qu'il n'en faut pas venir à ces extremitez; le Soleil nous est donné pour nous éclairer par sa lumiere, & pour réjoüir nos yeux, non pas pour les perdre en les arrétant ouuerts & fixes sur son globe; Le feu nous est donné pour nous deffendre du froid pour nos vsages, pour l'exercice de plusieurs métiers, non pas pour nous y brûler, comme les papillons à la chandelle : Qu'ainsi la beauté est vn presént de la Prouidence pour nous donner de l'amour; l'amour pour animer nos courages aux grandes choses, enfin pour entretenir l'espece par des moyens legitimes: or cette passion dans ses transports a des effets tout contraires, car elle abat l'esprit, elle éteint l'ardeur de la generosité; & comme nous allons voir, elle empéche le mariage. On ne vous demande pas que vous soyez aueugle pour les beautez de la Cour, il vous est permis de les voir de prés comme des pieces de cabinet, auec admiration, sans les toucher, comme des choses qui ne sont pas, & qui ne doiuent pas être en vôtre disposition, ny méme à vôtre choix; si ces fleurs ne sont belles que sur le pied, elles flétrissent bien-tôt, & deuiennent inutiles à tout, entre les mains qui les ont cueillies.

Aprés vne celebre victoire que Cyrus eut emporté sur ses ennemis, ses Capitaines luy firent present d'vne fille extrémement belle, trouuée parmy les captiues : Ie ne la veux point voir, dit-il, pour ne la point aymer; nos resolutions sont trop foibles contre l'amour, i'en ay veu plusieurs qui souhaitoient d'en étre quites, comme d'vne fiévre, sans y trouuer de remede. Il la donne en garde à vn Gentil-homme de sa Cour, qui se disoit n'auoir aucun sentiment de cette passion;

Xenoph. Cyrop. L. 5. & 6.

mais il en ressentit bien-tôt les effets, & eût souffert ce qu'il meritoit de peines, si son Prince n'eût eu plus de misericorde que luy de fidelité. On se jouë des eaux par les artifices des fontaines, & non pas du feu, qui prend sans y penser à des matieres où il n'est plus possible de l'éteindre : les feintes de l'amour se changent en realitez, à force de le contrefaire, on en prend les habitudes, & les ceremonies de paroles, les protestations de seruices qui n'étoient que dessus les lévres, sont enfin les gemissemens d'vn cœur deuenu captif.

Vous pensiez auoir gagné l'esprit de céte Dame, vous pensiez prendre, vous étes pris; elle est depuis long-temps caressée, ses longues pratiques la rendent plus docte que vous en cét art : ne craignez-vous point qu'elle se fasse vn jeu de vos transports, qu'elle ne vous engage dans des combas, pour donner de la reputation à sa beauté, comme si l'on n'en pouuoit obtenir ses bonnes graces de méme que des anciennes Idoles que par l'effusion du sang humain. Enfin, que tout succede selon les souhaits d'vn homme perdu dans les débauches, qu'il quite l'amour de la beauté propre à l'homme, pour n'auoir plus que celuy du sexe comme les bétes, que son esprit soit abruty, son corps debilité, sa passion sera toûjours pour les plaisirs illicites, & ses auersions pour ceux que la loy permet : Iamais on ne tirera son consentement pour le mariage, parce qu'il y craint le mal qu'il a fait aux autres, & depuis peu l'on en a veu qui ont mieux aymé laisser leur famille illustre, sans legitimes heritiers qui en portassent le nom, que s'exposer à l'infamie qu'ils se figuroient inéuitable. Si d'autres aprés leurs desordres pour satisfaire à ceux qu'ils ne pouuoient honétement refuser, s'engagent dans le mariage ; c'est pour y passer vne mal-heureuse vie, dans des inquietudes continuelles, des soupçons, des ialousies enragées sans fondement, & goûter tout à loisir des amertumes qui sont les fruits de leurs anciennes débauches. Voila de quelle importance est la retenuë dans la conuersation des Dames pour vn Gentil-homme qui fait état de l'honneur.

CHAPITRE XXIV.

Retraite du Gentil-homme dans sa maison.

L'Etat n'est pas dans vne guerre continuelle, & si les hommes emportez de leurs passions ne s'accordent aucune tréue, les incommoditez de l'Hyuer leur en font vne necessité : par ce moyen vn Gentil-homme, quoy que dans les grands emplois, peut prendre ces temps fauorables pour venir chez foy, ioüir vn peu des douceurs & des libertez de l'esprit & de la vie. La nature l'instruit assez à donner ses premiers soins au necessaire; & comme toutes choses se conseruent mieux en la presence du maître, il verra sans doute que son éloignement de sa famille, comme celuy du Soleil de nôtre hemisphere, aura causé beaucoup de déchets qu'il faut rétablir. Il trouuera qu'il faut donner de nouueaux ordres pour l'éducation de ses enfans, pour ses terres, ses reuenus, pour le petit ménage champestre : Car la Sagesse humaine, comme la Prouidence diuine, s'étend iusques aux moindres petites choses, & l'art est parfait, qui ne souffre aucun défaut en son ouurage ; s'il a des procez, il s'efforcera d'en sortir par arbitrage pour éuiter ce qu'ils apportent de soins, ce qu'ils demandent de frais, de voyages, de seruitudes à poursuiure ; de sorte qu'en ce jeu, l'on gagne beaucoup de quitter quelque chose de son droit.

Ces petits emplois n'empécheront pas qu'il ne donne les premieres & les plus tranquilles heures du iour, à repasser sur ses anciennes études, & à trouuer auec Boëce ses solides consolations en la Philosophie, non seulement contemplatiue, mais Chrétienne & effectiue. Il réchaufera ses deuotions dans Saint Bernard, il aura l'éclaircissement de ses difficultez dans Saint Thomas; & puis il pourra donner à son esprit la liberté de son mouuement naturel, qui monte & décend des choses diuines aux naturelles. Ainsi pour se délasser, il se donnera le plaisir de reuoir l'histoire Greque & Latine, pour faire comparaison de la milice ancienne auec la nôtre, & iuger de leurs stratagémes, qui aujourd'huy pourroient étre mis en vsage.

Ces diuertissemens d'étude ont

des sujets comme infinis, ils sont les veritables nourritures de l'ame, qui s'en trouue fortifiée pour tous les deuoirs de la vie. Vn Gentilhomme s'y doit considerer comme vne personne particuliere & publique : Car son village luy est vn petit royaume, où tout releue de luy, où il trouue sujet de pratiquer les plus subtiles maximes de la politique, sans crainte & auec plus de succez en choses de petite consequence, comme les Medecins font ordinairement des cures plus heureuses sur des personnes populaires que sur les grands, dont le respect empéche la liberté de leur industrie & des remedes. Qu'il commence par ce qui est de la Religion, puis qu'il en est le Protecteur sur ses terres, comme l'est le Roy dans son Royaume ; qu'il en extermine les Huguenots dont la conuersation est contagieuse & affoiblit, si elle ne corrompt les sentimens de la foy;il aura soin

que l'Eglise soit honnétement pa-
rée, qu'il n'y ayt point de vaze d'é-
tain sur l'Autel, quand il y en a
d'argent sur sa table: quelle apparence que le seruiteur soit mieux
serny que le maître ! il honnorera
la personne de son Curé, afin d'o-
bliger tous ses Sujets à luy rendre
ce qu'ils luy doiuent de respect, &
en châtiera le défaut par vne seuerité de parole. Ce ne sera pas
sans fruit & sans auantage, car en
vn petit sujet il verra que l'accord
parfait de la puissance Ecclesiastique & Seculiere, sert infiniment à
la felicité des Etats. L'office diuin
se celebrant aux heures portées
par les Canons, il s'y rendra luy-
même sans troubler cét ordre, ny
faire attendre tout vn peuple aprés
luy par vne insupportable vanité.
Les jeux, les danses, les cabarets
seront interdis au temps de l'Office, & les contreuenans punis d'vne
bonne amende applicable à l'en-
cretien de l'Eglise.

Qu'il soit auec ses Sujets de même qu'auec ses domestiques, comme vn pere auec ses enfans; familier, affable, plein de bonté, de misericorde, sans violence, sans emportement, sans autre colere que celle de la iustice, qui ne va pas iusques au peché : Qu'il soit secourable aux pauures, qu'il employe ce qu'il aura de credit pour les soulager de taille ; mais qu'il ne vende pas ses faueurs, qu'il n'opprime pas les pauures par des couruées qui les empéchent de gagner leurs vies ; qu'il ne leur impose pas de nouuelles taxes, qui emportent d'vne main ce qu'il a conserué de l'autre, qui rauisse ce qu'il a sauué du soldat, comme si le chien chassoit les loups du troupeau, pour s'en faire luy-même vne continuelle curée: Hé qu'importe à ces pauures païsans qui perdent leurs biens, si c'est par l'eau, par le feu, par vn voleur qu'ils sont ruinez; sinon que la perte leur semble moins supportable, qui est faite par celuy qui la deuoit empécher : Helas où trouueront-ils de la protection, si leur Seigneur deuient leur tyran ? On auouë qu'il leur ayt fait quelque bien en la décharge de tailles & de soldats ; mais il y étoit obligé par sa condition, il en a méme receu les satisfactions par les droits Seigneuriaux qu'on luy paye, s'il en attend d'autres reconnoissances, elles ne doiuent étre qu'en l'affection de ses Sujets.

S'il témoigne vne particuliere bien-veillance aux principaux du village, il iouïra de tous les autres par leur entremise, il sçaura tout ce qui s'y passe, & preuiendra mille desordres par de bons auis, il fera la reconciliation des inimitiez, des querelles & des diuorces ; & s'il n'est pas assez bien versé dans le droit & dans les coûtumes pour terminer les procez, il priera quelque celebre Aduocat de le venir voir quelquesfois, & suspendra les

les affaires iusques à ce qu'elles soient vuidées par son arbitrage.

Auec céte vigilance pour sa famille, ses curiositez pour l'étude, son zele pour la Religion, sa charité pour le bien public, son repos sera toûjours agissant dans sa maison, comme celuy des Anges dans le Ciel,& les visites de ses amis le trouueront toûjours occupé en choses meilleures que les complimens, la chasse & le jeu; il le banira, comme i'ay dit, autant qu'il luy sera possible de chez luy, autrement sous ce pretexte, il se verroit accablé d'vn monde tres-importun,& les querelles qui s'y forment ordinairement auroient des suites tres-perilleuses. Ces visites moderées sont tres-importantes pour s'éclaircir à cœur ouuert des faux bruits que la médisance fait courir, pour châtier non pas soustenir la mauuaise conduite des valets, quand ils ont donné sujet de plainte. Enfin, les Gentils-hommes assemblez comme aux conuois funebres de quelqu'vn des leurs, doiuent concerter ensemble des moyens pour se conseruer en paix, choisir les plus sages & les plus anciens de la compagnie pour arbitres, auec vne solemnelle promesse d'en passer par leur iugement, & cela deuant l'occasion, où les passions échauffées ne sont pas capables de ce remede. Cét auis est necessaire pour la felicité de la campagne; car vne querelle entre deux Gentils-hommes partage tous les esprits, par des emissaires qui viennent en sonder les intentions, qui vous décrient comme ennemy, si vous étes neutre; enfin, vôtre repos est continuellement interrompu, & vôtre basse-cour bien-tôt dépeuplée par les allées & venuës de ces importuns mediateurs.

CHAPITRE XXV.

La vieilleſſe du Gentil-homme.

LE trauail de chaque iournée a ſes laſſitudes, que le repos, la nourriture & le ſomeil adouciſſent en reparant les eſprits qui s'y étoient conſumés : mais de toutes ces laſſitudes particulieres imparfaitement rétablies, enfin il s'en fait vne generale, qui ſucceſſiuement abat ſans retour les forces du corps, affoiblit les yeux, les bras, les jambes, par cette incurable maladie que nous appellons vieilleſſe. Quand ces infirmitez ne s'attachent rien qu'au corps, & que la nature ôte petit à petit le libre vſage des ſens, ce ſont les interêts qu'elle exige d'vne longue vie, qui eſt vne debte que nous differons de luy payer, c'eſt vne conſolation, que quand elle nous priue

Z ij

ainsi des plaisirs, elle nous met dans l'impuissance de faire ce que nous ne deuons pas desirer ; elle nous reduit à des priuations qui sont les exercices des Saints, si auantageux à nôtre salut, que ne les ayant pas pratiquez par élection, la Prouidence diuine nous en fait vne necessité, C'est gagner de perdre vne fiévre qui nous menassoit de mort, ainsi de perdre des forces qui enflâmoient les concupiscences, d'où naissent tous les desordres de la vie. Les grands voyages, les bals, les courses de bague, les guerres, les galenteries de Cour ne sont plus pour vous : l'âge vous en donne les exemptions honorables, & de partie que vous étiez vous en rend le iuge. Ioüissez de cét auantage auec plaisir, vous étes heureux si vous le sçauez connoître, d'être libre de tous ces emplois, qui par effet ne sont rien que des sujets de fatigues, d'inquietudes, de vanité : Hé pourquoy ne seriez-vous pas dans ces sentimens que vous donnent vos experiences, & vôtre raison maintenant plus épurée ? Car comme le corps étoit en regne dans la vigueur de vôtre âge, l'esprit doit commander pendant la vieillesse, accroître ses forces & ses lumieres par la défaite des passions, qui ont été ses petits tyrans.

Vous étes en paix & en liberté de vous faire vn entretien agreable, de tout ce qui s'est passé digne de consideration dans vôtre siecle pour en iuger autrement, que quand vous étiez vous-même dans les emplois. Vous auez veu des Seigneurs, des Roys, des Papes, dont la grandeur n'a fait qu'auancer la mort, par des moyens violens & lamentables. La flatterie qui a tant de fois battu leurs oreilles, n'a pas empêché les coniurations pendant leur vie, la liberté des langues & des plumes aprés leur mort. Quand les conquerans auroient acquis quelque honneur dans les armes, eux & les témoins de leurs actions periffent, les ames reftent chargées des crimes qu'elles ont commis, & des peines qu'elles ont meritées pour vne durée fans fin : Funeftes grandeurs, direz-vous, qui ôtent les tranquilles & innocentes ioyes de cette vie, & les douces efperances de l'autre !

Vous auez veu des guerres qu'on publioit iuftes, & que les plus intelligens fçauoient n'être entreprifes que pour des fujets moins raifonables que la colere & l'ambition. Reprefentez-vous les rauages qu'elles ont fait, le faccagement des villes, la defolation des Prouinces, les campagnes couvertes de morts, la mort de tant de cheres perfonnes, qui ont été la fin de leurs illuftres familles : Quoy, les Roys qui font établis de Dieu pour la deffenfe des peuples, doiuent-ils être comptez entre les

l. 11. & 14 C. Theo. de infir. his.

forces majeures qui rauagent les biens & les vies ? L'Eglise & toutes les bonnes ames ont grand sujet de faire d'instantes prieres, afin qu'ils ne retirent point leurs cœurs des mains de Dieu, & qu'ils en reçoiuent toûjours les mouuemens de misericorde. Le Prince peut obliger ceux qu'il lui plaît de sa faueur, c'est vn droit de souuerain qui ne doit point être mis en controuerse, ny se mesurer aux merites ; mais pour vn qui possede cette éminence, tous y pretendent & tous s'y voyent trompez ? Combien l'enuie trouue-t'elle de moyens pour forger des foudres qui abatent cette éleuation : Combien de fois vn petit ombrage a-t'il precipité ces bien-heureux en apparence dans la disgrace, & du plus haut de la fortune, les a fait perir honteusement sur vn échafaut?

Ces choses vous feront considerer le grand âge où la Prouidence vous a conduit, comme vn port où vous êtes en asseurance, contre les tempestes qui ont fait perir tant de courtisans; & aprés la compassion que vous aurez de ces naufrages, vous adorerez la diuine misericorde, qui vous en a mille fois tiré parmy les perils de la Cour & des armées. Souuenez-vous de la bonne inspiration qui vous empécha d'entrer dans vn party seditieux, dont la seule connoissance que vous eussiez tenu secrete, vous eût rendu criminel. Souuenez-vous d'auoir rompu des familiaritez, au point qu'elles vous jettoient dans vne embuscade où vous étiez attendu : Combien de coups fauorables receus à vn demy-doigt des parties nobles ? d'autres qui n'ont fait que percer l'habit, ou égratigner la peau ? Combien de morts abatus à vos côtez ? ce n'étoient point vos merites qui vous rendoient inuulnerable, car vous n'étiez pas peut-être lors en état de grace; & si vous fussiez mort subi-

tement, que deuoit-on iuger de vôtre salut ? Dieu seul fut lors vôtre protection, vous luy êtes donc redeuable d'autant de vies que vous y auez veu, & que vous connoîtrez au Ciel de dangers dont sa misericorde vous a tiré.

Ces reflexions ne sont pas tant pour la conduite de vôtre vie, qui est sur son couchant, que pour vous disposer à bien mourir ; & si dans le fort de vos emplois, vous auez pris quelque demy-heure de retraite pour vous éleuer à Dieu, en l'age où vous êtes vous y deuez donner tout vôtre temps, afin de mettre vôtre ame dans la meilleure disposition qu'il sera possible, pour paroître deuant le thrône de sa diuine Majesté. L'histoire remarque que des humeurs farouches & tyraniques, se sont adoucies dans la vieillesse, comme en Cecrops, Gelon, Hieron, Pisistratus, & Antigonus, qui en cét âge changea les rigueurs de son gouuerne-

Plut. l. de seranum vind.

supportable, qui est faite par celuy qui la deuoit empécher: Helas où trouueront-ils de la protection, si leur Seigneur deuient leur tyran? On auouë qu'il leur ayt fait quelque bien en la décharge de tailles & de soldats; mais il y étoit obligé par sa condition, il en a même receu les satisfactions par les droits Seigneuriaux qu'on luy paye, s'il en attend d'autres reconnoissances, elles ne doiuent étre qu'en l'affection de ses Sujets.

S'il témoigne vne particuliere bien-veillance aux principaux du village, il iouïra de tous les autres par leur entremise, il sçaura tout ce qui s'y passe, & preuiendra mille desordres par de bons auis, il fera la reconciliation des inimitiez, des querelles & des diuorces; & s'il n'est pas assez bien versé dans le droit & dans les coûtumes pour terminer les procez, il priera quelque celebre Aduocat de le venir voir quelquesfois, & suspendra les

les affaires iusques à ce qu'elles soient vuidées par son arbitrage.

Auec céte vigilance pour sa famille, ses curiositez pour l'étude, son zele pour la Religion, sa charité pour le bien public, son repos sera toûjours agissant dans sa maison, comme celuy des Anges dans le Ciel, & les visites de ses amis le trouueront toûjours occupé en choses meilleures que les complimens, la chasse & le jeu; il le banira, comme i'ay dit, autant qu'il luy sera possible de chez luy, autrement sous ce pretexte, il se verroit accablé d'vn monde tres-importun, & les querelles qui s'y forment ordinairement auroient des suites tres-perilleuses. Ces visites moderées sont tres-importantes pour s'éclaircir à cœur ouuert des faux bruits que la médisance fait courir, pour châtier non pas soustenir la mauuaise conduite des valets, quand ils ont donné sujet de plain-

Z

te. Enfin, les Gentils-hommes assemblez comme aux conuois funebres de quelqu'vn des leurs, doiuent concerter ensemble des moyens pour se conseruer en paix, choisir les plus sages & les plus anciens de la compagnie pour arbitres, auec vne solemnelle promesse d'en passer par leur iugement, & cela deuant l'occasion, où les passions échauflées ne sont pas capables de ce remede. Cét auis est necessaire pour la felicité de la campagne ; car vne querelle entre deux Gentils-hommes partage tous les esprits, par des emissaires qui viennent en sonder les intentions, qui vous décrient comme ennemy, si vous étes neutre ; enfin, vôtre repos est continuellement interrompu, & vôtre basse-cour bien-tôt dépeuplée par les allées & venuës de ces importuns mediateurs.

CHAPITRE XXV.

La vieilleſſe du Gentil-homme.

LE trauail de chaque iournée a ſes laſſitudes, que le repos, la nourriture & le ſomeil adouciſſent en reparant les eſprits qui s'y étoient conſumés : mais de toutes ces laſſitudes particulieres imparfaitement rétablies, enfin il s'en fait vne generale, qui ſucceſſiuement abat ſans retour les forces du corps, affoiblit les yeux, les bras, les jambes, par cette incurable maladie que nous appellons vieilleſſe. Quand ces infirmitez ne s'attachent rien qu'au corps, & que la nature ôte petit à petit le libre vſage des ſens, ce ſont les interéts qu'elle exige d'vne longue vie, qui eſt vne debte que nous differons de luy payer, c'eſt vne conſolation, que quand elle nous priue ainſi des plaiſirs, elle nous met dans l'impuiſſance de faire ce que nous ne deuons pas deſirer ; elle nous reduit à des priuations qui ſont les exercices des Saints, ſi auantageux à nôtre ſalut, que ne les ayant pas pratiquez par élection, la Prouidence diuine nous en fait vne neceſſité, C'eſt gagner de perdre vne fiévre qui nous menaſſoit de mort, ainſi de perdre des forces qui enflâmoient les concupiſcences, d'où naiſſent tous les deſordres de la vie. Les grands voyages, les bals, les courſes de bague, les guerres, les galenteries de Cour ne ſont plus pour vous : l'âge vous en donne les exemptions honorables, & de partie que vous étiez vous en rend le iuge. Ioüiſſez de cét auantage auec plaiſir, vous étes heureux ſi vous le ſçauez connoître, d'être libre de tous ces emplois, qui par effet ne ſont rien que des ſujets de fatigues, d'inquietudes, de vanité : Hé pourquoy ne ſeriez-vous pas dans ces sentimens que vous donnent vos experiences, & vôtre raison maintenant plus épurée ? Car comme le corps étoit en regne dans la vigueur de vôtre âge, l'esprit doit commander pendant la vieillesse, accroître ses forces & ses lumieres par la défaite des passions, qui ont été ses petits tyrans.

Vous êtes en paix & en liberté de vous faire vn entretien agreable, de tout ce qui s'est passé digne de consideration dans vôtre siecle pour en iuger autrement, que quand vous étiez vous-même dans les emplois. Vous auez veu des Seigneurs, des Roys, des Papes, dont la grandeur n'a fait qu'auancer la mort, par des moyens violens & lamentables. La flatterie qui a tant de fois battu leurs oreilles, n'a pas empêché les coniurations pendant leur vie, la liberté des langues & des plumes aprés leur mort. Quand les conquerans auroient acquis quelque honneur dans les armes, eux & les témoins de leurs actions periffent, les ames reftent chargées des crimes qu'elles ont commis, & des peines qu'elles ont meritées pour vne durée fans fin : Funeftes grandeurs, direz-vous, qui ôtent les tranquilles & innocentes ioyes de cette vie, & les douces efperances de l'autre !

Vous auez veu des guerres qu'on publioit iuftes, & que les plus intelligens fçauoient n'être entreprifes que pour des fujets moins raifonables que la colere & l'ambition. Reprefentez-vous les rauages qu'elles ont fait, le faccagement des villes, la defolation des Prouinces, les campagnes couuertes de morts, la mort de tant de cheres perfonnes, qui ont été la fin de leurs illuftres familles : Quoy, les Roys qui font établis de Dieu pour la deffenfe des peuples, doiuent-ils être comptez entre les

l. 11. & 14
C. Theo.
de infir.
his.

CHRETIEN 535
forces majeures qui rauagent les biens & les vies ? L'Eglise & toutes les bonnes ames ont grand sujet de faire d'instantes prieres, afin qu'ils ne retirent point leurs cœurs des mains de Dieu, & qu'ils en reçoiuent toûjours les mouuemens de misericorde. Le Prince peut obliger ceux qu'il lui plaît de sa faueur, c'est vn droit de souuerain qui ne doit point être mis en controuerse, ny se mesurer aux merites ; mais pour vn qui possede cette éminence, tous y pretendent & tous s'y voyent trompez ? Combien l'enuie trouue-t'elle de moyens pour forger des foudres qui abatent cette éleuation : Combien de fois vn petit ombrage a-t'il precipité ces bien-heureux en apparence dans la disgrace, & du plus haut de la fortune, les a fait perir honteusement sur vn échafaut?

Ces choses vous feront considerer le grand âge où la Prouidence vous a conduit, comme vn port où
Z iiij

vous êtes en asseurance, contre les tempestes qui ont fait perir tant de courtisans; & aprés la compassion que vous aurez de ces naufrages, vous adorerez la diuine misericorde, qui vous en a mille fois tiré parmy les perils de la Cour & des armées. Souuenez-vous de la bonne inspiration qui vous empécha d'entrer dans vn party seditieux, dont la seule connoissance que vous eussiez tenu secrete, vous eût rendu criminel. Souuenez-vous d'auoir rompu des familiaritez, au point qu'elles vous jettoient dans vne embuscade où vous étiez attendu: Combien de coups fauorables receus à vn demy-doigt des parties nobles ? d'autres qui n'ont fait que percer l'habit, ou égratigner la peau ? Combien de morts abatus à vos côtez ? ce n'étoient point vos merites qui vous rendoient inuulnerable, car vous n'étiez pas peut-être lors en état de grace; & si vous fussiez mort subi-

tement, que deuoit-on iuger de vôtre salut ? Dieu seul fut lors vôtre protection, vous luy êtes donc redeuable d'autant de vies que vous y auez veu, & que vous connoîtrez au Ciel de dangers dont sa misericorde vous a tiré.

Ces reflexions ne sont pas tant pour la conduite de vôtre vie, qui est sur son couchant, que pour vous disposer à bien mourir ; & si dans le fort de vos emplois, vous auez pris quelque demy-heure de retraite pour vous éleuer à Dieu, en l'âge où vous êtes vous y deuez donner tout vôtre temps, afin de mettre vôtre ame dans la meilleure disposition qu'il sera possible, pour paroître deuant le thrône de sa diuine Majesté. L'histoire remarque que des humeurs farouches & tyraniques, se sont adoucies dans la vieillesse, comme en Cecrops, Gelon, Hieron, Pisistratus, & Antigonus, qui en cét âge changea les rigueurs de son gouuerne-

Plut.l.de seranum vind.

ment en vne extréme bonté: Parce, difoit-il, que prenant le Sceptre il falloit que i'établis ma puiſſance, à cette heure ie n'ay beſoin que des affections & de l'honneur. La pieté Chrétienne & les penſées de l'eternité, donnent des ſentimens bien plus efficaces pour la reforme des mœurs, que ces conſiderations politiques qui n'en n'ont que les apparences.

L'ancienne loy ne faiſoit que teindre les quatre coins de l'Autel, du ſang de la victime immolée, & verſoit le reſte à gros boüillons au pied du même Autel, pour ſignifier que la deuotion qui a deu paroître dans les quatre ſaiſons de l'âge, ſe doit recueillir aux extremitez de la vie, pour en faire vne abondante & parfaite conuerſion. Ainſi Charles-Quint aprés tant de celebres actions, deux ans deuant que mourir, quita le Royaume d'Eſpagne à ſon fils, l'Empire à ſon frere, & ſe retira auec des Religieux de saint Hierôme, où il passa ce qui luy restoit de vie dans des exercices de penitence, & vne continuelle meditation de la mort. Les liures qui traitent de la vie Religieuse font vne longue liste des Princes, qui ont quité leurs courones pour celle d'vn Religieux, & ont voulu finir leur vie dans les tranquillitez du cloître. Cassiodore Chancelier du Roy Theodoric, quita ses emplois pour se retirer en Sicile, dans vn Monastere qu'il y fit bâtir, où dans les interualles que ses exercices de pieté luy permettoient, il composa les Liures que nous auons de luy pour l'instruction de l'Eglise. Nous auons tous les iours l'exemple de plusieurs qui quitent leurs grands emplois de guerre, de iustice, de finance pour se mettre dans vn état, qui n'a pour exercice que la pieté, & pour toutes pretentions que le Ciel.

Deuant que prendre cette derniere resolution, tous ont employé leurs soins & leur prudence pour éclaircir les affaires de leur famille, & n'y rien laisser capable d'en rompre la paix. Ils ont acquité leurs détes, fait le partage de leurs biés entre leurs enfans, ou leurs autres heritiers, qu'ils obligerent de ratifier par toutes les formalitez de la iustice, de sorte qu'il ne resta sujet aucun de procez ny de mécontentement.

Les mauuaises pratiques de nôtre siecle, de mettre les filles par force en Religion, est vn sujet de conscience assez considerable, pour y apporter ce qu'il se pourra de remedes : Car la puissance d'vn pere ne doit pas aller iusques à contraindre la libre volonté des enfans, ny à les exhereder sans sujet; or par vne extréme vanité, par vn amour aueugle & trop partial, pour marier vne de ses filles plus richement, il force aujourd'huy toutes les autres de se mettre en religion ; ainsi les priue non seulement de leurs biens, mais de la liberté naturelle qui leur est incomparablement plus precieuse: il prophane les choses saintes, quand il offre à Dieu ces victimes inuolontaires, victimes non pas de pieté, mais d'auarice & d'ambition. Si vn pere qui s'est conduit de la sorte, prend la peine de lire ce que i'ay écrit sur ce sujet ; ie croy qu'il sera touché de compassion, & qu'il employera toutes sortes de moyens pour adoucir l'esprit de ces pauures infortunées, par des témoignages d'amitié, par de petites pensions qui soulagent leurs plus pressantes incommoditez, afin de les reduire à faire de necessité vertu, & à confirmer leurs vœux par vn nouuel holocauste de leur personne. Il faut du temps pour éclaircir toutes ces affaires, & n'attendre pas iusques aux extremitez de l'âge, où souuent la raison s'affoiblit auec le corps, tellement qu'el-

Agent de Dieu par. 3.c.6.

le ne peut plus exercer ses bons desseins auec assez de vigueur, pour vaincre les difficultez qui s'y rencontrent.

Il me semble que le Prophete parle aux Gentils-hommes, qu'vn grand âge a conduit iusques aux extremitez de la vie, & qu'il les anime à leur deuoir par vne comparaison familiere prise de leur conduite ordinaire. Venant de la campagne dans le Louure, vos yeux ont toûjours fait promptement la reueuë de vôtre habit & de toute la composition de vôtre personne, pour rajuster d'vne main legere ce qui ne seroit pas dans la bienseance : Or sus, vous dit-il, vos iours se sont passez dans les exercices où vôtre naissance vous engageoit, selon les loix du monde & de l'honneur, mais en effet de la vanité: Tout cela n'est plus, les années vous ont insensiblement mené iusques au Palais de vôtre Prince; vous êtes à l'entrée, prest d'e-

Ecce nûc benedici te Domi. num. Ps. 133.

re introduit deuant son thrône, faites vne serieuse reflexion sur vous-même, sur toute la conduite de vôtre vie, afin que la penitence nétoye tout ce qui pourroit offenser les yeux de sa Majesté; & qu'en ce peu de temps qui vous reste de vôtre voyage, vous acheuiez le grand chemin iusques à la gloire: Benissez ses misericordes, soyez confus de vos negligences, aymez, adorez sa souueraine bonté ; ayez vne extréme contrition de n'en auoir pas ménagé les graces, ny fait ce que ce puissant secous vous rendoit facile : O si vous auiez vne nette idée de l'eternité de céte paix inalterable, de ces ioyes, de ces tranquillitez, de ces délices immortelles dont iouïssent les Bien-heureux en la claire vision de Dieu; Si vous consideriez que ce bonheur infiny est la recompense des actions de vertu qui vous ont été possibles : O que de regrets d'en auoir perdu les occasions ; mais vôtre ame qui eſt l'image de Dieu, peut en quelque façon comme luy rappeller les choſes paſſées, de même que ſi elles étoient : Faites en deſirs & en affection, ce que par effet vous deuiez faire en ce temps-là, ces actes ne ſeront pas ſans merite, quand vous vous apperceurez que tout cela ſe paſſe en idée, redoublez vos actes de contrition ; la charité qui ſera la ſource de vos larmes, le ſera de vôtre paix interieure, & de vos plus douces eſperances ; car l'amour qui nous approche de Dieu, nous fait reſſentir quelques lumieres & quelques éclats de ſa gloire.

CHAPITRE XXVI.

L'heureuse mort du Gentil-homme Chrétien.

VNe lampe où l'huile est presque toute consumée, ne donne plus qu'vne lumiere foible, pâle, mélée de tenebres, & qui tâchant de se fortifier par beaucoup de petits éclats, suiuis aussi-tôt de la défaillance, jette le dernier, & s'éteint. On void les mémes effets dans vne longue vieillesse, où l'humide radical, ne suffisant plus à l'entretien de la chaleur naturelle, cause de petites & douces langueurs, des syncopes peut-être auec quelque plaisir semblable à celuy qu'on sent quand on passe dans le someil ; enfin aprés y être plusieurs fois tombé, autant de fois reuenu, vn dernier soûpir acheue la vie. Ce bon homme sent de iour en autre la diminution de ses forces, & void à peu prés iusques où elles peuuent aller. Il a donné de bon-heur tous les ordres necessaires à sa famille, & à l'acquit de sa conscience par le payement des détes & des restitutions ; il s'est reconcilié auec ses ennemis, demandé pardon de ses fautes aux hommes & à Dieu, & les a lauées par les larmes de penitence. Aprés s'être fortifié par les derniers Sacremens de l'Eglise, son ame demy détachée du corps, commence de respirer l'air de l'eternité ; & comme elle y est en desirs, il fait ses derniers efforts pour mettre ses chers enfans en ce bon chemin, par les remonstrances qu'il leur fait, & la benediction qu'il leur donne.

Dauid se sentant proche de sa fin fit appeller Salomon, qu'il auoit déja fait sacrer & proclamer Roy, luy dit; Mon fils, vous me voyez en état de sortir bien-tôt de cète vie, & de suiure le grand chemin de tous les mortels : Soyez homme de cœur, & ne vous relâchez iamais de vôtre deuoir : Rendez-vous fidelle à Dieu, exact à garder ses commandemens, & toutes les ceremonies prescrites par la loy de Moyse ; que ses diuines volontez vous seruent de regle pour toute la conduite de vôtre vie, afin que sa misericorde accomplisse les promesses qu'elle m'a faite, que le sceptre ne sortira point de la maison de Dauid, tant qu'elle sera fidelle à garder sa loy. Tobie se voyant prest *Tob, vlt.* de rendre l'esprit à Dieu, en l'âge de cent deux ans, dit à son fils : Mon enfant receuez les dernieres paroles de vôtre pere, qui meurt auec vn extrême desir de vous rendre heureux : L'vnique moyen, c'est de seruir Dieu de tout vôtre cœur, auec vne parfaite sincerité : étudiez & faites ses diuines volontez, que vos actions soient toutes de iustice & de misericorde: vos exercices à faire l'aumône, & ayez soin que ces inſtructions paſſent à vos décendans, comme ie prie Dieu qu'ils ayent part à la benediction que ie vous donne. Matathias aprés auoir genereuſement leué l'étendart de la Religion, contre les impietez d'Antiochus, ſe voyant preſt de mourir, fit appeller ſes enfans, & leur dit : Ie vous laiſſe auec beaucoup de regret en vn temps ſi malheureux, où les ſacrileges & les deſolations ſont en regne ; mais i'eſpere que le courage ne vous manquera iamais,& que vous aurez autant de zele que vos peres pour la deffenſe de la loy. Il leur en fait le dénombrement, & puis il ajoûte, ne craignez ny les menaſſes ny les violences d'vn homme pecheur : céte tempeſte qu'il excite paſſera, la loy de Dieu reſtera toûjours, & la generoſité d'auoir combatu pour ſa défenſe, vous ſera le titre d'vne gloire qui ne finira iamais.

C'eſt donc vne coûtume ancienne receuë depuis les Patriarches,

1.Mac.2.

que les peres deuant que mourir donnent la benediction à leurs enfans, & les bons auis necessaires à leur conduite, principalement d'être fidelles à Dieu. Ces dernieres paroles d'vn pere au lit de la mort, sont les dernieres qui échappent de la memoire, elles sont receuës auec respect comme des oracles, & se presentent à l'esprit comme si elles étoient prononcées par la bouche du défunt en toutes les occasions où il s'agit de les pratiquer. Nôtre Gentil-homme ne manquera pas à ce deuoir enuers ses enfans, afin de les diuertir des excez qu'il void le plus en regne parmy les nobles, de mettre ses esperances en Dieu, de le seruir auec plus de fidelité qu'ils n'en garderoient au plus intime & au plus puissant de leurs amis, d'être parfaitemēt vnis ensemble, d'éuiter les mauuaises compagnies, ne prendre iamais party contre le seruice du Roy, de n'auoir point d'amours illegitimes pour les femmes, parce que de là naissent les profusions de biens, les pertes de temps, des occasions & des emplois, les querelles, les combas, enfin tous les mal-heurs de la vie.

Le mal presse, les forces défaillent à ce pauure agonisant, aprés les violences qu'il s'est faites pour l'édification des autres, il se resout d'oublier tous les sentimens humains, & ne permettre plus à son esprit d'autres pensées que pour le Ciel, & pour tâcher de mettre son ame en état d'étre plus agreable deuant Dieu. Mille fois le iour, il luy demande pardon de ses negligences passées, il en a toute la contrition, dont son pauure cœur est capable; il met toutes ses esperances en sa diuine misericorde, & conçoit déja les idées inexplicables du bon-heur que bien-tôt il attend en la compagnie des Saints. Aprés ces sacrifices de loüanges, l'ame qui se trouue encore auec son corps

CHRETIEN. 551
veut employer ce qu'il souffre de douleurs, & les restes de ses forces pour en faire vn sacrifice d'expiation. Vvambra Goth Roy d'Espagne se trouuant empoisonné, & en peril d'vne mort prochaine, fit les trois vœux de Religion, en prit l'habit, étant guery de ce mal, il quite son Royaume, entre dans le cloître où il finit saintement sa vie. Ferdinand Roy d'Espagne ayant preueu le iour de sa mort, se fait porter dans l'Eglise, fait mettre sur l'Autel son sceptre & sa couronne, & prosterné contre terre deuant le Crucifix, dit d'vn cœur animé de la charité diuine: Seigneur, vous étes le Roy des Roys, toute la puissance du monde est vôtre, ie vous rens celle que i'auois receuë de vôtre misericorde, qu'elle me soit encore fauorable à me pardonner mes negligences: aprés ces hommages, aprés auoir receu les Sacremens des mains de l'Euéque, il rêdit son ame en celles de Dieu. Huniade Roy

Maria, de reb. hisp. l.6.c.14.

Id. l.9. c.6.

d'Hongrie ce grand fleau du Turc, étant dans vne extréme vieillesse, & aux approches de la mort, ne voulut iamais permettre qu'on luy aportât le corps de N. Seigneur en son Palais; il n'est pas iuste, disoit-il, que le Roy des Roys rende visite au moindre de ses seruiteurs, se fait porter à l'Eglise, se confesse, communie & rend son ame à Dieu, entre les loüanges que les Prêtres rendoient à sa diuine Majesté, & que sa bouche s'efforça de prononcer iusques au dernier soûpir.

Ces braues Guerriers ont été des Alexandres pendant leur vie, & se sont montrez veritablement Chrétiens en leur mort, afin de finir par vne forte & tres-heureuse conclusion. Leur pieté que les affaires du monde, que les emplois de paix & de guerre auoient tenus comme opprimée s'en trouuant libre, a recompensé le temps perdu par tous les actes qu'vne ardente charité, & qu'vne sincere contrition pouuoit pro-

produire. Depuis qu'vn homme sent la défaillance totale de ses forces,& que la necessité presse de mourir bien-tôt, l'ame qui n'agit plus que fort peu pour son corps, se trouue comme au sortir d'vn profond someil, plus libre & plus éclairée : Elle void les lieux, les affaires, les personnes d'vn œil tout autre qu'auparauant, l'idée de l'eternité occupe toutes ses pensées: ô si la grace luy en donne quelque présentiment, il est iuste qu'elle le goûte & qu'elle ne s'en diuertisse pas pour nous en entretenir ; Mais comme elle est encore dans vn état de meriter & de lauer ses fautes par ses larmes, elle a des accez de froid & de chaud raportans à ceux de la fiévre, des mouuemens de crainte qui demandent misericorde,& d'esperance qui se la promettent d'vne souueraine bonté : Hé pourquoy la parole manquet'elle à ces personnes mourantes pour nous expliquer les derniers

& les plus veritables de leurs sentimens, quand elles s'en vont paroître deuant le thrône de Dieu, pour luy rendre compte de toute leur vie, & en receuoir l'arrêt pour vne eternité de peine ou de gloire ?

CONCLVSION.

Nous auons consideré la noblesse dans vn état moyen, entre le Roy & le peuple, pour entretenir la parfaite correspondance qui doit être entre ces extremitez, comme entre l'art & la matiere, afin de la rendre susceptible de ses belles & riches impressions. Les Gentils-hommes sont en la police, ce que sont auprés de Dieu les Anges qui luy presentent nos sacrifices, & nous rapportent les lumieres & les sacrez mouuemens de ses graces ; ils sont comme les esprits en nôtre corps, répandus par

CHRETIEN.
tout, iusques aux moindres de ses parties, pour les animer du sens & du mouuement, auec de viuifiantes qualitez qui en empéchent la corruption ; enfin ils y sont cōme l'air au monde, qui pour en conseruer l'vnité se rend si prompt & si souple, qu'il prend la place de tous les corps au même moment qu'ils s'en retirent, quand ils se meuuent sans laisser de vuide. Le Ciel est la region de l'ordre, de la lumiere, de la constance, de l'immortalité, comme la terre l'est des irregularitez, des tenebres, des alterations & de la mort. L'air touche le Ciel en sa plus haute partie, la terre par sa plus basse, & pour approcher ces contraires à la faueur de la ressemblance, il se reuest de leurs qualitez; il éleue les vapeurs de la terre, & tire ce qu'elle a de plus subtil, pour en faire comme vn encés qu'il presente au Ciel, & le Ciel par son entremise change ces nuages en pluyes pleines d'vn esprit, qui ioint

A a ij

LE GENTIL-HOMME

à ses lumieres & ses influences, luy donne ce qu'elle a de fecondité. Ces lumieres & ces influences sont de luy, mais il emprunte de la terre les matieres qu'il anime, & qu'il répand sur elle pour la perfectionner. L'amour, la prudence, la generosité sont des vertus heroïques propres à la personne du Prince, pour le gouuernement & la felicité de ses peuples. Il est cependant contraint de tirer d'eux ce qu'il employe pour l'entretien de leur commerce, & pour la défense de leurs interets: s'ils se plaignent que les leuées sont trop grandes, personne n'est plus capable d'adoucir & la puissance du Prince & les mécontentemens des peuples, que les nobles qui approchent l'vn & l'autre pour en concilier les affections. Ils connoissent les frais immenses, necessaires pour soûtenir l'éclat d'vne Monarchie, & pour empécher qu'vne apparente foiblesse n'arme l'insolence de ses ennemis;

Ils sçauent les dépenses excessiues, qu'il faut tous les ans pour acheter la fidelité des étrangers, & les secretes intelligences chez les voisins, pour coniurer ces fâcheux demons qui ne cedent qu'à la croix, & faire assez souuent vne profusion de biens, pour épargner le sang, les vies & les ames, sur tout pour entretenir les armées de mer & de terre; car l'vne sans l'autre ne suffit pas: L'aigle ne se conserueroit pas l'auantage que la nature luy donne sur tous les autres oyseaux, s'il ne se seruoit que d'vne aîle. C'est assez d'être estropié d'vne jambe pour être boiteux, & par céte chancelante démarche deuenir non seulement lent & foible, mais ridicule : or ces deux armées toûjours prestes en France, & dont ses ennemis luy font depuis longtemps vne necessité, demandent de grands frais & de grandes charges, qui ne sont pas sans quelques plaintes de l'Etat, sujet aux mêmes foiblesses que nôtre corps naturel. L'vn de ses fâcheux accidens est qu'il produit de luy-même des verruës, des loupes, des polypes, d'autres excrescences vitieuses, qui prennent racine dans la chair, auec la nourriture & le sentiment des parties, de sorte qu'on ne les peut extirper sans vne viue douleur. Ainsi l'on void entre les nobles des personnes qui en portêt la ressemblance, qui s'en donnent le titre & les priuileges par des moyens illegitimes onereux aux peuples, honteux au vrays Gentils-hommes, qu'ils traitent en suite comme leurs égaux. Certes, le Roy n'a pas la Toute-puissance de Dieu, pour d'vne parole separer les eaux qui sont au-dessus du Firmament, de celles qui doiuent être au-dessous; il est contraint en cela d'employer les forces de la iustice, comme la chimie celles du feu pour separer le pur de l'impur, & comme la Chirurgie se sert du razoir pour re-

trancher ces difformes carnositez.
Il est vray, ces grands coups d'état ne se peuuent faire sans blesser le droit & les interéts de quelques-vns : mais le bien commun qui en reüssit recompense céte iniquité particuliere, dit Tacite. C'est le destin general du monde, qu'vn mal ne s'y peut guerir que par vn autre, & que la partie s'expose pour la conseruation de son tout. L'innocence se noirciroit elle mé-me de prendre le party des crimi-nels ; quand ils sont en dignité les loix les dégradent, afin que leurs Collegues les desauoüent, qu'ils les iugent, qu'ils les condamnent, s'ils manquent aux obligations de leur Etat: les Anges fidelles à Dieu pre-cipiterent eux-mémes les rebelles du Ciel dans les enfers : la iustice n'est point sans quelque rigueur, ny le rétablissement d'vn Etat sans quelque trouble.

Quand il faut rebâtir vne maison qui tombe en ruine, on la découure, vous êtes en asseurance, contre les tempestes qui ont fait perir tant de courtisans ; & aprés la compassion que vous aurez de ces naufrages, vous adorerez la diuine misericorde, qui vous en a mille fois tiré parmy les perils de la Cour & des armées. Souuenez-vous de la bonne inspiration qui vous empécha d'entrer dans vn party seditieux, dont la seule connoissance que vous eussiez tenu secrete, vous eût rendu criminel. Souuenez-vous d'auoir rompu des familiaritez, au point qu'elles vous jettoient dans vne embuscade où vous étiez attendu: Combien de coups fauorables receus à vn demy-doigt des parties nobles ? d'autres qui n'ont fait que percer l'habit, ou égratigner la peau ? Combien de morts abatus à vos côtez ? ce n'étoient point vos merites qui vous rendoient inuulnerable, car vous n'étiez pas peut-étre lors en état de grace; & si vous fussiez mort subi-

tement, que deuoit-on iuger de vôtre salut ? Dieu seul fut lors vôtre protection, vous luy êtes donc redeuable d'autant de vies que vous y auez veu, & que vous connoîtrez au Ciel de dangers dont sa misericorde vous a tiré.

Ces reflexions ne sont pas tant pour la conduite de vôtre vie, qui est sur son couchant, que pour vous disposer à bien mourir ; & si dans le fort de vos emplois, vous auez pris quelque demy-heure de retraite pour vous éleuer à Dieu, en l'âge où vous êtes vous y deuez donner tout vôtre temps, afin de mettre vôtre ame dans la meilleure disposition qu'il sera possible, pour paroître deuant le thrône de sa diuine Majesté. L'histoire remarque que des humeurs farouches & tyraniques, se sont adoucies dans la vieillesse, comme en Cecrops, Gelon, Hieron, Pisistratus, & Antigonus, qui en cét âge changea les rigueurs de son gouuerne-

Plut. l. de sera num. vind.

ment en vne extréme bonté: Parce, disoit-il, que prenant le Sceptre il falloit que i'établis ma puissance, à cette heure ie n'ay besoin que des affections & de l'honneur. La pieté Chrétienne & les pensées de l'eternité, donnent des sentimens bien plus efficaces pour la reforme des mœurs, que ces considerations politiques qui n'en n'ont que les apparences.

L'ancienne loy ne faisoit que teindre les quatre coins de l'Autel, du sang de la victime immolée, & versoit le reste à gros boüillons au pied du même Autel, pour signifier que la deuotion qui a deu paroître dans les quatre saisons de l'age, se doit recueillir aux extremitez de la vie, pour en faire vne abondante & parfaite conuersion. Ainsi Charles-Quint aprés tant de celebres actions, deux ans deuant que mourir, quita le Royaume d'Espagne à son fils, l'Empire à son frere, & se retira auec des Religieux de saint Hierôme, où il pasſa ce qui luy reſtoit de vie dans des exercices de penitence, & vne continuelle meditation de la mort. Les liures qui traitent de la vie Religieuſe font vne longue liſte des Princes, qui ont quité leurs courones pour celle d'vn Religieux, & ont voulu finir leur vie dans les tranquillitez du cloître. Caſſiodore Chancelier du Roy Theodoric, quita ſes emplois pour ſe retirer en Sicile, dans vn Monaſtere qu'il y fit bâtir, où dans les interualles que ſes exercices de pieté luy permettoient, il compoſa les Liures que nous auons de luy pour l'inſtruction de l'Egliſe. Nous auons tous les iours l'exemple de pluſieurs qui quitent leurs grands emplois de guerre, de iuſtice, de finance pour ſe mettre dans vn état, qui n'a pour exercice que la pieté, & pour toutes pretentions que le Ciel.

Deuant que prendre cette derniere resolution, tous ont employé leurs soins & leur prudence pour éclaircir les affaires de leur famille, & n'y rien laisser capable d'en rompre la paix. Ils ont acquité leurs détes, fait le partage de leurs biés entre leurs enfans, ou leurs autres heritiers, qu'ils obligerent de ratifier par toutes les formalitez de la iustice, de sorte qu'il ne resta suiet aucun de procez ny de mécontentement.

Les mauuaises pratiques de nôtre siecle, de mettre les filles par force en Religion, est vn sujet de conscience assez considerable, pour y apporter ce qu'il se pourra de remedes : Car la puissance d'vn pere ne doit pas aller iusques à contraindre la libre volonté des enfans, ny à les exhereder sans suiet ; or par vne extréme vanité, par vn amour aueugle & trop partial, pour marier vne de ses filles plus richement, il force aujourd'huy toutes les autres de se mettre en religion ; ainsi les priue non seulement de leurs biens, mais de la liberté naturelle qui leur est incomparablement plus precieuse: il prophane les choses saintes, quand il offre à Dieu ces victimes inuolontaires, victimes non pas de pieté, mais d'auarice & d'ambition. Si vn pere qui s'est conduit de la sorte, prend la peine de lire ce que i'ay écrit sur ce sujet; ie croy qu'il sera touché de compassion, & qu'il employera toutes sortes de moyens pour adoucir l'esprit de ces pauures infortunées, par des témoignages d'amitié, par de petites pensions qui soulagent leurs plus pressantes incommoditez, afin de les reduire à faire de necessité vertu, & à confirmer leurs vœux par vn nouuel holocauste de leur personne. Il faut du temps pour éclaircir toutes ces affaires, & n'attendre pas iusques aux extremitez de l'âge, où souuent la raison s'affoiblit auec le corps, tellement qu'el-

Agent de Dieu par. 3.c.6.

le ne peut plus exercer ses bons desseins auec assez de vigueur, pour vaincre les difficultez qui s'y rencontrent.

Il me semble que le Prophete parle aux Gentils-hommes, qu'vn grand âge a conduit iusques aux extremitez de la vie, & qu'il les anime à leur deuoir par vne comparaison familiere prise de leur conduite ordinaire. Venant de la campagne dans le Louure, vos yeux ont toûjours fait promptement la reueuë de vôtre habit & de toute la composition de vôtre personne, pour rajuster d'vne main legere ce qui ne seroit pas dans la bienseance : Or sus, vous dit-il, vos iours se sont passez dans les exercices où vôtre naissance vous engageoit, selon les loix du monde & de l'honneur, mais en effet de la vanité: Tout cela n'est plus, les années vous ont insensiblement mené iusques au Palais de vôtre Prince; vous êtes à l'entrée, prest d'e-

Ecce nunc benedicite Dominum. Ps. 133.

tre introduit deuant son thrône, faites vne serieuse reflexion sur vous-même, sur toute la conduite de vôtre vie, afin que la penitence nétoye tout ce qui pourroit offenser les yeux de sa Majesté; & qu'en ce peu de temps qui vous reste de vôtre voyage, vous acheuiez le grand chemin iusques à la gloire: Benissez ses misericordes, soyez confus de vos negligences, aymez, adorez sa souueraine bonté ; ayez vne extréme contrition de n'en auoir pas ménagé les graces, ny fait ce que ce puissant secous vous rendoit facile : O si vous auiez vne nette idée de l'eternité de céte paix inalterable, de ces ioyes, de ces tranquillitez, de ces délices immortelles dont iouïssent les Bien-heureux en la claire vision de Dieu; Si vous consideriez que ce bonheur infiny est la recompense des actions de vertu qui vous ont été possibles : O que de regrets d'en auoir perdu les occasions ; mais vôtre ame qui est l'image de Dieu, peut en quelque façon comme luy rappeller les choses passées, de même que si elles étoient : Faites en desirs & en affection, ce que par effet vous deuiez faire en ce temps-là, ces actes ne seront pas sans merite, quand vous vous apperceurez que tout cela se passe en idée, redoublez vos actes de contrition ; la charité qui sera la source de vos larmes, le sera de vôtre paix interieure, & de vos plus douces esperances ; car l'amour qui nous approche de Dieu, nous fait ressentir quelques lumieres & quelques éclats de sa gloire.

CHAPITRE XXVI.

L'heureuse mort du Gentil-homme Chrétien.

VNe lampe ou l'huile est presque toute consumée, ne donne plus qu'vne lumiere foible, pâle, mélée de tenebres, & qui tâchant de se fortifier par beaucoup de petits éclats, suiuis aussi-tôt de la défaillance, jette le dernier, & s'éteint. On void les mémes effets dans vne longue vieillesse, où l'humide radical, ne suffisant plus à l'entretien de la chaleur naturelle, cause de petites & douces langueurs, des syncopes peut-être auec quelque plaisir semblable à celuy qu'on sent quand on passe dans le someil ; enfin aprés y être plusieurs fois tombé, autant de fois reuenu, vn dernier soûpir acheue la vie. Ce bon homme sent de iour en autre la diminution de ses forces, & void à peu prés iusques où elles peuuent aller. Il a donné de bon-heur tous les ordres necessaires à sa famille, & à l'acquit de sa conscience par le payement des détes & des restitutions; il s'est reconcilié auec ses ennemis, demandé pardon de ses fautes aux hommes & à Dieu, & les a lauées par les larmes de penitence. Aprés s'être fortifié par les derniers Sacremens de l'Eglise, son ame demy détachée du corps, commence de respirer l'air de l'eternité; & comme elle y est en desirs, il fait ses derniers efforts pour mettre ses chers enfans en ce bon chemin, par les remonstrances qu'il leur fait, & la benediction qu'il leur donne.

Dauid se sentant proche de sa fin fit appeller Salomon, qu'il auoit déja fait sacrer & proclamer Roy, luy dit; Mon fils, vous me voyez en état de sortir bien-tôt de céte vie, & de suiure le grand chemin de tous les mortels : Soyez homme de cœur, & ne vous relâchez iamais de vôtre deuoir : Rendez-vous fidelle à Dieu, exact à garder ses commandemens, & toutes les ceremonies prescrites par la loy de Moyse ; que ses diuines volontez vous seruent de regle pour toute la conduite de vôtre vie, afin que sa misericorde accomplisse les promesses qu'elle m'a faite, que le sceptre ne sortira point de la maison de Dauid, tant qu'elle sera fidelle à garder sa loy. Tobie se voyant prest Tob. vlt. de rendre l'esprit à Dieu, en l'âge de cent deux ans, dit à son fils: Mon enfant receuez les dernieres paroles de vôtre pere, qui meurt auec vn extrême desir de vous rendre heureux : L'vnique moyen, c'est de seruir Dieu de tout vôtre cœur, auec vne parfaite sincerité : étudiez & faites ses diuines volontez, que vos actions soient toutes de iustice & de misericorde: vos exercices à faire l'aumône, & ayez soin que ces instructions passent à vos décendans, comme ie prie Dieu qu'ils ayent part à la benediction que ie vous donne. Matathias aprés auoir generensement leué l'étendart de la Religion, contre les impietez d'Antiochus, se voyant prest de mourir, fit appeller ses enfans, & leur dit : Ie vous laisse auec beaucoup de regret en vn temps si malheureux, où les sacrileges & les desolations sont en regne ; mais i'espere que le courage ne vous manquera iamais, & que vous aurez autant de zele que vos peres pour la deffense de la loy. Il leur en fait le dénombrement, & puis il ajoûte, ne craignez ny les menasses ny les violences d'vn homme pecheur : céte tempeste qu'il excite passera, la loy de Dieu restera toûjours, & la generosité d'auoir combatu pour sa défense, vous sera le titre d'vne gloire qui ne finira iamais.

C'est donc vne coûtume ancienne receuë depuis les Patriarches, que les peres deuant que mourir donnent la benediction à leurs enfans, & les bons auis necessaires à leur conduite, principalement d'être fidelles à Dieu. Ces dernieres paroles d'vn pere au lit de la mort, font les dernieres qui échappent de la memoire, elles font receuës auec respect comme des oracles, & se presentent à l'esprit comme si elles étoient prononcées par la bouche du défunt en toutes les occasions où il s'agit de les pratiquer. Nôtre Gentil-homme ne manquera pas à ce deuoir enuers ses enfans, afin de les diuertir des excez qu'il void le plus en regne parmy les nobles, de mettre ses esperances en Dieu, de le seruir auec plus de fidelité qu'ils n'en garderoient au plus intime & au plus puissant de leurs amis, d'être parfaitemét vnis ensemble, d'éuiter les mauuaises compagnies, ne prendre iamais party contre le seruice du Roy, de n'auoir point d'amours illegitimes pour les femmes, parce que de là naissent les profusions de biens, les pertes de temps, des occasions & des emplois, les querelles, les combas, enfin tous les mal-heurs de la vie.

Le mal presse, les forces défaillent à ce pauure agonisant, aprés les violences qu'il s'est faites pour l'édification des autres, il se resout d'oublier tous les sentimens humains, & ne permettre plus à son esprit d'autres pensées que pour le Ciel, & pour tâcher de mettre son ame en état d'étre plus agreable deuant Dieu. Mille fois le iour, il luy demande pardon de ses negligences passées, il en a toute la contrition, dont son pauure cœur est capable; il met toutes ses esperances en sa diuine misericorde, & conçoit déja les idées inexplicables du bon-heur que bien-tôt il attend en la compagnie des Saints. Aprés ces sacrifices de loüanges, l'ame qui se trouue encore auec son corps veut employer ce qu'il souffre de douleurs, & les restes de ses forces pour en faire vn sacrifice d'expiation. Vvambra Goth Roy d'Espagne se trouuant empoisonné, & en peril d'vne mort prochaine, fit les trois vœux de Religion, en prit l'habit, étant guery de ce mal, il quite son Royaume, entre dans le cloître où il finit saintement sa vie. Ferdinand Roy d'Espagne ayant preueu le iour de sa mort, se fait porter dans l'Eglise, fait mettre sur l'Autel son sceptre & sa couronne, & prosterné contre terre deuant le Crucifix, dit d'vn cœur animé de la charité diuine: Seigneur, vous étes le Roy des Roys, toute la puissance du monde est vôtre, ie vous rens celle que i'auois receuë de vôtre misericorde, qu'elle me soit encore fauorable à me pardonner mes negligences: aprés ces hommages, aprés auoir receu les Sacremens des mains de l'Euêque, il rédit son ame en celles de Dieu. Huniade Roy

Maria, de reb. hisp. l.6.c.14.

Id. l.9. c.6.

d'Hongrie ce grand fleau du Turc, étant dans vne extréme vieilleſſe, & aux approches de la mort, ne voulut iamais permettre qu'on luy aportât le corps de N. Seigneur en ſon Palais; il n'eſt pas iuſte, diſoit-il, que le Roy des Roys rende viſite au moindre de ſes ſeruiteurs, ſe fait porter à l'Egliſe, ſe confeſſe, communie & rend ſon ame à Dieu, entre les loüanges que les Prêtres rendoient à ſa diuine Majeſté, & que ſa bouche s'efforça de prononcer iuſques au dernier ſoûpir.

Ces braues Guerriers ont été des Alexandres pendant leur vie, & ſe ſont montrez veritablement Chrétiens en leur mort, afin de finir par vne forte & tres-heureuſe concluſion. Leur pieté que les affaires du monde, que les emplois de paix & de guerre auoient tenus comme opprimée s'en trouuant libre, a recompenſé le temps perdu par tous les actes qu'vne ardente charité, & qu'vne ſincere contrition pouuoit pro-

produire. Depuis qu'vn homme sent la défaillance totale de ses forces, & que la necessité presse de mourir bien-tôt, l'ame qui n'agit plus que fort peu pour son corps, se trouue comme au sortir d'vn profond someil, plus libre & plus éclairée : Elle void les lieux, les affaires, les personnes d'vn œil tout autre qu'auparauant, l'idée de l'eternité occupe toutes ses pensées: ô si la grace luy en donne quelque présentiment, il est iuste qu'elle le goûte & qu'elle ne s'en diuertisse pas pour nous en entretenir ; Mais comme elle est encore dans vn état de meriter & de lauer ses fautes par ses larmes, elle a des accez de froid & de chaud raportans à ceux de la fiévre, des mouuemens de crainte qui demandent misericorde, & d'esperance qui se la promettent d'vne souueraine bonté : Hé pourquoy la parole manque-t'elle à ces personnes mourantes, pour nous expliquer les derniers

& les plus veritables de leurs sentimens, quand elles s'en vont paroître deuant le thrône de Dieu, pour luy rendre compte de toute leur vie, & en receuoir l'arrêt pour vne eternité de peine ou de gloire?

CONCLVSION.

Nous auons consideré la noblesse dans vn état moyen, entre le Roy & le peuple, pour entretenir la parfaite correspondance qui doit être entre ces extremitez, comme entre l'art & la matiere, afin de la rendre susceptible de ses belles & riches impressions. Les Gentils-hommes sont en la police, ce que sont auprés de Dieu les Anges qui luy presentent nos sacrifices, & nous rapportent les lumieres & les sacrez mouuemens de ses graces; ils sont comme les esprits en nôtre corps, répandus par

tout, iusques aux moindres de ses
parties, pour les animer du sens &
du mouuement, auec de viuifiantes
qualitez qui en empéchent la corruption ; enfin ils y sont cōme l'air
au monde, qui pour en conseruer
l'vnité se rend si prompt & si souple, qu'il prend la place de tous les
corps au même moment qu'ils s'en
retirent, quand ils se meuuent sans
laisser de vuide. Le Ciel est la region de l'ordre, de la lumiere, de la
constance, de l'immortalité, comme la terre l'est des irregularitez,
des tenebres, des alterations & de
la mort. L'air touche le Ciel en sa
plus haute partie, la terre par sa
plus basse, & pour approcher ces
contraires à la faueur de la ressemblance, il se reuest de leurs qualitez; il éleue les vapeurs de la terre,
& tire ce qu'elle a de plus subtil,
pour en faire comme vn encés qu'il
presente au Ciel, & le Ciel par son
entremise change ces nuages en
pluyes pleines d'vn esprit, qui ioint
A a ij

à ses lumieres & ses influences, luy donne ce qu'elle a de feconditez. Ces lumieres & ces influences sont de luy, mais il emprunte de la terre les matieres qu'il anime, & qu'il répand sur elle pour la perfectionner. L'amour, la prudence, la generosité sont des vertus heroïques propres à la personne du Prince, pour le gouuernement & la felicité de ses peuples. Il est cependant contraint de tirer d'eux ce qu'il employe pour l'entretien de leur commerce, & pour la défense de leurs interets: s'ils se plaignent que les leuées sont trop grandes, personne n'est plus capable d'adoucir & la puissance du Prince & les mécontentemens des peuples, que les nobles qui approchent l'vn & l'autre pour en concilier les affections. Ils connoissent les frais immenses, necessaires pour soûtenir l'éclat d'vne Monarchie, & pour empécher qu'vne apparente foiblesse n'arme l'insolence de ses ennemis;

CHRÉTIEN. 557
Ils sçauent les dépenses excessiues, qu'il faut tous les ans pour acheter la fidelité des étrangers, & les secretes intelligences chez les voisins, pour coniurer ces fâcheux demons qui ne cedent qu'à la croix, & faire assez souuent vne profusion de biens, pour épargner le sang, les vies & les ames, sur tout pour entretenir les armées de mer & de terre; car l'vne sans l'autre ne suffit pas: L'aigle ne se conserueroit pas l'auantage que la nature luy donne sur tous les autres oyseaux, s'il ne se seruoit que d'vne aîle. C'est assez d'être estropié d'vne jambe pour être boiteux, & par céte chancelante démarche deuènir non seulement lent & foible, mais ridicule : or ces deux armées toûjours prestes en France, & dont ses ennemis luy font depuis long-temps vne necessité, demandent de grands frais & de grandes charges, qui ne sont pas sans quelques plaintes de l'Etat, sujet aux mêmes
A a iij

foiblesses que nôtre corps naturel. L'vn de ses fâcheux accidens est qu'il produit de luy-méme des verruës, des loupes, des polypes, d'autres excrescences vitieuses, qui prennent racine dans la chair, auec la nourriture & le sentiment des parties, de sorte qu'on ne les peut extirper sans vne viue douleur. Ainsi l'on void entre les nobles des personnes qui en portét la ressemblance, qui s'en donnent le titre & les priuileges par des moyens illegitimes onereux aux peuples, honteux au vrays Gentils-hommes, qu'ils traitent en suite comme leurs égaux. Certes, le Roy n'a pas la Toute-puissance de Dieu, pour d'vne parole separer les eaux qui sont au-dessus du Firmament, de celles qui doiuent étre au-dessous: il est contraint en cela d'employer les forces de la iustice, comme la chimie celles du feu pour separer le pur de l'impur, & comme la Chirurgie se sert du razoir pour retrancher ces difformes carnositez. Il est vray, ces grands coups d'état ne se peuuent faire sans blesser le droit & les interéts de quelques-vns : mais le bien commun qui en reüssit recompense céte iniquité particuliere, dit Tacite. C'est le destin general du monde, qu'vn mal ne s'y peut guerir que par vn autre, & que la partie s'expose pour la conseruation de son tout. L'innocence se noirciroit elle-méme de prendre le party des criminels ; quand ils sont en dignité les loix les dégradent, afin que leurs Collegues les desauoüent, qu'ils les iugent, qu'ils les condamnent, s'ils manquent aux obligations de leur Etat: les Anges fidelles à Dieu precipiterent eux-mémes les rebelles du Ciel dans les enfers : la iustice n'est point sans quelque rigueur, ny le rétablissement d'vn Etat sans quelque trouble.

Quand il faut rebâtir vne maison qui tombe en ruine, on la découure, on rompt les sales, les cabinets auec leurs beautez, & les démolitions mettent toutes choses dans vn extréme desordre, mais n'en iugez pas par le present; considerez le dessein, donnez le temps aux ouuriers de l'acheuer, vos plaintes se changeront en loüanges & en applaudissemens. Enfin, il faut iuger du Prince comme de Dieu, auec des sentimens de sa bonté tres-sinceres & plus puissans que toutes les autres considerations. Sa gloire la plus éclatante, ses plus grands thresors consistent en la felicité de son peuple, l'honneur & le profit l'oblige donc à l'aymer & à l'établir; mais qu'on ne iuge pas de l'œuure accomply par céte face desagreable qui luy sert de premiere disposition. Les Gentils-hommes sont des manifestes viuans, qui d'effet & de paroles doiuent iustifier le gouuernement du Prince auprés de son peuple, ses desseins & ses affections contre les

CHRETIEN.

fumeurs seditieuses des criminels, qui ne seroient plus pour se plaindre, si la clemence n'eût temperé la rigueur de la iustice.

I'ay representé le Gentil-homme depuis sa naissance iusques à la mort; la premiere partie de ce petit liure le considere dans ses instructions, la seconde dans ces emplois; mais ie n'en vois point de plus auantageux à l'Etat que celuy qui en conserue les affections, qui apporte tous les temperamens possibles aux affaires, qui empéche les reuoltes, qui retient le peuple dans son deuoir, qui luy montre que l'extremité de son mal-heur est de tomber sous la puissance de son ennemy, pour aprés beaucoup de ruines reuenir enfin honteux, pauure, miserable à son premier maître. C'est à mon auis le grand effet d'vne sagesse éclairée de Dieu, de prendre les occasions si fauorables, que la verité soit bien receuë des puissances, de sorte qu'el-

560 LE GENTIL-HOMME CHR.
les établissent vn regne d'amour, & de céte paix que le monde ne peut donner.

FIN

Extrait du Priuilege du Roy.

PAr Grace & Priuilege du Roy en date du 17. Mars 1666. signé OLIER. Il est permis au R. P. Yues de Paris, Predicateur Capucin, de faire imprimer par tel Libraire & Imprimeur que bon luy semblera, vn Liure par luy composé, qui a pour titre, *Le Gentil-homme Chrétien*; auec défense à toutes autres personnes, de quelque qualité & condition qu'elles soient, de contrefaire ou vendre ledit Liure contrefait en tout ou en partie, durant le temps & espace de sept années, sous les peines contenuës en l'original.

Le Priuilege cy-dessus a été par ledit R. P. Yues cedé & transporté à la vefue Denys Thierry, pour en iouïr le temps porté pariceluy.

Registré sur le Liure de la Communauté des Marchands Libraires & Imprimeurs de Paris,

PIGET, Scindic.

Achevé d'Imprimer pour la premiere fois le 15. Auril 1666.

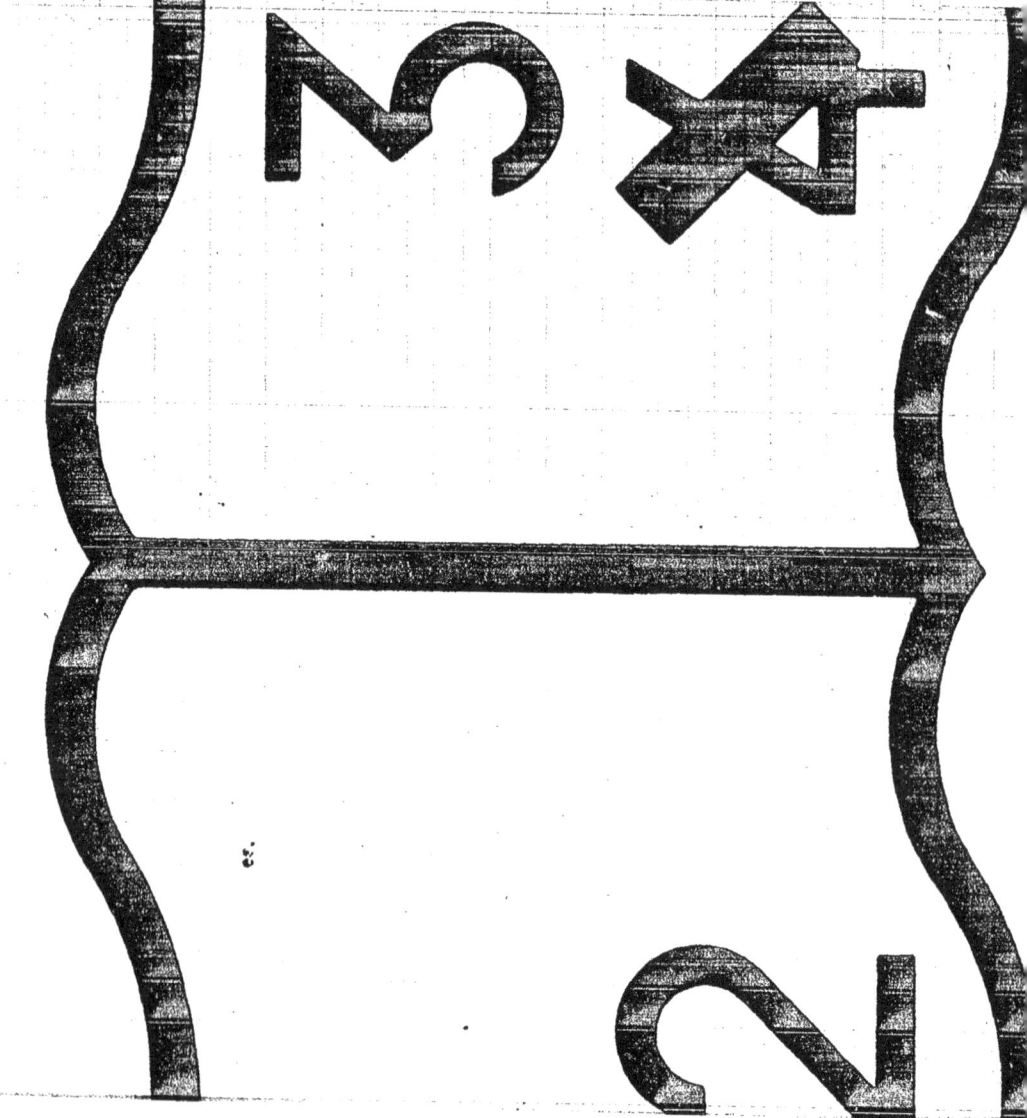

www.ingramcontent.com/pod-product-compliance
Lightning Source LLC
Chambersburg PA
CBHW060413230426
43663CB00008B/1466